Führung und Gesundheit

Ein praktischer Ratgeber
zur Förderung der psychosozialen
Gesundheit im Betrieb

Bibliografische Information der Deutschen Nationalbibliothek

Die Deutsche Nationalbibliothek verzeichnet diese Publikation in der Deutschen Nationalbibliografie; detaillierte bibliografische Daten sind im Internet über http://dnb.d-nb.de abrufbar.

Für Margarethe Karthaus.

*Sie war die erste,
die dem Thema eine Chance gab.*

Impressum

© 2012 Anne Katrin Matyssek

3. Auflage

Herstellung und Verlag: Books on Demand GmbH, Norderstedt

ISBN: 978-3-8391-0639-6

Was leistet dieses Buch?
Thesen und Ziele auf einen Blick

- Betriebliches Gesundheitsmanagement beschäftigt sich bislang überwiegend mit dem körperlichen Wohlbefinden. Wie aber die Zunahme psychischer Erkrankungen zeigt, ist die psychosoziale Gesundheit ebenfalls gefährdet. Der Ratgeber zeigt, wie sich diese fördern lässt.

- Eine Schlüsselfunktion bei der Förderung der psychosozialen Gesundheit im Betrieb kommt den Führungskräften zu. Sie prägen maßgeblich das zwischenmenschliche Klima und sind ihrerseits eine Arbeitsbedingung. Das Buch beinhaltet daher konkret umsetzbare Tipps zum gesunden Führen.

- Viele Führungskräfte sind überfordert bei der Frage, wie sie mit psychisch überlasteten oder erkrankten Mitarbeitern umgehen sollen. Am liebsten meiden sie den Umgang. Das Buch zeigt auf, wie Gespräche aussehen können, die das Thema aus der Tabuzone holen – nicht nur für Führungskräfte.

- Wer Geschäftsleitungen oder Führungskräfte für das Thema „Führung und Gesundheit" gewinnen möchte, hat – aus unterschiedlichen Gründen – mit Widerständen zu kämpfen. Dieser Ratgeber legt dar, wie sich beide Gruppen überzeugen lassen. Basis ist der einzelne mit seiner Vorbildfunktion.

- Egal, ob Gesundheitsbeauftragter, Personalverantwortlicher, Personalentwickler, Betriebsrat, Sozialberater, Betriebsarzt oder Sicherheitsfachkraft: Diese Arbeit ist aufreibend. Das Buch beinhaltet daher praktische Tipps, um selber gesund zu bleiben und sich nicht unterkriegen zu lassen.

- Betriebliches Gesundheitsmanagement ist dann glaubwürdig, wenn es nicht aus Einmalaktionen besteht, sondern von der Kultur des Unternehmens getragen wird. Wie sich Wertschätzung als gesundheitsfördernde Grundhaltung fördern lässt, zeigt das Buch an Beispielen.

- Das Buch ist daher kein Lehrbuch, sondern ein Praxisbuch: Der Ratgeber möchte keine Theorien darstellen, sondern erfahrungsbasiert aufzeigen, wie es in der Praxis aussieht und welche Wege möglich sind, den zwischenmenschlichen Umgang im Betrieb gesünder zu gestalten.

Vorwort – nicht nur für Führungskräfte, sondern für alle,
die im Betrieblichen Gesundheitsmanagement aktiv sind ... 8

1 **Wie sich die Arbeitswelt verändert**
„Immer mehr Weicheier und Heulsusen!"
- Psychische Erkrankungen auf dem Vormarsch ... 12
- Was Zielvereinbarungen mit Burnout zu tun haben ... 16
- Die Blaumacher-Problematik mal anders ... 21

2 **Zwischenmenschlicher Arbeitsschutz und Führung**
„Ohne den wär's hier schön!"
- Psychosoziale Einflussfaktoren auf Anwesenheit und Wohlbefinden ... 28
- Der Beitrag der Führungskraft zu Wohlbefinden und Gesundheit ... 31
- Frustschutz für Sie: Umgang mit Kränker-Chefs ... 37

3 **Die psychische Gesundheit stärken**
„Jetzt reißen Sie sich mal zusammen!"
- Menschen stärken – (wie) geht das? ... 46
- Gesunder Umgang mit überlasteten Beschäftigten ... 51
- Psychisch beeinträchtigte Menschen anders behandeln: ja oder nein? ... 56

4 **Gesund führen – auch unter schwierigen Bedingungen**
„Jetzt geht's ums nackte Überleben – keine Zeit für Gesundheit!"
- Was Bedingungen „schwierig" macht ... 63
- Gesund führen in Zeiten der Krise und anderer Veränderungen ... 70
- Basis-Programm „Gesund führen" ... 77

5 **Das Thema einschmuggeln und Widerstände einplanen**
„Gesundheit ist Sache des einzelnen!"
- Warum Widerstände gegen das Thema an der Tagesordnung sind ... 91
- Türöffner und wie Sie sie richtig nutzen ... 96
- Was Sie brauchen, um den Widerständen gewachsen zu sein ... 102

6 **Den Vorstand überzeugen**
„Zum Betriebsrat rennen doch immer nur die Minderleister!"
- Die Sorgen des Vorstands ... 106
- Don'ts im Umgang mit der Geschäftsführung ... 111
- Wie Sie die Geschäftsleitung sachte zum Glück zwingen ... 118

7 Führungskräfte für das Thema gewinnen
„Als hätte ich nicht genug zu tun – jetzt auch noch gesund führen!"

- Weil Anprangern nichts bringt: Locken und Verführen — 127
- Pflichtseminare – ja oder nein? — 131
- Ein Herz für Chefs! — 147

8 Selber gesund bleiben bei ungesunden Rahmenbedingungen
„Diesen Job bis 67 machen?! Da werd' ich bekloppt!"

- Wie Sie Ihre eigene Psyche stärken — 153
- Basiskompetenz: Abschalten — 158
- Jetzt die Grundlage für gesundes Alter(n) legen — 162

9 Maßnahmen mit Langzeitwirkung
„Die Fehlzeitenquote muss runter – sofort!"

- Sofortwirkungen – und wieso die Fehlzeitenquote nicht alles ist — 165
- Kick-Off, Vorträge, Workshops – was darin behandelt werden sollte — 170
- Wie Sie Ihre Maßnahmen vermarkten und Nachhaltigkeit sichern — 174

10 Die Kultur verändern
„Ab heute führen Sie gefälligst mit Wertschätzung!"

- Basis-Programm: Selbstwertschätzung — 181
- Für Fortgeschrittene: Kultivierung einer wertschätzenden Haltung — 183
- Der Plan für Profis: Bausteine zur Kulturveränderung — 185

Ausblick – nicht nur für Führungskräfte, sondern für alle, die im Betrieblichen Gesundheitsmanagement aktiv sind — 194

Anhang
- Die do care!®-Charta für Gesunde Führung — 195
- Checkliste: Überlastungssignale bei Beschäftigten — 198
- Gesprächsleitfaden zum Umgang mit überlasteten Beschäftigten — 199
- Leitfaden zur Förderung der psychosozialen Gesundheit (Schema) — 200
- Literaturverzeichnis — 202
- Stichwortverzeichnis — 204
- Kostenfreie Hilfsmittel (und Infos über die Autorin etc.) — 205

Vorwort
nicht nur für Führungskräfte, sondern für alle,
die im Betrieblichen Gesundheitsmanagement aktiv sind

Herzlichen Glückwunsch! Sie engagieren sich im Betrieblichen Gesundheitsmanagement (BGM)? Dann gehören Sie wohl zu den unbeirrbaren Optimisten. Das ist prima. Optimismus hält gesund. Er ist aber auch nötig. Denn egal ob Sie zum Unternehmen gehören oder einen Betrieb extern beraten: Sie werden viele Niederlagen wegstecken müssen – oder bereits hinter sich haben. Sie haben sicher schon Ihre eigenen Erfahrungen gemacht und wissen, wovon ich rede.

Es gibt so viele Fronten, an denen Sie kämpfen müssen. Die Geschäftsführung will überzeugt werden, die Führungskräfte, die Mitarbeiterinnen und Mitarbeiter ebenso, außerdem der Betriebsarzt, die Sicherheitsfachkraft, der Betriebsrat und die Menschen aus dem Personalbereich – vor allem aber diejenigen, die die Hand auf dem Geld haben. Ob das der Vorstand ist oder eine andere Instanz: Es wird nicht leicht!

BGM-Praxis: Einzelaktivitäten für den Körper

Einige Betriebe haben den Zusammenhang zwischen Gesundheit und Produktivität erkannt und Maßnahmen zur Gesunderhaltung gestartet. Früher sprach man von Betrieblicher Gesundheitsförderung. Heute steht die Einbettung in betriebliche Prozesse im Vordergrund, man will ein Gesamtkonzept, daher ist inzwischen von Betrieblichem Gesundheitsmanagement die Rede – nicht zuletzt weil der Ausdruck Management die Akzeptanz bei den führenden Köpfen erhöhen soll. Falls es in Ihrem Betrieb genauso gehandhabt wird: Bleiben Sie dabei!

In der betrieblichen Wirklichkeit finden sich trotzdem nach wie vor eher Einzelaktivitäten als ein durchgängiges Konzept: Betriebssport, Jodsalz in der Kantine, Apfelecken im Sozialraum, der Firmenlauf, bei dem auch der Vorstand mitläuft, und etliche Aktionen zum Kampf gegen die Volkskrankheit Nummer 1, die die Kunstfigur Horst Schlämmer zusammenfasst unter „Ich hab Rücken". Mineralwasser, Business-Yoga und Aktionspläne für eine starke Wirbelsäule gehören zum guten Ton eines Unternehmens, in dessen Leitbild auf Hochglanzpapier zu lesen ist: „Die Mitarbeiter sind unser wichtigstes Kapital".

Gewünscht: Rückendeckung statt Rückenschule

Die genannten Aktionen sind löblich, keine Frage. Behalten Sie sie bei! Aber diese Maßnahmen zielen zu 99% auf körperliche Aspekte der Gesundheit. Dass der Mensch daneben eine Psyche hat, wird geflissentlich übersehen (und findet sich im Unternehmensleitbild selten wieder). Und auch, dass die Psyche krank werden und das Miteinander in Betrieben krank machen kann, ist nur selten Thema. Ich finde es prima und unverzichtbar, was alles in Unternehmen unternommen wird, um den Rücken zu stärken. Aber das darf nicht alles sein.

Viele Beschäftigte wünschen sich statt einer Rückenschule einfach Rückendeckung durch ihren Chef, zum Beispiel indem er sie vor dem Kunden oder auch vor der obersten Heeresleitung verteidigt. Dadurch würden viele Rückenschmerzen, die durch Anspannung und Verspannung entstehen, von allein verschwinden. Und das Schönste: Das wäre viel günstiger als die Kooperationsvereinbarung mit dem örtlichen Fitness-Studio – ein Argument, das Sie im Hinterkopf behalten sollten. Schließlich wollen Sie auch den Vorstand für die gute Sache gewinnen. Und Geld ist meistens ein Argument für ihn …

Wichtig ist das Signal „wir kümmern uns und schätzen euch"

Wenn die klassischen Gesundheitsaktionen auch aufs psychische Wohlbefinden wirken, dann weil die Beschäftigten dadurch das Signal erhalten: „Wir kümmern uns". Und das ist Gold wert. Aber damit Mitarbeiter sich ganzheitlich als Mensch gesehen fühlen, braucht es mehr als einen Sportstudio-Gutschein. Ich behaupte: Erforderlich ist ein gesundes Miteinander, das von Wertschätzung und Anerkennung geprägt ist, getragen von ganz oben und aktiv gelebt von den Führungskräften und anderen Kulturträgern, über alle Hierarchiestufen hinweg – jede/r einzelne kann und soll dazu seinen Beitrag leisten.

Und wenn Sie zu diesem Buch gegriffen haben, stimmen Sie darin mit mir überein. So wie Gesundheit weit mehr ist als ein fehlerfreies Funktionieren des Körpers, so ist auch Betriebliches Gesundheitsmanagement weit mehr als das Angebot einer Rückenschule oder die Organisation des Pausenapfels. Zwischenmenschliche und psychische Aspekte gehören dazu, wenn Beschäftigte sagen sollen: „Wir arbeiten für ein gutes Unternehmen, und wir tun es gern." Jetzt müssen Sie nur noch wissen, wie Sie die anderen in Ihrem Betrieb von dieser Idee überzeugen – oben angefangen. Das erfahren Sie hier.

Rückenstärkung für Aktive im Betrieblichen Gesundheitsmanagement

Dieses Buch soll Ihnen den Rücken stärken bei Ihrem Einsatz für ein Betriebliches Gesundheitsmanagement in diesem ganzheitlichen Sinn. Und Ihr Einsatz ist nötiger denn je. Es rollt eine Welle auf unsere Arbeitswelt zu: eine Welle der psychischen Erkrankungen. Darüber kann niemand hinweg sehen, denn die Zahlen sprechen eine deutliche Sprache. Die Berichte der Krankenkassen gleichen sich. Und die Arbeitswelt wird sich (nicht nur) dadurch verändern.

Falls Ihre Fehlzeitenquote dennoch niedrig ist, ist dies kein Grund zur Entwarnung: Präsentismus, also das Phänomen, dass körperlich oder psychisch kranke Menschen sich an den Arbeitsplatz schleppen und dort nur Minderleistungen abliefern (können), ist verbreiteter denn je. Und Führungskräfte – ihrerseits selbst unter Druck oder sogar burnout-gefährdet – fühlen sich im Umgang mit belasteten Beschäftigten überfordert und allein gelassen. Aber Sie können sie unterstützen. Dafür müssen Sie auch selber gesund bleiben.

Rezepte für psychosoziale Gesundheit – individuell abgeschmeckt

Das Buch will Ihnen dabei eine Hilfe sein. Es basiert auf meinen Erfahrungen der letzten zehn Jahre, die ich in Betrieben unterschiedlichster Branchen und mit Menschen unterschiedlichster Hierarchiestufen gesammelt habe. Überall durfte ich meine Ideen vom gesunden Miteinander verbreiten, mit Vorträgen, Seminaren und Beratungen, und insbesondere Führungskräfte und Vorstände für das Thema „Führung und Gesundheit" gewinnen. Und ich konnte in Veranstaltungen für Mitarbeiterinnen und Mitarbeiter erfahren, wo diese der Schuh drückt, welche Facetten des Betrieblichen Gesundheitsmanagements sie begrüßen und was sie sich von ihren Vorgesetzten in puncto Umgang wünschen.

Damit ist das Buch notwendigerweise subjektiv. Meine Erfahrungen sind nicht Ihre Erfahrungen. Ich durfte in verschiedene Töpfe gucken und erzähle Ihnen nun, was andere Betriebe für Süppchen kochen. Dieser Blick über den Tellerrand funktioniert wie ein Rezeptbuch: Kochen müssen Sie selber. Und Sie müssen selbst entscheiden, welche Gerichte Ihren Leuten in welcher Portionsgröße gut tun und in welchem Ambiente Sie sie präsentieren. Auch wenn Ihr Süppchen zu Beginn vielleicht nicht allen schmeckt: Bleiben Sie dran. Es lohnt sich – für Sie und die anderen!

Noch eine weitere Anleitung?

Warum überhaupt noch dieses Buch? Praxisgerechte Hilfestellungen zur Etablierung eines Betrieblichen Gesundheitsmanagements gibt es schließlich schon genug. Es gibt kostenlose Broschüren über die Einführung eines Betrieblichen Eingliederungsmanagements, über die Durchführung von Gefährdungsbeurteilungen und Mitarbeiterbefragungen, über Gesprächsführung im Arbeitsschutz und auch über den erfreulichen Return on Invest, den BGM-Maßnahmen erbringen (je nach Studie zwischen 1:1 und 7:1 – der Betrieb bekommt also mindestens den Einsatz wieder zurück).

Dennoch fehlen in der betrieblichen Realität Strategien, mit denen sich das BGM um psychosoziale Aspekte erweitern lässt. Und es werden vielerorts Umsetzungsmängel auch beim „klassischen BGM" beklagt. Wieso? Ich behaupte, dass mit Argumenten allein noch kein Blumentopf gewonnen ist. Argumente erreichen den Kopf, nicht aber Herz und Hand. Wenn Sie Ernst machen wollen mit einem ganzheitlichen BGM in Ihrem Betrieb, reicht es nicht, dass Sie selbst hinter der Sache stehen. Sie müssen auch die anderen ins Boot bekommen. Statt einer Auflistung von Studien, die zeigen „Gesundheit ist Wettbewerbsvorteil", liefert Ihnen dieses Buch daher Motivationshilfen, und es fördert das Verständnis für die Widerstände der anderen. Damit Sie alle für das Thema gewinnen!

Noch kurz einige Anmerkungen zur Terminologie. Der leichteren Lesbarkeit halber wurde ab und zu auf die Erwähnung der weiblichen Form (Mitarbeiterinnen, Kolleginnen, Chefinnen etc.) verzichtet. Hierfür bitte ich um Verständnis. Gemeint sind jeweils Frauen und Männer. Und noch in einem weiteren Punkt habe ich der Verständlichkeit Tribut gezollt: Ich definiere „psychische Belastung" nicht im Sinne der Arbeitswissenschaft neutral, sondern umgangssprachlich als Synonym für psychische Überlastung bzw. einfach (Dis-)Stress. Der Hintergrund ist der, dass nach meiner Erfahrung die meisten Menschen in Betrieben diese Terminologie verwenden. Sie finden folgende Symbole im Buch:

Viel Erfolg bei Ihrem Einsatz für ein gesundes Miteinander wünscht Ihnen von Herzen

Ihre Anne Katrin Matyssek

1 Wie sich die Arbeitswelt verändert

> *„Immer mehr Weicheier und Heulsusen!"*

Psychische Erkrankungen auf dem Vormarsch

Die Zunahme psychischer Erkrankungen wird von allen Krankenkassen bestätigt. Laut Bundesarbeitsministerium stieg die Zahl der hierdurch bedingten Fehltage von 33,6 Millionen in 2001 auf 53,5 Millionen in 2010. Die Ursachen sind vielfältiger Natur.

> Psychische Erkrankungen nehmen rasant zu.
> Und keiner kann sagen: „Ich hab es nicht gewusst."

Diskutiert wird vor allem der gestiegene Druck im Berufsleben in Kombination mit nachlassender Orientierung in sonstigen Lebensbezügen. Früher wusste man genau, was gut und was schlecht war. Heute sind viele Lebensstile möglich, und der einzelne muss sich „nur" entscheiden. Das überfordert viele.

Raus aus der Tabuzone

Zum gesellschaftlichen Wandel gehört auch, dass heutzutage weite Gesellschaftsgruppen Psychotherapie wie eine selbstverständliche Dienstleistung in Anspruch nehmen. Lange Zeit waren ambulante Psychotherapie-Praxen bevölkert von Frauen. Im Jahr 2003 meldeten sich plötzlich verstärkt junge Männer an. Wie kam es zu dieser Entwicklung? In dieser Zeit litt der Fußballspieler Sebastian Deisler erstmals unter einer Depression. Das Thema beherrschte alle Boulevard-Medien. Dadurch war es gesellschaftsfähig geworden. Die Männer brauchten keine Stigmatisierung mehr zu fürchten und konnten sich diesbezüglich „outen".

Damit war die Psyche insgesamt nicht mehr so tabuisiert wie früher. Das Aufkommen von immer mehr Burnout-Fällen bei Prominenten wie Sven Hannawald, Tim Mälzer oder Mathias Platzek leistete weitere Beiträge zur Aufklärungsarbeit. Auch in Unternehmen sind durchaus Fortschritte festzustellen. Wo es in früheren Jahren hieß „Der macht 'ne Psychotherapie?! Der ist wohl reif für die Klappse!", ist die heute typische Reaktion ein hilfloses Verstummen, sobald innerbetrieblich ein Wort mit „Psych-" fällt. Das ist immerhin ein Fortschritt gegenüber der früher üblichen Stigmatisierung als „bekloppt".

Millionen Woody-Allen-Opfer?

Auch das Diagnoseverhalten der Ärzte hat sich verändert. Wenn man früher zum Arzt ging und über Antriebslosigkeit, Schlaf- und Konzentrationsstörungen berichtete, erhielt man eine Frischzellenkur. Heute schauen Ärzte – auch aufgrund einer verbesserten Ausbildung in diesem Bereich – genau hin und prüfen, ob nicht vielleicht eine Depression vorliegt. Rein statistisch betrachtet ist die Wahrscheinlichkeit groß: Jede fünfte Frau und jeder zehnte Mann erkrankt laut WHO (Weltgesundheitsorganisation) einmal im Leben an dieser Erkrankung.

Die Depression scheint sich zur Volkskrankheit zu entwickeln. Das gemeinnützige „Deutsche Bündnis gegen Depression e.V." ist mittlerweile in zahlreichen Städten aktiv. Sind das alles Hypochonder oder Weicheier? Ich persönlich denke, wir sind nicht kollektiv neurotisch geworden, nur weil Woody-Allen-Filme uns begeistern. Ganz nüchtern betrachtet ist es für Menschen in Unternehmen aber egal, ob sich immer mehr Menschen eine Erkrankung einbilden oder ob sie sie tatsächlich „haben" – die Frage ist doch, wie sich dieses Phänomen auf ihre Leistungsfähigkeit auswirkt.

Auswirkungen psychischer Erkrankungen

Man mag darüber streiten, ob nun psychische Erkrankungen tatsächlich zugenommen haben oder ob die veränderten gesellschaftlichen Rahmenbedingungen dazu beigetragen haben, dass man sich einfach eher traut, psychische Beeinträchtigungen als solche zuzugeben. Fest steht aber: Die Menschen z.B. in meinen Seminaren nehmen eine Zunahme psychischer Erkrankungen wahr. Und diese Wahrnehmung wird die Arbeitswelt nachhaltig verändern.

Wer an einer psychischen Erkrankung leidet (oder – extra für die Skeptiker formuliert: wer glaubt, an einer zu leiden), wird nicht so leistungsfähig sein wie ein Mensch, der sich als gesund erlebt. Die Anwesenheit wird deswegen nicht unbedingt leiden, zumindest in schwächer ausgeprägten Krankheitsphasen ist physische Präsenz am Arbeitsplatz durchaus möglich. Aber die Konzentration ist häufig reduziert, die Fehlerhäufigkeit erhöht, die Leistung stimmt nicht mehr. Die gewünschten 100% sind unerreichbar.

Realistisch betrachtet bringt kein Mensch an 100% seiner Arbeitstage wirklich 100% seiner Leistung. Auch ältere Beschäftigte sind nicht jeden Tag in Topform, darauf gilt es Rücksicht zu nehmen. Wir alle haben unsere Höhen und Tiefen, aber der demographische Wandel wird uns (zum Glück?) zwingen, uns mit dieser Tatsache bewusst auseinander zu setzen und uns – hoffentlich – altersmilde und verständnisvoll stimmen [29].

Dass ein psychisch erkrankter Mensch – zum Beispiel in einer depressiven Episode – nicht in der Lage ist, täglich sein gesamtes Potenzial optimal abzurufen, liegt auf der Hand. Und jetzt verrate ich Ihnen mal etwas: Auch der, der „nur" psychisch überlastet ist (liebe Arbeitswissenschaftler, ich definiere das ganz umgangssprachlich als „gestresst", siehe Anmerkung im Vorwort), kann nicht auf Dauer Höchstleistungen bringen. Das sehen immer mehr Leute ein.

DIN 10075 hat nichts mit „verrückt" zu tun

Natürlich gibt es immer noch Hardliner, die zum Beispiel bei der DIN 10075 (offiziell DIN EN ISO 10075: eine Norm zu psychischer Belastung und Beanspruchung) eher ans Landeskrankenhaus denken als an ungesunde Arbeitsbedingungen, aber sie sind auf dem Rückzug, und sie sind leiser geworden. Offen gesprochen wird über psychische Belastungen deshalb aber noch lange nicht. Das gilt erst recht für psychische Erkrankungen.

Noch immer heißt es eher: „Der ist zu schwach für diesen Job" als „Der Arbeitsstress ist zu stark". Der Vergleich mit einem Kamel zeigt, dass diese Denkweise zu einfach ist. Wenn das Kamel unter seiner Last zusammenbricht: War dann das Kamel zu schwach oder die Last zu schwer? Müßig, darüber zu diskutieren. Zumindest stimmte die Passung von Kamel und Last nicht. Man kann an beiden Seiten ansetzen, damit es dem Kamel wieder besser geht und die Last an ihren Bestimmungsort kommt.

Betriebliches Gesundheitsmanagement (BGM) ist mehr ...

Genauso verhält es sich mit dem BGM. Es kann den einzelnen stärken, etwa indem dessen Gesundheitsverhalten verbessert wird. Und es kann und sollte die Arbeitsbedingungen verändern, damit die Passung zwischen Individuum und Arbeit wieder stimmt. Das eine ohne das andere hat nicht viel Aussicht auf Erfolg. Gefragt ist eine Kombination von beidem, und zwar nicht nur auf der körperlichen Ebene, sondern auch auf der zwischenmenschlichen.

> *Gesundheit ist mehr als das fehlerfreie Funktionieren des Körpers.*
> *Gesundheitsmanagement ist mehr als die Finanzierung einer Rückenschule.*

In diesem Buch geht es primär um die Arbeitsbedingungen, und zwar um die psychosozialen Verhältnisse, die insbesondere durch die Führungskräfte geprägt werden. Wenn die stimmen, wachsen Menschen auch schon mal über sich hinaus. Denn der Mensch besteht eben nicht nur aus Muskelmasse. Er ist ein soziales Wesen, das auch durch zwischenmenschliches Verhalten gesund oder krank werden kann.

Ein modernes Betriebliches Gesundheitsmanagement berücksichtigt diese Faktoren. Zumindest wenn es mehr sein möchte als Pausen-Apfel-Management. Dazu gehört als Tipp für Sie: Holen Sie das Thema „Psyche" aus der Tabuzone! Sprechen Sie darüber, wenn Sie selber im Stress sind. Sorgen Sie dafür, dass Überlastungssymptome eines Beschäftigten nicht als dessen eigene Verantwortung abgetan werden nach dem Motto „der packt's nicht", sondern dass man sie als Hinweis versteht, die aktuellen Arbeitsbedingungen dieses Menschen gemeinsam mit ihm zu überprüfen.

Und setzen Sie sich dafür ein, dass belastete Kollegen und Kolleginnen einen Ansprechpartner finden – vielleicht sogar außerhalb des Unternehmens in Form eines EAP (Employees Assistance Program, deutsch: „Mitarbeiterberatung"): Hier können Beschäftigte innerhalb kürzester Zeit einen Termin bei einem externen Berater bekommen, der ihnen lösungsorientierte Unterstützung anbietet und einen Weg zu professionellen Helfern bahnt. Das Unternehmen zahlt dafür eine Pauschale in Abhängigkeit von der Mitarbeiterzahl. Die Kontaktaufnahme erfolgt anonym, was die Akzeptanz bei den Beschäftigten deutlich erhöht. Es handelt sich quasi um eine Form externer Sozialberatung, von der alle Beteiligten profitieren.

> **TIPPS FÜR SIE:**
>
> - Unterstützen Sie die Ent-Tabuisierung des Themas „Psyche" in Ihrem Betrieb, indem Sie das Wort in den Mund nehmen.
> - Zeigen Sie Ihr Missfallen, wenn sich jemand über psychisch belastete oder beeinträchtigte Kollegen lustig macht.
> - Falls möglich, sorgen Sie für unterstützende Ansprechpartner - innerbetrieblich oder extern.

Was Zielvereinbarungen mit Burnout zu tun haben

Wenn es in einem Seminar von Seiten der Teilnehmenden heißt, die Belastungen haben zugenommen, dauert es nicht mehr lang, bis ein Wort fällt: „Zielvereinbarung". Das bedeutet in der Praxis oft eine „Zielvorgabe", zu deren Einhaltung sich der Mitarbeiter schriftlich verpflichtet. Viele Beschäftigte sagen inzwischen „Ich verzichte lieber direkt auf die Prämie, dann habe ich weniger Stress." Dies offenbart nicht, dass Menschen sich vor Arbeit drücken wollen, sondern es zeigt, dass Geld für die Beschäftigten nicht alles ist. Und es ist ein Warnsignal: Da sieht sich jemand bereits an seiner Belastungsgrenze angekommen.

Aus psychologischer Sicht sind Zielvereinbarungen mit Prämien-in-Aussicht-Stellung ohnehin fragwürdig: Unterstellen sie doch, die Beschäftigten würden nicht von allein 100% ihres Leistungsvermögens ausschöpfen. Zudem suggerieren sie, Beschäftigte aller Couleur ließen sich – über einen Kamm geschert – durch Geld motivieren, mehr zu leisten. Dabei wissen die meisten Führungskräfte und Geschäftsleitungen, dass Geld lediglich ein Hygienefaktor ist: Wenn es weniger wird, schmerzt es. Der Effekt einer Erhöhung hingegen nutzt sich schnell ab. Diese Effekte hat Reinhard Sprenger in seinem Buch „Mythos Motivation" anschaulich beleuchtet.

Zielvereinbarungen reanimieren das Einzelkämpfertum. Da mühte man sich jahrelang, aus heterogenen Menschen Teams zu formen. Und nun werden diese Bemühungen hintertrieben, weil man vermutet, dass der Ehrgeiz die Leute zu mehr Wettbewerb und damit zu mehr Leistung antreibt. Gefördert wird in der Praxis eine Ellbogenmentalität, nicht die Produktivität. Teams, die sich unter Schwierigkeiten gebildet haben, werden auseinander gerissen, weil jeder nur noch an seine Prämie denkt. Es erfolgt eine Umorientierung weg vom ganzheitlichen „wir sind ein Team" hin zum separatistischen „ich bin besser als ihr".

Menschen mögen Ziele

Auch wenn manchen Menschen nach eigenem Bekunden inzwischen schier übel wird, sobald sie das Wort „Ziel" hören – so viele verschiedene Ziele stehen auf ihrer beruflichen und privaten Agenda –, grundsätzlich gilt: Die meisten mögen Ziele. Das Erreichen von selbst(!)-gesteckten Zielen macht glücklich. Endorphine werden ausgeschüttet. Man ist stolz auf sich und seinen Ehrgeiz. Man fühlt sich stark und ist bereit, neue Herausforderungen anzugehen und noch höhere Gipfel im Laufschritt zu erstürmen. Der Erfolg verleiht Flügel.

Trotzdem findet man auch Menschen mit einer regelrechten Zielphobie. Sie bemühen sich nach Kräften, Verantwortung aus dem Weg zu gehen. Manchmal ist man überrascht, wenn man sie in ihrer Freizeit ganze Häuser bauen oder Pfarrfeste organisieren sieht. Sie können also – aber im Betrieb wollen sie nicht. Meistens weil die Ziele nicht ihre eigenen sind. Wer sich nicht mit den Zielen identifiziert, dem wird es immer an Ehrgeiz fehlen.

Auch Menschen in einer depressiven Episode haben wenig Elan. Ihr Herz schlägt für niemanden, sie sind insgesamt kraftlos, in allen Lebenskontexten, nicht nur im Beruf. Sie sind nicht in der Lage, eigene Ziele zu formulieren, weil ihnen der Antrieb fehlt. In diesem Fall ist es – im Gegensatz zu sonstigen Führungsempfehlungen – sinnvoll, in Absprache mit dem Betroffenen konkrete und überschaubare Aufträge vorzugeben, die dieser in schlechten Zeiten abarbeiten kann, ohne Entscheidungen treffen zu müssen.

Vorsicht LOB: Jede Jeck is anders

In Köln gibt es die nette Redensart: „Jede Jeck is anders", auf hochdeutsch etwa: Wir sind alle verschieden. Ein typisch kölsches Plädoyer für Toleranz. Menschen sind unterschiedlich leistungsfähig. Das gilt es bei Zielvereinbarungen zu berücksichtigen. Was für den einen eine Höchstleistung darstellt, ist für den anderen eine Minderleistung. Diese individuellen Voraussetzungen sollten einfließen in die Vereinbarungen, die Vorgesetzte und Mitarbeiter einmal jährlich in gegenseitigem Einvernehmen abschließen. Eigentlich. Die Praxis sieht anders aus. Da wird wenig Rücksicht genommen auf individuelle Unterschiede.

Nach meiner Einschätzung als externe Beraterin (der sagt man auch nicht alles, aber vielleicht anderes als dem eigenen Chef) hat kaum eine Veränderung der letzten Jahre in der öffentlichen Verwaltung so sehr zu Missgunst, schlechtem Klima und Einzelkämpfertum beigetragen wie die sog. „Leistungsorientierte Bezahlung". Gemeinerweise wird diese Neuerung mit den drei Buchstaben LOB abgekürzt. Mit Lob hat sie in der Praxis höchst selten zu tun. Die Bezeichnung klingt in meinen Ohren beinahe zynisch.

Theorie und Praxis bei Zielvereinbarungen

Natürlich haben sich kluge Menschen etwas dabei gedacht, als sie beschlossen, Zielvereinbarungen als Führungsinstrument einzuführen. Und ursprünglich war sicher von echten Vereinbarungen statt von Vorgaben die Rede. Aber in der Praxis erlebe ich nur nachteilige Effekte. Die meisten Menschen wollen aus sich heraus einen guten Job machen. Bislang habe ich noch nie gehört, dass sich jemand motivierter fühlen würde, weil es Zielvereinbarungen oder LOB gibt.

Stattdessen höre ich von Streitereien im Team oder von internen Regelungen, die die offizielle Marschroute hintertreiben. Etwa in dem Sinne, dass man sich abwechselnd die höchste Punktzahl zuschanzt, künstliche Puffer zur Druckreduktion bildet oder den Prämientopf, der für ein Individuum gedacht ist, untereinander im Team aufteilt. Alles nicht im Sinne des Erfinders. Die Auswahl der Menschen, die sich in Seminaren zum Thema „Führung und Gesundheit" öffnen und aus dem Nähkästchen plaudern, ist vielleicht nicht repräsentativ. Aber sie ist unleugbarer Bestandteil betrieblicher Wirklichkeit und sollte daher nicht ignoriert werden.

Tür und Tor fürs Burnout geöffnet

Insbesondere ehrgeizige oder anerkennungshungrige Menschen, die Zielen hinterher hecheln, verlieren jedes Maß. Dann werden Pausen durchgearbeitet und

Feierabend-Veranstaltungen gestrichen ohne Rücksicht auf Verluste. Und es gibt sie, die Verluste: Die Partnerschaft verkümmert, Hobbies schlafen ein, Freundeskreise werden vernachlässigt. Das Resultat? Die Erholungsfähigkeit leidet. Es ist ja nichts mehr da, wo der Mensch auftanken könnte. Irgendwann ist der Akku ganz hinüber. Dann hilft kein Anschließen an frühere Ladestationen mehr – der Burnout ist da.

Gefährlich daran ist, dass man anfangs nicht merkt, wie die Erholungsfähigkeit verloren geht. Es ist regelrecht euphorisierend, wenn ein Erfolgserlebnis das nächste abwechselt und vielleicht sogar noch lobende Worte über die Zielerreichung als Belohnung eingefahren werden. Das gibt vielen Menschen Kraft. Sie sind mit Freude dabei. Die Gefahr kommt schleichend: Ein Treffen mit Freunden wird abgesagt, das Nordsee-Wochenende mit dem Partner verschoben: „Schatz, nur noch bis dieser Auftrag erledigt ist, danach fahren wir ganz bestimmt!" Achten Sie einmal darauf, wie das bei Ihnen aussieht!

Anfangs spielt die private Umgebung das Spiel noch mit. Man will ja dem Partner nicht die Karriere verderben. Erste Erschöpfungsanzeichen werden kaschiert, man unterstützt den Partner nach Kräften, immer in der Illusion, dass die stressige Zeit ja bald vorüber ist und dann das Leben endlich wieder schön wird. Man verhält sich ähnlich wie ein Co-Alkoholiker. Erst wenn dem arbeitsbesessenen Partner nichts anderes mehr Freude macht, wenn er seine Lebenslust verloren hat und irgendwann auch über seine Arbeit nur noch zynisch redet, erfolgt ein gemeinsames Aufwachen. Oft ist es dann schon zu spät: Der Burnout ist zur Depression „gekippt" – alle Lebensbereiche sind von der Erschöpfung betroffen, nicht nur der Arbeitsbereich.

Ein Burnout-Seminar als kleine Wiedergutmachung seitens der Firma

Wenn sich Beschwerden häufen (meist nicht von den Betroffenen selbst, sondern von gutmeinenden Kollegen oder Betriebsräten vorgebracht), werden nette Menschen in Unternehmen aktiv: Dann kaufen die Betriebe Veranstaltungen zum Thema Burnout – ändern aber nichts an den Verhältnissen. Das wühlt mich regelrecht auf ... (keine Sorge, ich beruhige mich schon wieder). Die Unternehmen tun so, als läge die Entstehung von Burnout allein in der Verantwortung des Beschäftigten. Und als müsste man nur den einzelnen Menschen stärken, und schon ist die Burnout-Gefahr gebannt. Da sind wir wieder beim oben genannten Kamel und seinen Lasten. Dieses Bild zeigt: Verantwortung abschieben gilt nicht, das wäre zu einfach!

> Damit Sie Ihre neue Zielvereinbarung auch wirklich erreichen, empfehle ich Ihnen den Besuch eines Burnout-Seminars.

Matthias Burisch [2] beschreibt in seinem Buch „Das Burnout-Syndrom" etliche Einflussfaktoren, die – je nach Forscher – eine Rolle spielen bei der Entstehung von Burnout. Natürlich gibt es Aspekte, die in der Person des einzelnen begründet sind (etwa ein hohes Maß an Perfektionismus, große Abhängigkeit von Anerkennung durch andere, keine anderen Interessen neben der Arbeit), aber daneben ist von etlichen Faktoren die Rede, für die der Betrieb die Verantwortung trägt. Soziale Unterstützung, inhaltliche Abwechslung der Arbeit, Entscheidungs- und Gestaltungsfreiräume sind nur einige davon.

Und ich behaupte: Zielvorgaben sind für manche Menschen ein Gefährdungsfaktor für die Entwicklung von Burnout. Das gilt insbesondere für Arbeitsverhältnisse, bei denen die so genannte Vertrauensarbeitszeit herrscht. Für Menschen mit ausgeprägtem Ehrgeiz oder Anerkennungsbedürftigkeit ist Vertrauensarbeitszeit fatal. Sie wollen schließlich niemanden enttäuschen, also hängen sie sich doppelt und dreifach rein, arbeiten gern 60 Stunden. Meine Empfehlung an Sie: Fragen Sie sich ab und zu, ob Sie überhaupt noch Lust haben, dieses Spiel mitzuspielen. Manchmal kann es gesünder sein, gar nicht erst mithalten zu wollen.

> *Die Erhaltung der Erholungsfähigkeit als Basis der psychischen Gesundheit ist nicht nur Aufgabe des einzelnen:*
> *Das Unternehmen muss Erholung ermöglichen und darf sie nicht durch Zielvorgaben (statt -vereinbarungen) verunmöglichen.*

Man kann es den Betroffenen als Schwäche auslegen, aber nach meiner Erfahrung sind längst nicht alle Menschen in der Lage, sich ihre Arbeitszeit eigenverantwortlich so einzuteilen, dass sie selber dabei langfristig gesund bleiben. Für viele ist ein Arbeitstag mit festem Anfangs- und Endpunkt ein gesunderhaltender Faktor, weil dadurch ihre Erholungsfähigkeit geschützt wird.

Als Tipp für Sie lässt sich daraus ableiten: Überprüfen Sie in Interviews, ob bei Ihnen tatsächlich Zielvereinbarungen getroffen werden. Oder ob es sich nicht doch um Zielvorgaben handelt, die irgendwo fernab von der Konzernleitung vorgegeben und dann über die Zielvorgaben für die einzelnen Führungskräfte auf den einzelnen Beschäftigten herunter gebrochen werden. Und nehmen Sie es Ernst, wenn jemand schreit: „Wie soll ich das noch zusätzlich schaffen?" Der will sich nicht vor Arbeit drücken, sondern er würde gern einen guten Job machen und sieht dessen Qualität durch die angedrohte Mehrarbeit gefährdet. Würdigen Sie seine Wertehierarchie, und klären Sie, an welcher Stelle Sie bzw. die Führungskraft mit Qualitätseinbußen einverstanden wären.

> **TIPPS FÜR SIE:**
>
> - Sorgen Sie dafür, dass Ziel-Vereinbarungen auch solche sind – und keine diktierten Ziel-Vorgaben mit Unterschrift.
> - Sorgen Sie gut für sich: Trainieren Sie Ihre Erholungsfähigkeit, indem Sie regelmäßig Ihren Akku aufladen (Pausen!).
> - Mini-Selbsttest bei Burnout-Gefahr: Sagen Sie höchstens 1x/ Monat private Vorhaben aus beruflichen Gründen ab?

Die Blaumacher-Problematik mal anders

Gibt es bei Ihnen Krankenrückkehrgespräche? So richtig mit Betriebsvereinbarung? Zu führen von jeder Führungskraft mit Menschen, die nach einer Zeit der Erkrankung wieder am Arbeitsplatz erscheinen? Dann können Sie sicher sein: Mindestens 30% aller Gespräche, die offiziell geführt werden sollten, werden ersatzlos gestrichen. Weitere 30% werden geführt, aber mit einem Augenzwinkern und einem kurzen Wortwechsel in der Art „Wir wissen ja beide, dass ich jetzt mit Ihnen sprechen muss, darauf haben sich ja irgendwelche Schlauköpfe in einer Betriebsvereinbarung geeinigt."

Und dann gibt es noch ein paar Prozent, die tatsächlich geführt werden – „Aber nur mit meinen Pappenheimern!" – und dabei vom Tonfall her alles andere als fürsorglich sind. Beispiel gefällig? Hier ist eines: „So mein Lieber, das ist nun schon das sechste Mal, dass du freitags gefehlt hast. Das stinkt doch zum Himmel, so was lasse ich nicht länger mit mir machen!" Genau so. Mit einem persönlich beleidigten Vorgesetzten, der fünf Gesprächsanlässe ungenutzt verstreichen ließ, bevor er zu einer Anklagerede ausholt und den Ex-Kranken mit Vorwürfen konfrontiert.

Resultat? Ein verstockter Mitarbeiter und ein vor Wut kochender Chef, der schnaubend zur Personalabteilung rennt: „Knöpfen Sie sich den mal vor!" Der Weg zur ersten Abmahnung ist geebnet. Aus Unsicherheit und Feigheit ist die Geschichte eskaliert bis zu einem Punkt, an dem kein vernünftiges Gespräch mehr möglich ist. Dabei wäre es auch anders gegangen.

Warum Rückkehrgespräche gemieden werden

Wie so oft im Betrieblichen Gesundheitsmanagement gilt auch bei vielen Vereinbarungen zu Kranken-Rückkehrgesprächen (eigentlich ja „Ex-Kranken-"): Im Grunde gut gemeint. Aber leider das Gegenteil von gut. Wenn man Menschen per Betriebsvereinbarung zwingen muss, mit einander zu sprechen, liegt eh vieles im Argen. Unter „normalen" Bedingungen wechseln Führungskraft und Mitarbeiter immer ein paar Worte, und zwar nicht nur nach der Rückkehr aus einer Krankheit, sondern erstens überhaupt und zweitens erst recht nach jeder Abwesenheit des Mitarbeiters oder der Mitarbeiterin.

> *Es ist im Sinne eines ganzheitlichen Betrieblichen Gesundheitsmanagements, wenn Menschen nicht erst krank werden müssen, damit man mit ihnen spricht.*

Das möchte ich Ihnen und Ihrem Betrieb wärmstens empfehlen: Führen Sie Willkommensgespräche! Solange Menschen den Eindruck haben, in den Gesprächen solle Jagd auf Kranke gemacht werden, werden diese Gespräche nicht geführt, und wenn Sie noch so viele Protokollbögen einführen. Die Gespräche bleiben in der Tabuzone. Sie bleiben mit dem Makel behaftet, „defizitorientiert" zu sein. Da soll jemand angeklagt werden (fürchten Mitarbeiter und Betriebsräte, allen Vereinbarungen zum Trotz) oder jemand könnte sich angeklagt fühlen (fürchten einfühlsame Führungskräfte).

Das Fazit: Die Gespräche werden als unangenehm empfunden und daher gemieden, bis sich das Gespräch nicht mehr vermeiden lässt. Doch dann sind die Emotionen in der Regel schon hoch gekocht und beide Seiten gekränkt.

Lieber Willkommens- als Rückkehrgespräche

Willkommensgespräche dagegen werden auch nach Fortbildungen oder Urlaub geführt, also nach positiv bedingten Abwesenheiten. Damit sind sie raus aus der Tabuzone. Den anderen nach der Rückkehr aus dem Urlaub kurz nach seinen Erlebnissen zu fragen, das traut sich auch die schüchternste Führungskraft („Und, alles klar? Schönen Urlaub gehabt? Übrigens: Das und das ist passiert!"). Dann fällt es leichter, bei krankheitsbedingter Abwesenheit zu fragen: „Hatte es etwas mit der Arbeit zu tun? Ist noch Schonung nötig?"

Die Führungskräfte in Ihrem Unternehmen wissen es vermutlich alle: Sie haben kein Anrecht auf Nennung der Diagnose. Sie sollten auch nicht nachbohren sein, wenn ihnen keine Diagnose genannt wird. Die meisten Beschäftigten wollen ja von sich aus ihre Diagnose nennen. Die meisten Menschen haben das Bedürfnis, sich gleichsam reinzuwaschen vom möglichen Blaumacher-Vorwurf und sind deshalb offen.

Kein Anrecht auf Nennung der Diagnose

Aber: Wichtig ist, nicht beleidigt zu sein, wenn der Betroffene die Diagnose einmal nicht äußert. Wir alle können uns Situationen vorstellen, in denen wir für uns behalten wollen, weswegen wir krank waren. Zum Beispiel von Problemen mit der Schließmuskulatur berichtet man niemandem, oder auch eine Hodenkrebs-Erkrankung verschweigt man lieber, selbst wenn das Verhältnis zum Vorgesetzten noch so gut ist. Aber Menschen haben nun einmal unterschiedliche Schamgrenzen. Daher besteht meines Erachtens kein Grund zur Panik („Hilfe, unser Verhältnis ist schlecht, sonst hätte sie mir doch gesagt, was sie hatte"), wenn die Diagnose nicht genannt wird.

Stattdessen finde ich es sinnvoller, möglichen arbeitsbedingten Ursachen auf den Grund zu gehen. In einer Misstrauenskultur lieber ohne Protokollbogen (obwohl es gerade da nötig wäre) – in einer offenen Atmosphäre ist der Mitarbeiter ohnehin bereit, seine Einschätzung öffentlich zu wiederholen. Man sollte ruhig nachfragen, wie es um das Wohlbefinden bei der Arbeit ansonsten bestellt ist, gern auch mit der Ergänzung: „Wohlfühlen im Job, das ist ja nicht nur eine Frage von Ergonomie oder Arbeitsschutz. Das Zwischenmenschliche spielt auch eine Rolle. Welche Verbesserungsvorschläge hätten Sie diesbezüglich?"

Frage nach Verbesserungsvorschlägen

Sinnvoll ist auch, lieber nach Verbesserungsvorschlägen zu forschen als etwa zu fragen: „Gibt's da irgendwelche Probleme?" Wer hat schon gern Probleme?! Auf die Frage erntet der Frager – zu Recht – grundsätzlich ein Nein. Falls Sie wirklich wissen möchten, wo die Leute (alle, nicht nur die Rückkehrer) der Schuh drückt: Führen Sie doch den sog. „Anerkennenden Erfahrungsaustausch" [9] ein. Dies ist eine Gesprächskonzeption, in der auch die Anwesenden bzw. Selten-Fehlenden berücksichtigt werden. Die haben keine Hemmungen, im Gespräch auf Verbesserungsmöglichkeiten hinzuweisen, sie stehen ja gut da.

Empfehlenswert ist dieser Ansatz überall dort, wo das Klima in der Vergangenheit von Misstrauen geprägt war und zum Beispiel Überlastungsanzeigen eher Seltenheitswert hatten: Die Leute scheuen sich, die Vordrucke auszufüllen aus Angst, der Chef könnte ihnen das als persönliche Schwäche auslegen und über sie denken „dann ist das Kamel eben zu schwach" statt „dann war die Last wohl zu schwer". Dabei kann so eine Überlastungsanzeige prima als Eye-catcher fungieren, der zeigt: In diesem Bereich stimmt etwas nicht.

Es gibt keine Blaumacher-Entlarvungstricks

Ich behaupte: Man kann es nicht unterscheiden, ob jemand tatsächlich krank ist oder „nur" blaumacht. Die Argumente, mit denen Sie sich auseinandersetzen müssen, sind dieselben. Der eine Mensch kann vielleicht besser lügen als der andere. Der dritte möchte lieber von Ihnen als Blaumacher abgestempelt werden, als Ihnen zu sagen, woran er leidet (zum Beispiel Inkontinenz). Herauszufinden, wer wann lügt, ist auch mit Techniken des Neurolinguistischen Programmierens oder psychologisch fundierten „Tricks" nicht möglich. Meiner Meinung nach gibt es keine solchen Tricks. Daher sollten Sie bei jedem Menschen von der Unschuldsvermutung ausgehen.

Inzwischen kenne ich etliche Geschichten von Menschen, hinter deren scheinbarem Blaumachen sich erschütternde Krankheitsverläufe verbargen, die die Führungskraft zum sofortigen betroffenen Verstummen veranlassten. Quälen Sie die Leute nicht, indem Sie auf die Nennung der Diagnose drängen (auf die Sie ja ohnehin kein Anrecht haben). Aber natürlich dürfen Sie sehr wohl zum Ausdruck bringen, dass Sie durch die Abwesenheit des Mitarbeiters in Ihrer Arbeit beeinträchtigt wurden, weil Sie zum Beispiel für Ersatz sorgen mussten oder die anderen Kollegen stärker belasten mussten als sonst.

Ärger zeigen ohne Vorwürfe

Und noch etwas Wichtiges: Sie dürfen auch Ihren Ärger zeigen! Nicht den Ärger darüber, dass der Mitarbeiter schon wieder krank ist. Sie dürfen natürlich keine Vorwürfe machen oder gar Unterstellungen wie „Jetzt fehlen Sie schon wieder! Das kann doch nicht mit rechten Dingen zugehen!" Solche Unterstellungen sind immer ein Hinweis darauf, dass der Vorgesetzte das Fehlen persönlich nimmt und sich in seiner Rolle verletzt fühlt. Er ist beleidigt. So weit sollten Sie es nicht kommen lassen, indem Sie frühzeitig (!) das Gespräch suchen, möglichst ja ohnehin nach jeder Abwesenheit. Also, bitte keine Vorwürfe.

Aber den Ärger dürfen Sie zeigen. Solange Sie ihn als Ich-Aussage formulieren, hat auch kein Betriebsrat etwas dagegen. Glauben Sie mir, ich hatte schon etliche in meinen Veranstaltungen und alle waren einverstanden. Sie können also zum Beispiel formulieren „Das ist super-ärgerlich für mich, dass ich die Einsatzpläne jetzt schon wieder umändern muss. So viel Arbeit ist das jedes Mal. Das soll ja jetzt kein Vorwurf sein, aber für mich ist es blöd, dass ich mit einem Mann weniger auskommen muss". Ihr Ärger darf für den anderen spürbar sein! Das verwundert viele Führungskräfte, die meinen, sie müssten stets ruhig, sachlich und mit Pokerface Gespräche führen. Das ist Mumpitz. Der andere soll merken, dass Ihnen das Thema nicht egal ist und er Ihnen fehlt.

Wenn nichts mehr geht – und auch die Aufgaben des Betrieblichen Eingliederungsmanagements (siehe Kapitel 5) korrekt erledigt wurden –, können Sie eine Überprüfung der Arbeits- oder Dienstfähigkeit veranlassen oder – in Absprache mit der Personalabteilung – eine Attestpflicht ab dem ersten Tag erlassen. Dabei ist aber wichtig, im Hinterkopf zu haben, dass dieser Schuss auch nach hinten losgehen kann. Meiner Erfahrung nach trifft das auf ungefähr die Hälfte der Fälle zu: Der Mitarbeiter geht an einem Mittwoch zum Arzt und wird bis Montag krankgeschrieben. In der anderen Hälft der Fälle ging die Anzahl der Kurzerkrankungen nach dieser Maßnahme tatsächlich zurück.

Ja, es gibt sie: Die klassischen Blaumacher

Natürlich gibt es in jedem Unternehmen auch Menschen, die ein System nach Strich und Faden ausnutzen. Die gibt es nach meiner Beobachtung überall. Im Öffentlichen Dienst sind die Klagen allerdings stärker von hilflosen Tönen begleitet („Bei uns kann man halt nichts machen, wir setzen ja niemanden auf die Straße"). Und tatsächlich berichtete ein Seminarteilnehmer einer Bundesanstalt, dass ein häufig fehlender Mitarbeiter zu ihm gesagt hatte: „Sie können mir gar nichts! Ich bin Beamter!" Der gute Mann wusste offenbar nicht, dass er als Beamter sogar mit einer Kürzung seiner Pensionsbezüge rechnen muss …

Das Problem mit den „Blaumachern" im klassischen Sinne ist weniger, dass derjenige seine Arbeitskraft nicht einbringt – das könnten die anderen im Team unter Umständen kompensieren. Aber es besteht aus Sicht der Chefs die Gefahr, dass andere Teammitglieder von diesem Verhalten angesteckt werden. Faktisch ist diese Gefahr deutlich geringer, als Führungskräfte fürchten. Die meisten Menschen wollen gute Arbeit abliefern. Und sie tun das auch weiterhin, wenn man ihnen dafür ab und zu echte Anerkennung zollt – wenn sie also wissen, dass ihr Engagement (und das Nicht-Engagement des abwesenden Kollegen) tatsächlich gesehen und gewürdigt wird. Wenn hingegen das Feedback ausbleibt, stellen sich schnell Gedanken ein wie „wieso soll ich es mir nicht genauso leicht machen wie der Willi – schließlich kümmert es ohnehin keinen, wie ich mich hier abrackere".

Also machen Sie sich keinen Extra-Stress, den Sie nicht brauchen. Egal in welcher Position im Unternehmen Sie tätig sind: Ärgern Sie sich kein Magengeschwür über die 2%, die es sich mit den Kurzerkrankungen zu leicht machen. Das tut Ihrer Gesundheit nicht gut.

Die Blaumacher-Problematik mal anders

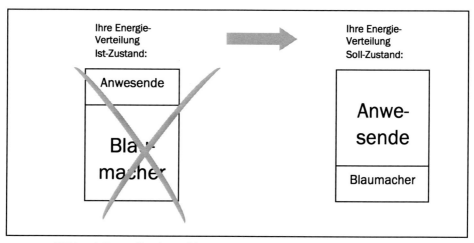

Abbildung 1: Energie-Verteilung auf Anwesende vs. Blaumacher

Stecken Sie lieber 98% Ihrer Energie in die 98% Ihrer Mitarbeiterinnen und Mitarbeiter, die ordentlich ihren Job machen. Gerade in der heutigen Zeit – Stichwort: demographischer Wandel – ist Personal nicht mehr beliebig austauschbar. Und es steht schon lang nicht mehr unbegrenzt zur Verfügung. Hegen und pflegen Sie „die guten 98%" ...

TIPPS FÜR SIE:

- Führen Sie Willkommensgespräche als Ersatz für Kranken-Rückkehrgespräche ein! So holen Sie die Gespräche aus der Tabuzone.
- Zeigen Sie echtes Interesse für die Gründe von Abwesenheiten – ohne auf die Diagnose zu drängen und ohne Ansehen der Person.
- Investieren Sie 98% Ihrer Energie in die 98%, die anwesend sind. Das erspart Ihnen Magenbeschwerden und tut den anderen gut.

2 Zwischenmenschlicher Arbeitsschutz und Führung

„Ohne den wär's hier schön!"

Psychosoziale Einflussfaktoren auf Anwesenheit und Wohlbefinden

Was macht Menschen krank? Wenn man Angestellte fragt, antworten sie selten „mein PC" oder „mein Bürostuhl". Stattdessen bekommt man Antworten wie „der Zeitdruck aufgrund der Zielvorgaben", „der Blödmann in meinem Büro", „die motzenden Kunden" oder eben „mein Chef". Im Erleben der Beschäftigten wiegen psychosoziale Aspekte der Arbeit wesentlich schwerer als die nichtfunktionierende Software oder die mangelhafte Ergonomie. Der Mensch ist eben ein soziales Wesen. Daher sind soziale Bezüge von größerer Bedeutung für die psychische Gesundheit als technische Bedingungen.

Und soziale Bezüge entscheiden mit über Wohlbefinden und Anwesenheit am Arbeitsplatz. Nur selten ist der Zusammenhang so eindeutig wie in dem oben dargestellten Witz: Er fühlt sich nicht wohl bei der Arbeit und macht sich darum die morgendliche Bettkanten-Entscheidung besonders leicht. In der Realität laufen solche Entscheidungsprozesse unbewusst ab. Und in Zeiten von Arbeitsplatzunsicherheit fällt die Entscheidung eher für die Arbeit als gegen sie, auch wenn das Unbehagen noch so groß ist. Das heißt aber im Umkehrschluss nicht, dass Anwesende sich unbedingt wohl fühlen oder gesund sind.

Der Körper reagiert

Wer unter einem schlechten Betriebsklima leidet oder wer befürchtet, dass seine Kollegen ihn mobben, dessen Wohlbefinden wird beeinträchtigt. Nicht nur die Psyche reagiert, z.B. durch den morgendlichen Unwillen, ins Büro zu gehen, durch häufige Ärgerempfindungen oder ein Gefühl von Niedergeschlagenheit. Auch der Körper zeigt Reaktionen, und zwar vielfältiger Natur und von Mensch zu Mensch verschieden. Der eine reagiert mit Muskelverspannungen, der zweite mit Bauchschmerzen, der dritte mit Schwindel, Atemnot oder Schlafstörungen. Die AOK konnte an über 10.000 Versicherten zeigen [3]: Je besser das Betriebsklima ist, desto weniger Leute haben Rückenschmerzen.

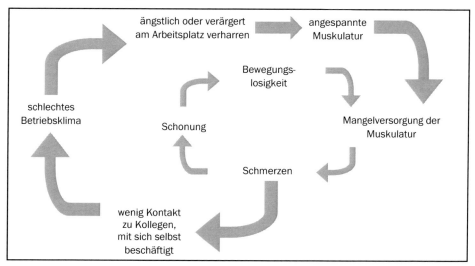

Abbildung 2: Zusammenhang zwischen Betriebsklima und Schmerzen

Bildlich gesprochen heißt das: Bei einem schlechten Betriebsklima sitze ich als Mitarbeiterin quasi in Hab-Acht-Stellung mit hochgezogenen angespannten Schultern am Arbeitsplatz und bewege mich kaum von meinem Platz weg. Die Folge: Muskelverspannungen im Schulter-Nacken-Bereich. Langanhaltende Verspannungen sorgen für eine Unterversorgung der Muskeln mit der Folge: Schmerzen. Wenn Muskeln schmerzen, neigen wir zur Schonhaltung und bewegen diese Muskulatur erst recht nicht. Dabei wäre gerade Bewegung nötig, um die verspannten Muskeln mit Nährstoffen zu versorgen. Das ist der Beginn eines

Teufelskreises von noch mehr Verspannung und noch mehr Schonung. Hinzu kommt: Wer Schmerzen hat, ist in dem Moment wenig gesellschaftsfreudig. Er ist ja mit seinen Schmerzen beschäftigt und sucht nicht von sich aus den Kontakt zu Kollegen. Dadurch wird das Betriebsklima unter Umständen weiter beeinträchtigt, wenn beispielsweise fehlendes Lächeln als Unfreundlichkeit aufgefasst wird.

Der Volksmund kennt etliche Redensarten über solche psychosomatischen Zusammenhänge. Einige davon kennen Sie vielleicht auch von sich selbst: „da kommt mir die Galle hoch", „das geht mir an die Nieren", „ich finde ihn zum Kotzen" (Übelkeit), „ich hab die Nase voll" (Schnupfen), „daran habe ich ganz schön zu knabbern" (nächtliches Zähneknirschen), „das bedrückt mich" (geduckte Körperhaltung). Allen ist gemeinsam: Das Wohlbefinden ist beeinträchtigt, die Psyche leidet, und der Körper muss es ausbaden.

Erholungsfähigkeit geht verloren

Zwischenmenschliche Faktoren beschäftigen Menschen mental nicht nur während der Arbeitszeit. Sie sind – anders als ein ergonomisch falsch eingerichteter Arbeitsplatz – nicht einfach vergessen, wenn man das Büro verlässt, sondern beeinträchtigen auch das Wohlbefinden nach Feierabend. Man nimmt den Ärger über Kunden, Kollegen oder Vorgesetzte mit heim, wo die Gedanken weiter um die Arbeit kreisen und echte Erholung unmöglich machen. Womöglich wird das familiäre Umfeld angesteckt durch die schlechte Stimmung, die der Beschäftigte aus dem Büro mitbringt. Das Abschalten nach Feierabend fällt schwer, obwohl man doch genau diese Zeit zum Umschalten bräuchte.

Im schlimmsten Fall leidet die Erholungsfähigkeit so weit, dass sie ganz verloren geht. Dann ist es gar nicht mehr möglich, den Akku wieder aufzuladen. Kennen Sie das: Sie regen sich so dermaßen über eine unverschämte Kollegin auf, dass Ihnen schon beim Gedanken an die Person die Galle hoch kommt, und statt dass Sie nach Feierabend die blöde Kuh mental beiseite legen, verfolgt sie Sie bis in Ihre Träume? Dass das mal vorkommt, ist normal. Aber wenn man merkt, dass die Schlaf- und Erholungsfähigkeit dauerhaft beeinträchtigt ist durch zwischenmenschliche Probleme am Arbeitsplatz: Vorsicht! Sie brauchen Ihre Erholung, um am nächsten Tag wieder ganz fit zu sein. Zum Glück lässt sich das Abschalten lernen [4].

Hier soll nicht verschwiegen werden, dass Arbeit auch ein Gesundheitsfaktor sein kann. Vielen wird das erst klar, wenn sie keine mehr haben. Aber genauso wie Arbeit krank machen kann, kann sie auch das Wohlbefinden steigern: Erfolge stärken unser Selbstwertgefühl, der Zusammenhalt unter Kollegen tut uns gut, die Regelmäßigkeit schafft Ordnung in unserer Zeitgestaltung, und Arbeit hilft, unsere Identität zu definieren. Wir fühlen uns als wichtiges Rädchen der Gesellschaft und haben im Idealfall das Gefühl, etwas bewirken zu können. Das stärkt uns. Im Sinne Ihrer eigenen Gesundheit sollten Sie sich auch diese Kraft gebenden Aspekte Ihrer Arbeit (Ressourcen) immer wieder vor Augen führen. Sie machen Sie stärker im Umgang mit Belastungen aller Art, auch privat!

TIPPS FÜR SIE:

- Überprüfen Sie, mit welchem Gefühl Sie morgens aufwachen und an Ihre Arbeit denken. Wenigstens neutral?
- Versuchen Sie, in Ihrer Freizeit Abstand zu gewinnen von der Arbeit, indem Sie anderes mit anderen Leuten machen!
- Machen Sie sich bewusst, welche Aspekte Ihrer Arbeit Ihnen gut tun und Kraft geben! Machen Sie mehr davon!

Der Beitrag der Führungskraft zu Wohlbefinden und Gesundheit

Immerhin den größten Teil unserer Wachzeit verbringen wir am Arbeitsplatz. Und genau so verbringen wir als Angestellte auch meist den größten Teil unseres wachen Lebens mit unserem Vorgesetzten. Wir sehen ihn häufiger als unseren Partner oder unsere Partnerin. Und selbst wer die Führungskraft nur selten leibhaftig zu Gesicht bekommt, wird doch von ihr geprägt und beeinflusst. Im Hinterkopf ist sie weit präsenter als der Kunde direkt vor uns. Bei dem Gedanken wird es manch einem gruseln. Aber klar ist eines: Umso wichtiger ist es, dass das Verhältnis einigermaßen stimmt.

Stimmung des Chefs steckt an

Die Stimmung der Führungskraft ist ansteckend; sie überträgt sich häufig auch aufs Privatleben der Mitarbeiterinnen und Mitarbeiter [5]. Ein gut gelaunter wohl gesonnener Vorgesetzter ist quasi ein Schutzfaktor für die Gesundheit und das Wohlbefinden auch im Privatleben. Ein schlecht gelauntes Führungsekel hingegen ist ein Gesundheitsgefährdungsfaktor. Britische Krankenschwestern zum Beispiel haben einen signifikant höheren Blutdruck, wenn sie das Führungsverhalten ihres Chefs negativ bewerten [6]. Das kann man bildlich nachvollziehen: Ein brüllender (aber auch ein zynischer, ironischer) Vorgesetzter sorgt bei Beschäftigten für Muskelanspannung, Herzklopfen, Schwitzen und eben eine Erhöhung des Blutdrucks [28]. Auf die Dauer macht das krank.

> *Es werden weit mehr Menschen durch ihren Chef krank als durch den falsch eingestellten Bürostuhl.*

Wie kommt man – platt gesagt – von „Mein Chef macht mich krank" zu „Mein Chef tut mir gut"? Während pathogene, also krank machende, Effekte von Führungsverhalten auf die menschliche Gesundheit relativ gut erforscht sind, gibt es erst wenige Studien über salutogene (also gesundheitsfördernde) Einflüsse.

Ich bin aber sicher, das Thema wird in Zukunft an Bedeutung gewinnen. Schließlich gestalten Führungskräfte neben den physikalischen Arbeitsbedingungen auch das Beziehungsgefüge am Arbeitsplatz. Sie eröffnen Gestaltungsspielräume, prägen das Klima, ermöglichen Weiterentwicklung. Wenn sie gesund führen, geben sie soziale Unterstützung und reduzieren damit das Belastungsempfinden ihrer Mitarbeiterinnen und Mitarbeiter.

Vorgesetzte sind eine Arbeitsbedingung. Das heißt, sie können Ursache sein für arbeitsbedingte Erkrankungen (weshalb sich Arbeitsschützer mittlerweile auch bei diesem Thema zu Wort melden, schließlich sollen sie laut erweitertem Präventionsauftrag arbeitsbedingte Erkrankungen verhindern), genauso können sie aber auch Ressource sein, also eine Kraftquelle oder platt gesagt: ein Gesundmacher. Die beiden Zeichnungen verdeutlichen dies plakativ.

Psychische Gesundheitsgefahren lassen sich begreifen als Untergruppe arbeitsbedingter Gesundheitsgefahren. Psychosoziale Gesundheitsgefahren wiederum sind eine Untergruppe der psychischen Gesundheitsgefahren. Ein psychotoxischer Chef ist „giftig für die Seele", er schadet der Gesundheit. Hier sind Arbeitsschützer auf den Plan gerufen. Eigentlich sollen sie nämlich den Versicherten, sprich hier: den Beschäftigten, schützen, und nicht die Arbeit. Wenn man in der alten Terminologie bleiben möchte, heißt das: Nötig ist ein psychosozialer, also zwischenmenschlicher, Arbeitsschutz.

Abbildung 3: Die Führungskraft als potenzielle arbeitsbedingte Gesundheitsgefahr

Die Führungskraft als Gesundheitsfaktor

Im Idealfall sind die Führungskräfte selber eine Ressource: Sie tun den Beschäftigten gut. Und sie können ihrerseits Ressourcen einsetzen, etwa bei der Gestaltung von Arbeitsplatz, -aufgabe und -organisation, bei den Arbeitsvorgaben (Abläufe, Inhalte, Zeitlimits, Passung von Qualifikation und Anforderung) und Handlungsspielräumen und natürlich beim Miteinander am Arbeitsplatz.

Die von den Führungskräften eingesetzten Ressourcen (Kraftquellen) bilden ein wirkungsvolles Gegengewicht zu den Belastungen, denen die Beschäftigten ausgesetzt sind. An den Belastungen ihrer Mitarbeiter können Führungskräfte oft nicht viel ändern, wohl aber an den Ressourcen. Das ist wichtig zu wissen. Denn in Seminaren höre ich oft: „Das sind die Rahmenbedingungen wie die Zielvorgaben, die die Leute stressen. Daran können wir Führungskräfte doch nichts ändern." Doch, können sie. Menschen sind zu vielen Mühen bereit, wenn sie wissen, dass sie dafür Anerkennung bekommen. Wenn sie sich zum Beispiel nicht allein gelassen sondern – wenigstens mental – unterstützt fühlen.

2 Zwischenmenschlicher Arbeitsschutz und Führung

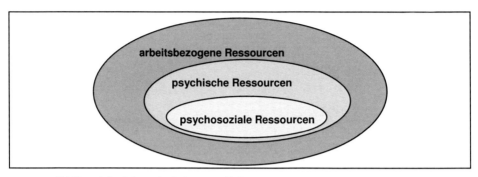

Abbildung 4: Die Führungskraft als potenzielle Ressource

Das sollten Führungskräfte nicht ausnutzen, aber sie können es nutzen. Falls das Verhältnis zum unmittelbaren Vorgesetzten stimmt, kommen Menschen sogar dann gern zur Arbeit, wenn die Tätigkeit als solche wenig Herausforderungen bietet. Das äußern dann Teilnehmer in Seminaren beispielsweise so drastisch: „Der Job ist eigentlich Scheiße. Aber das Klima unter den Kollegen stimmt, und unsere Chefin ist prima." Und ich habe tatsächlich auch schon Sätze gehört wie: „Wir haben so ein super Klima, da vergess' ich sogar mein Kopfweh." Tatsache ist: Wenn wir uns wohl fühlen, werden Schmerzen weniger intensiv empfunden. Und dazu können Führungskräfte (ein Fitzelchen) beitragen, indem sie sich als psychosoziale Ressource betätigen.

Der Leitende Werksarzt der Deutschen Post AG, Dr. Andreas Tautz, meinte anlässlich eines Kongresses des BKK-Bundesverbandes: „Bei psychosozialen Belastungen ist die Führungskraft, nicht der Arzt, die entscheidende Beeinflussungsgröße" (Die BKK 02/2007). Und Professor Badura, Emeritus der Uni Bielefeld, vertritt auf der Grundlage seiner Studie „Sozialkapital" die Meinung, dass gesunde Führung eine der größten Herausforderungen für kränkelnde Betriebe sei [7].

Gesund- und krank-machende Führung

Was sind denn nun psychosoziale Einflussfaktoren der Führungskraft aufs Wohlbefinden? Oder anders gefragt: Wann macht Führung krank, wann macht sie gesund? Ich bin sicher, Sie haben beide Varianten schon am eigenen Leib und an der eigenen Psyche erlebt ... Ich unterscheide sechs Dimensionen gesunder Führung, die zugleich den roten Faden unserer Seminarveranstaltungen liefern: Anerkennung / Lob / Wertschätzung; Interesse / Aufmerksamkeit / Kontakt; Gesprächsführung / Einbeziehen / Kommunikation; Transparenz / Offenheit / Durchschaubarkeit; Betriebsklima / Stimmung; Stressbewältigung / Belastungsabbau / Ressourcenaufbau.

Sind diese sechs Dimensionen gegeben, so behaupte ich, ist gewährleistet, dass die Führungskraft alles in ihrer Macht stehende tut, um psychosoziale Gesundheit am Arbeitsplatz zu fördern. Handelt sie den Dimensionen zuwider, ist der Boden für Kränkungen bereitet. Die Grundlage aller gesunden Führung (und hieran krankt es eben oft) ist der gesunde Umgang mit sich selbst.

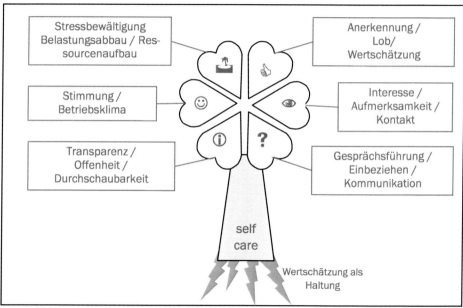

Abbildung 5: Dimensionen gesunder Führung (Übersicht)

Ohne ein hinreichendes Maß an „self care" (Selbstfürsorge auf Deutsch, aber das Wort klingt leider so spießig und wird von Führungskräften daher nicht so gut angenommen) werden die sechs Dimensionen gesunder Führung nicht aufblühen. Prosaisch ausgedrückt: Wenn ich als Führungskraft gestresst bin, schmerzgeplagt oder schlafgestört, werde ich kein Auge dafür haben, wie es meinen Mitarbeiterinnen und Mitarbeitern geht. Ich bin angespannt und mit der Aufmerksamkeit bei mir selbst. Eine für Führungskräfte zunächst erstaunliche Aussage dieses Bildes ist folglich: Ich darf und soll als Führungskraft in einem ersten Schritt schauen, dass es mir selbst gut geht.

Beides – die Selbstfürsorge und die Fürsorge für die anderen Beschäftigten – kann nur gedeihen, wenn eine wertschätzende Haltung gegeben ist. Ohne diese Wurzeln als Grundlage werden alle Bemühungen um gesunde Führung ins Leere laufen. Da es nach meiner Beobachtung in vielen Betrieben an genau dieser Basis fehlt, habe ich in den letzten Jahren verstärkt den Fokus auf das Thema Wertschätzung gelegt und hierzu Veranstaltungen angeboten. Es macht meiner Erfahrung nach Sinn, erst danach das Thema „Führung und Gesundheit" anzugehen. Mehr dazu finden Sie im letzten Kapitel.

Aus dem Schaubild lässt sich gut ableiten, was man sich unter kränkender Führung vorzustellen hat.

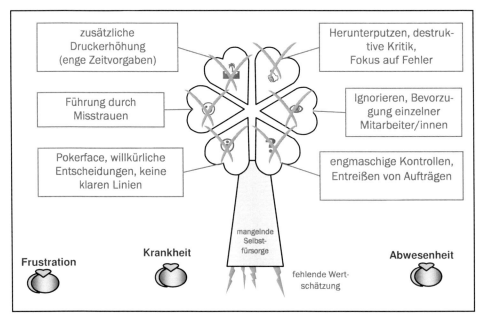

Abbildung 6: Krankmachende Führung (Übersicht)

Nämlich ganz einfach das Gegenteil der dort genannten Prinzipien. Also z.B. (wenn man die Dimensionen im Uhrzeigersinn durchgeht) das öffentliche

Herunterputzen von einzelnen Mitarbeitern als Gegenteil von Wertschätzung; die Bevorzugung einzelner oder das Ignorieren von Personen als Gegenteil von Interesse; das Wieder-an-sich-Reißen von bereits delegierten Vorgängen oder das Durchführen engmaschiger Kontrollen als Gegenteil zum partizipativen Kommunikationsstil; intransparente Entscheidungen oder das Pokerface als Gegenteil zur Durchschaubarkeit; Führung durch Misstrauen (als Klima-Zerstörer) oder zusätzliche Druckerhöhung unter Missachtung von Stress-Symptomen als Gegenteil zum Belastungsabbau.

Dass ein solches Führungsverhalten negative Auswirkungen auf die psychische und physische Gesundheit der Beschäftigten hat, ist für die meisten Menschen unmittelbar einleuchtend – weshalb ich mich immer wieder wundere, wenn ich nach den Quellen gefragt werde ... Im ersten Buch [8] habe ich mir noch die Mühe gemacht, solche „Beweise" zu suchen und zu zitieren, heute finde ich: Wer einen Beleg dafür benötigt, dass Menschen Atemluft brauchen, um zu überleben, sollte vielleicht besser doch kein Arzt werden.

Ebenso sollten auch Führungskräfte z.B. aus eigener Erfahrung wissen, dass Anerkennung Menschen gut tut – ohne dafür Studien zu brauchen. Was aber tun, wenn Sie selbst diesen Aussagen zwar zustimmen, jedoch Ihrerseits kränkend geführt werden?

Frustschutz für Sie: Umgang mit Kränker-Chefs

Dieses Buch ist gespickt mit Tipps zur gesunden Führung. Menschen in und außerhalb von Betrieben erfahren hier, wie man das Miteinander am Arbeitsplatz gesund gestalten kann. Aber was, wenn Sie selber einen Chef haben, der sich für das Thema einen feuchten Kehricht interessiert und der Sie womöglich krank macht? Dann stehen Sie ganz schön dumm da.

Es gehört viel Kraft dazu, sich für ein gesundes Miteinander einzusetzen, wenn man selber nicht gesund geführt wird. Sie sollten trotzdem an Ihrem Ziel festhalten, Ihr Unternehmen und damit diese Welt ein kleines Stückchen besser zu machen.

Das Schema auf der nächsten Seite können Sie als Leitfaden verwenden. Die rechte Spalte meint dabei fünf Phasen (Gespräche), die Sie der Reihe nach durchlaufen sollten. Geben Sie jedem Menschen dabei mindestens 3 Chancen!

2 Zwischenmenschlicher Arbeitsschutz und Führung

Analyse-Fragen	Mentale Bewältigung	Handelnde Bewältigung
Ignoriert er Sie? (nicht grüßen, Namen nicht kennen etc.)	*Fragen zur Selbstreflexion:* Machen Sie ihm das Loben leicht? Loben Sie ihn? Lächeln Sie ihn an? Fragen Sie ihn um Rat? Geben Sie ihm einen Wertschätzungsvorschuss?	**Austausch mit Kollegen** ZIEL: emotionale Entlastung, Vorbereitung auf Chef-Gespräch
Treiben Sie genug Selbst-PR? (Wortbeiträge, Extra-Aufgaben, Kontakt suchen)		**Chef-Gespräch unter 4 Augen** Erleben spiegeln, Änderung erbitten ZIEL: Verhaltensänderung erwirken, möglichst auch Entschuldigung
Lobt er nur Sie nicht trotz guter Arbeit? (versehentliche oder absichtliche Ungleichbehandlung)	*Tipps zum Gedankenswitch:* Das ist eine arme Socke! Haben Sie Mitleid mit dem! Der ist nur verunsichert! Der hat's anscheinend nötig!	**Austausch mit Fachmensch** (Sozialberatung, Betriebsarzt o.ä.) ZIEL: emotionale Entlastung und Handlungsideen
Kritisiert er Sie öffentlich? (Bloßstellen, Runterputzen)	*Tipps zur Selbst-Stärkung:* Suchen Sie sich Verbündete! Machen Sie sich unabhängig von seinem Lob! Sie sind stark! Suchen Sie sich einen Ausgleich in der Freizeit! Sie wissen, dass Sie gut sind!	**Mediationsgespräch** mit einem Unbeteiligten, z.B. BR ZIEL: Ent-Emotionalisierung, Frieden (keine Liebe), normales Miteinander ermöglichen
Mobbt er Sie? (systematisches Ausbooten, Diskriminieren)		**Chef-Chef-Gespräch** Beschweren beim Chef-Vorgesetzten ZIEL: Änderung des Chef-Verhaltens

Haben Sie alle Bewältigungsmöglichkeiten mindestens 3x ausprobiert?
Und bei jeder Möglichkeit Ihre Änderungswünsche (statt Klagen!) klar und deutlich formuliert?

nein Bitte noch mal von vorn probieren!

↓ ja

Leidet Ihre Gesundheit unter der Situation?
Denken Sie an mindestens 10 Arbeitstagen pro Monat:
„Ich halte das nicht mehr aus?"

nein Bitte noch mal von vorn probieren!

↓ ja

Kündigen Sie!
Ihrer Gesundheit und Arbeitsfähigkeit zuliebe.

Mehr Tipps finden Sie in dem Buch „Wenn der Chef krank macht" (2012)

Abbildung 7: Handlungsleitfaden zum Umgang mit dem Kränker-Chef

Sie brauchen sich nicht genauso mies zu verhalten wie Ihre Führungskraft. Niemand verbietet Ihnen, andere Wege zu beschreiten. Sie können mit gutem Beispiel vorangehen. Und wer weiß, vielleicht stecken Sie Ihre Vorgesetzten ja sogar an mit Ihrem Gut-Mensch-Sein. Wär doch schön. Dann verändern Sie mit Ihrem Verhalten die Verhältnisse, und zwar von unten nach oben. Jede Revolution ist diesen Weg gegangen. Ich geb' ja zu: Das ist leichter gesagt als getan. Deshalb kommen hier ein paar Tipps zum Umgang mit Kränker-Chefs und solchen, die „bloß" nie loben.

Sie sind nicht allein

Zunächst einmal kann es tröstlich sein zu wissen: Sie sind nicht allein mit Ihrem Kränker-Chef. Wir alle wollen als Mensch wahrgenommen werden am Arbeitsplatz. Aber die INQA-Studie „Was ist gute Arbeit?" zeigt an über 5000 Leuten (Initiative Neue Qualität für Arbeit, 2006): Jeder 2. fühlt sich vom Vorgesetzten nicht wertgeschätzt und mit Respekt behandelt. Und das hat Folgen: Man regt sich auf, der Blutdruck steigt, das Herz schlägt schneller. Zweifel und Ängste nagen an einem. Bin ich noch gut genug? Ist mein Job noch sicher? Das reduziert die Konzentration und damit die Leistungsfähigkeit. Und irgendwann die Gesundheit. Das geht vielen so. Das macht's nicht besser, beruhigt aber etwas.

Vielleicht ist es sogar noch schlimmer, und Ihr Chef mobbt Sie aktiv. Der Mobbing-Bericht der Bundesanstalt für Arbeitsschutz und Arbeitsmedizin besagt, dass in jedem zweiten Fall Vorgesetzte beteiligt sind. Ich persönlich würde nicht unbedingt und in jedem Fall eine böswillige Absicht der Führungskraft unterstellen – auch wenn aus Sicht des Betroffenen der Fall eindeutig ist. So können z.B. engmaschige Kontrollen aus Sicht der Vorgesetzten gerechtfertigt sein, während sie vom Mitarbeiter als Schikane empfunden werden. Aber ganz gleich, wie es sich „objektiv" verhält: Entscheidend auch für die Auswirkungen auf die Gesundheit ist, was die Beteiligten erleben, also ihre Sicht.

Ein Ereignis ist nie gleichzusetzen mit einem Erlebnis.
Zwei Menschen können dasselbe Ereignis ganz unterschiedlich erleben.

Ich halte es für sinnvoll, beide Seiten anzuhören – schön, wenn es daher immer mehr ausgebildete Mediatoren in Betrieben gibt (manchmal Betriebsräte oder Sozialberater, die eine entsprechende Fortbildung durchlaufen haben). Wenn es so eine Stelle in Ihrem Betrieb gibt (vermutlich nicht, denn sonst wären Sie nicht an diesem Kapitel hängen geblieben), finden Sie dort ganz sicher Entlastung.

Oft braucht es einfach eine neutrale Instanz, die alle beteiligten Parteien anhört und zur wohltuenden Ent-Emotionalisierung des Geschehens beiträgt. In so einem Gespräch mit einem neutralen Dritten oder vielleicht sogar zu dritt mit Ihrem Vorgesetzten lässt sich die Kluft zwischen Ereignis und Erlebnis oft schließen. Missverständnisse werden ausgeräumt, und Sie haben sich positioniert als jemand, der gut für sich sorgt.

Mutig ins Gespräch

Nach meiner Beobachtung ist es weitaus häufiger so, dass eine erwartete Anerkennung ausbleibt, also dass Wertschätzungsdefizite kränken, als dass ein bewusster Kränkungsakt willentlich vollzogen wird. Das ist schlimm genug, aber die Lösungsvorschläge sind andere.

Wenn es sich wirklich um wiederholte systematische Kränkungen (Bloßstellungen, negative Kritik vor versammelter Mannschaft, offensichtliche systematische Diskriminierung u.ä.) handelt, müssen Sie zunächst das Gespräch unter vier Augen suchen. Trotz Herzklopfen. Bitte nicht sofort zum Mediator oder Betriebsrat rennen, Ihr Chef würde sich hintergangen fühlen und könnte seinerseits gekränkt reagieren, sondern erst ein Gespräch Vis-à-vis führen.

Spiegeln Sie Ihrem Vorgesetzten, was sein Verhalten in Ihnen auslöst. Zeigen Sie Ihre Empfindungen ohne Angst, sich damit lächerlich zu machen. Es soll auch Chefs geben, die solche Situationen später gegen einen verwenden. Aber die Mehrzahl tickt anders und hat irgendwo menschliche Züge, auch wenn die gut versteckt sind. Diese Züge wird Ihre Führungskraft aber nur dann zeigen, wenn sie sich nicht an die Wand gestellt und angeprangert fühlt.

Also bitte kein Bombardement mit Vorwürfen, sondern eine kurze Darstellung dessen, was Sie an einem bestimmten Verhalten gestört hat und warum, und – ganz wichtig (!) – welches Verhalten Sie sich stattdessen wünschen!

> *Eine Kritik ohne Veränderungsvorschlag wirkt wie ein Vorwurf.*
> *Auf Vorwürfe reagieren Menschen mit Verteidigung oder Verschlossenheit.*

Statt also zu sagen „Bei Ihnen kriegt man doch immer nur zu hören, was man alles falsch gemacht hat, von Ihnen kommt doch nie ein Wort der Anerkennung", drücken Sie lieber Ihr Bedürfnis nach Feedback aus und garnieren Sie Ihre Äußerung mit einem konkreten Verhaltenswunsch. Sie könnten zum Beispiel sagen: „Ich finde es schade, dass ich von Ihnen kein Feedback zu meinem Konzeptpapier erhalten habe. Ich erwarte ja keine Lobeshymnen, aber es ist wichtig für mich zu wissen, wie Sie über meine Arbeit denken. Schließlich hatte ich einiges an Arbeit da rein gesteckt, und ich brauche eine Orientierung, ob ich das richtig gemacht habe und welche Veränderungsvorschläge Sie haben. Also bitte sagen Sie mir, wie fanden Sie meinen Vorschlag und was soll ich noch umändern?"

Oder im Falle einer öffentlich gebrüllten Kritik – was ein absolutes „No-Go" darstellt, aber das ist jetzt nicht unser Thema – sagen Sie (bitte unbedingt unter vier Augen!): „Wie Sie mich da gestern vor versammelter Mannschaft kritisiert haben, das möchte ich so nicht auf sich beruhen lassen. Ich habe mich regelrecht bloßgestellt gefühlt. Das wirft kein gutes Licht auf Sie (ha! da geben Sie's ihm doppelt) und ich fand es auch dem Anlass nicht angemessen. Ich kann ja verstehen, dass Ihnen manches an meinem Vorschlag zu wenig durchdacht vorkam, aber ich bitte Sie, dass wir in Zukunft darüber unter vier Augen oder zumindest in einem anderen Tonfall sprechen. So etwas können wir doch in Ruhe klären."

Leistung lohnt sich nicht immer – Umgang mit dem Nie-Lober-Chef:

Wenn Sie der Meinung sind, dass Sie nicht genug Anerkennung bekommen, stellt sich die Frage: Was ist denn für Sie genug? Was wünschen Sie sich eigentlich? Brauchen Sie Feedback? Dann geht es Ihnen um Orientierung, um Sicherheit. Sie wollen wissen, wo Sie stehen. Das ist ein legitimer Wunsch. Um Feedback können Sie ganz nüchtern bitten. Oder wollen Sie mehr Lob für Ihre Leistung? Denken Sie, wenn Sie mehr leisten, bekommen Sie mehr Anerkennung?

Das funktioniert nicht. Was Sie leisten, wird schnell zum Standard. Und Sie sind ruckzuck in einem selbstausbeuterischen Teufelskreis, der zu Lasten Ihrer Gesundheit gehen kann – immer auf der Jagd nach mehr Lob powern Sie sich langsam aber sicher aus. Das tut Ihnen nicht gut.

Zweifeln Sie nicht an sich selbst, wenn das Lob Ihres Vorgesetzten ausbleibt … Sein Fehler – Ihre Entlastung: "Ich gehe davon aus, dass ich meinen Job echt gut mache. Sonst hätten Sie ja schon etwas gesagt". Vereinbaren Sie Feedbacktermine – das spricht für Sie. Sie zeigen ja damit: „Chef, Ihre Meinung ist mir wichtig". Holen Sie sich Ihre Lorbeeren z.B. per "Und?!" Seien Sie zufrieden mit "passt schon". Er hat's bestimmt auch nicht immer leicht gehabt. Dementsprechend lautet der wichtigste Tipp: Loben Sie ihn: Er braucht's genauso. Sie sollen nicht rumschleimen, aber Sie können z.B. sagen "Find ich gut, dass Sie uns schon Bescheid gegeben haben wegen des XY-Projekts – so können wir uns darauf einstellen". Nutzen Sie Ihre Vorbildfunktion und loben Sie Kollegen und Kolleginnen. Dann sind Sie auch Vorbild für Ihren Chef.

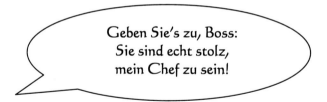

Wie Sie es ihm leicht machen

Verschlossene Menschen erhalten übrigens seltener anerkennende Worte als offene Menschen, die aus ihren Herzen keine Mördergrube machen. Natürlich sollen Sie sich nicht verstellen oder das Thema Feedback so offensiv angehen, wie es die Sprechblase oben nahelegt (wobei die Technik durchaus zu empfehlen ist, wenn sie zu Ihrer Persönlichkeit passt). Aber Sie können es Ihrem Chef leicht machen, Sie zu loben. Zum Beispiel durch Ihren Gesichtsausdruck. Man tut sich leichter, Menschen zu mögen, Wertschätzung auszudrücken und andere zu loben, wenn sie Emotionen zeigen. Im einfachsten Fall lächeln.

Also machen Sie's ihm leicht, lächeln Sie – dann weiß Ihr Chef auch, woran er mit Ihnen ist. Sie nehmen ihm damit auch mögliche Unsicherheiten. Führungskräfte sind weitaus häufiger verunsichert (und tragen eben darum ein

Pokerface), als Mitarbeiter glauben! Und suchen Sie sich Verbündete – nicht im Sinne einer Verschwörung, sondern um die Bestätigung zu bekommen: Den anderen geht es ähnlich. Es tut, wie gesagt, gut zu wissen, dass man nicht allein ist. Tauschen Sie sich mit anderen aus, das entlastet Sie und stärkt Ihnen allen den Rücken. Es macht mutiger im Umgang mit Höhergestellten. Und vielleicht kommen Sie gemeinsam auf Ideen, wie Sie Ihren Chef umdrehen können.

Die arme Socke bemitleiden

Manchmal hilft auch ein Perspektivenwechsel. Bestimmt ist Ihre Führungskraft selber nicht glücklich. Vielleicht ist sie überfordert. Vielleicht wurde sie gerade von ihrem Partner verlassen. Oder die Kinder sind krank. Oder das Haus hat einen Wasserschaden. Eine Klientin schilderte mir mal: Ihr Chef rollt immer die Augen und wippt unruhig auf dem Stuhl, sobald sie in einer Besprechung den Mund aufmacht. Das gilt sogar dann, wenn er ihr selber den Auftrag zu der jeweiligen Präsentation erteilt hatte. Oft fiel er ihr auch ins Wort, natürlich vor versammelter Mannschaft. Sie fühlte sich dadurch zutiefst verunsichert und fragt, was sie im Umgang mit ihm tun könne.

Es macht Sinn, sich zu fragen, was dahinter stecken könnte. Anscheinend braucht er sein Verhalten ja für irgendwas, es muss ja für ihn irgendeinen Sinn erfüllen: Er muss sich groß machen, anderen seine Überlegenheit zeigen, weil er es nötig hat. Warum hat jemand sowas nötig? Weil er sich eigentlich klein fühlt. Das ist sicher sehr simpel betrachtet, aber oft hilft es bei der Problemlösung, diese simple Erklärung heranzuziehen.

*Konflikte lassen sich nur lösen,
wenn man sich in den anderen und seine Bedürfnisse hineinversetzt.*

Sprich: Ich finde, Sie sollten natürlich nicht rumschleimen, aber nach Möglichkeit ihn irgendwie wachsen lassen. Lassen Sie ihn groß dastehen, auch vor den Kunden und Dienstleistern. Kostet sicher Überwindung, aber vielleicht finden Sie ja tatsächlich etwas an ihm, das Sie in irgendeiner Form gut finden können. Hausintern können Sie ihn durchaus in einem Meeting scherzhaft ansprechen: „Herr XY, man könnte meinen, Ihnen wäre langweilig (oder: Sie fänden es ganz furchtbar schrecklich, was ich Ihnen erzähle)! Soll ich aufhören?" Wenn Sie ihn dabei fragend anlächeln, sind Sie ein bisschen wie die Schulmeisterin, die er offenbar früher nicht gehabt hat. Offenbar fällt es ihm schwer, untätig herumzusitzen und andere machen zu lassen. Geben Sie ihm Mitwirkungsmöglichkeiten. Wer weiß, vielleicht hat er auch ein Aufmerksamkeits-Defizit-Syndrom.

Ich will Ihnen bestimmt nicht Ihren Chef „schönreden", aber oft hilft es uns, arrogante Menschen zu ertragen, wenn wir Mitleid empfinden („Arroganz ist immer ein Zeichen von Unsicherheit") oder uns sagen, dass wir sie stärken müssen. Das widerspricht zwar allen Impulsen, die unser Bauch eigentlich von uns verlangt, aber es hilft, unser Selbstwertgefühl zu stärken und den anderen nicht zu demontieren.

Wenn es gar nicht mehr geht

Suchen Sie Bestätigung auch außerhalb der Arbeit. Das hilft Ihnen, den Akku wieder aufzuladen, es richtet Ihr Selbstwertgefühl auf, macht Sie stärker und erleichtert es, die Prioritäten neu zu ordnen. Arbeit ist wichtig, aber sie ist eben nicht alles. Natürlich können Sie auch zum Betriebsrat gehen. Der versteht sich als Interessenvertreter auch für die (mittleren) Führungskräfte. Vermutlich sind Sie nicht der erste Mensch, der sich mit Klagen dieser Art an ihn wendet. Gut ist es, wenn Sie konkrete Situationen aus Ihrem betrieblichen Alltag schildern können. Vielleicht sollten Sie sich zu diesem Zweck ein Tagebuch zulegen. Das hilft auch – paradoxerweise –, sich emotional von den Vorfällen zu distanzieren. Und es erleichtert Ihnen das Argumentieren.

Und wenn Sie finden, dass gar nichts mehr geht und Sie nur noch leiden? Dann, aber bitte erst dann, sollten Sie ernsthaft eine Kündigung in Betracht ziehen. Vorher sollten Sie alle anderen Maßnahmen ausprobiert haben. Mehrmals. Es gibt im Trainingsbereich den schönen Spruch: „Jedes (neue) Verhalten verdient mindestens 3 Chancen." Sie müssen sich also mindestens drei Schlappen eingefangen haben, bevor Sie den Gedanken an die Kündigung umsetzen. Sehen Sie Ihre Kündigung dann nicht als persönliches Versagen, sondern als Ausdruck von verantwortungsvollem Selbstschutz. Sie kündigen, weil sie es sich wert sind.

Sie denken jetzt vielleicht: Das sagt die so einfach dahin, als Selbständige hat die gut reden. Daher möchte ich an dieser Stelle nur kurz darauf hinweisen, dass ich die Situation selber gut kenne. In meiner Zeit als Angestellte hatte ich einen Chef, der dem Ihren vielleicht ähnelt. Irgendwie muss ein Mensch ja seine Berufung finden ... Jetzt, viele Jahre nach der Kündigung, bin ich ihm fast dankbar, denn ohne ihn wäre ich nie auf die Idee gekommen, das Thema „Führung und Gesundheit" so intensiv zu besetzen.

Ich will damit sagen: Natürlich ist es nicht leicht, aus einer Festanstellung heraus „bloß" wegen der Führungskraft zu kündigen. Aber wenn die Gesundheit konstant leidet und man daran trotz aller mutigen Versuche nichts ändern konnte, dann finde ich es richtig, aus Verantwortungsgefühl sich selbst gegenüber diesen Schritt zu machen.

Man weiß in so einer Situation nicht, ob die Zeit danach besser wird (wer ist schon gern arbeitslos), aber man weiß ganz sicher, dass man andernfalls vor die Hunde ginge. Und vielleicht schreiben Sie ja auch eines Tages ein Buch über „Führung und Gesundheit" ...

TIPPS FÜR SIE:

- Holen Sie sich Rückenstärkung: durch Verbündete, aber auch durch Bestätigung außerhalb der Arbeit.
- Machen Sie Ihr Lebensglück nicht vom Vorgesetzten abhängig! Es gibt noch andere wichtige Dinge im Leben.
- Stärken Sie sich selber, lassen Sie sich von anderen Mut machen und wagen Sie, Grenzen aufzuzeigen.
- Wenn gar nichts mehr hilft: Kündigen Sie! Ihre Gesundheit sollte es Ihnen wert sein.

3 Die psychische Gesundheit stärken

> *„Jetzt reißen Sie sich mal zusammen!"*

Schwache Menschen stärken – (wie) geht das?

Was stärkt und was schwächt die psychische Gesundheit von Menschen? Und kann man das überhaupt am Arbeitsplatz? Ist nicht die Psyche Sache des einzelnen, die er quasi von daheim mitbringt und für die folglich der Betrieb nicht zuständig ist? Die Herausgeber des Buches „Psychosoziale Gesundheit im Beruf", die Professoren Weber und Hörmann, sehen dies anders [10].

Sie schreiben in ihrem Vorwort (S. 12): „Mitarbeiterorientiertes Führungsverhalten und soziale (kollegiale) Unterstützung gelten nach heutigem Wissensstand als die zwei wichtigsten Ressourcen in der Bewältigung beruflicher psychosozialer Stressoren." Und weiter unten heißt es (S. 33): „Dementsprechend wird dem Setting Arbeitsplatz für die Prävention psychischer Erkrankungen großes Potenzial beigemessen."

Antonovsky und der Kohärenzsinn

Also nichts wie los! Natürlich bringt jeder Beschäftigte seine individuelle Gesundheit mit an den Arbeitsplatz. Aber offenbar wird dort Einfluss auf sie genommen, positiver und negativer – und bei beiden Ecken können Sie ansetzen, egal in welcher Funktion Sie tätig sind. Es gilt, salutogene Aspekte zu stärken und die krankmachenden möglichst zu minimieren. Ersteres ist meist leichter.

Der Begründer der Salutogenese (also der Forschungsrichtung zu der Frage: Wie lässt sich Gesundheit stärken?), der Medizinsoziologe Aaron Antonovsky [11] fand anhand von Interviews mit KZ-Überlebenden heraus: Gesundheitlich geschützt in der Auseinandersetzung mit Belastungsfaktoren sind diejenigen, die das Leben um sich herum als verstehbar, bewältigbar und sinnvoll begreifen.

Diese drei Aspekte (Verstehbarkeit, Handhabbarkeit, Sinn) fasste Antonovsky zusammen unter der Bezeichnung „Kohärenzsinn". Sie gelten nach Meinung vieler Experten auch als gesundheitsschützende Faktoren in der modernen Arbeitswelt. Wenn Ihre Kolleginnen und Kollegen begreifen, warum sie ein wichtiges Rad im Getriebe sind, dass sie sehr wohl in der Lage sind, einen Beitrag zum Großen und Ganzen zu leisten und wenn sie darin auch noch einen Sinn sehen, werden sie leichter mit den Belastungen fertig. Sie haben gleichsam einen Stresspuffer, der sie vor negativen Belastungsfolgen schützt.

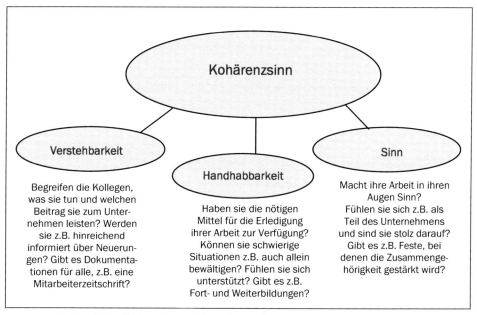

Abbildung 8: Der Kohärenzsinn nach Aaron Antonovsky

Das kann man leicht nachvollziehen, indem man die drei Aspekte umdreht: Wenn ich als Mitarbeiterin mich überfordert fühle (keine Handhabbarkeit), wenn ich nicht begreife, was ich tue (keine Verstehbarkeit) und wenn mir das Ganze auch noch sinnlos vorkommt, tut das meiner Gesundheit nicht gut. Das Immunsystem wird geschwächt, ich fühle mich kraftlos und resigniert. Jede Belastung wird mich umhauen. Wenn Sie hingegen stellvertretend für Ihre Kollegen die oben genannten beispielhaften Fragen mit Ja beantworten können, ist von dieser Seite schon ein Beitrag zum Gesundheitsschutz geleistet.

Chefs oder Kollegen, die sich zu folgender Aussage hinreißen lassen, sollten meiner Meinung nach sofort verbal sanktioniert werden:

> Kasuppke, das kann Ihnen doch völlig egal sein, wozu das gut ist, was Sie da machen. Sie werden doch hier nicht fürs Denken bezahlt!

Menschen wollen einbezogen werden. Sie fühlen sich dadurch wichtig und gebraucht und nicht wie eine Nummer. Natürlich weiß jeder, dass er nicht über die Unternehmensgeschicke im großen Stil mitbestimmen kann. Aber dann will er wenigstens informiert werden. Und manchmal reagieren Menschen regelrecht gerührt, wenn man sie fragt (in Bezug auf politische Ereignisse oder Anordnungen im Betrieb oder Fußballertransfers): „Und? Was hältst du davon?" Selbst wenn der andere – in einem Klima des Misstrauens – nicht mit seiner eigenen Meinung rausrückt, fühlt er sich geschmeichelt, dass seine Einschätzung Ihnen wichtig war. Das stärkt ihn. Probieren Sie's aus!

Stress kann auch stark machen

Stress ist nicht grundsätzlich gesundheitsschädlich. Selbst wenn man darüber streiten mag, ob die Unterscheidung zwischen Eustress und Distress (positivem und negativem Stress, wobei ersteres eher Herausforderung meint) wirklich Sinn macht: Einig sind sich Experten heute darin, dass Stress erst dann eine Chance hat, gesundheitsschädigend zu wirken, wenn er unbewältigt bleibt. Wo der Organismus hingegen nach der Anspannungsphase die Möglichkeit zur Erholung bekommt, stärkt er sich langfristig für den Umgang mit Belastungen. Man spricht auch vom Stressimpfungs- oder Stressimmunisierungseffekt.

Unbewältigter Stress macht schwächer.
Bewältigter Stress macht stärker.

Dieser Unterschied ist vielen nicht bewusst. Noch heute denken viele: „Stress macht Herzinfarkt – Stress musst du meiden." Das stimmt so nicht. Sie kennen das bestimmt von sich selber: Bevor Sie einen schwierigen Kunden anrufen, ist Ihr Blutdruck erhöht, Ihnen ist heiß, die Pumpe geht, vielleicht schwitzen Sie, vor dem Telefonat suchen Sie noch einmal das WC auf. Und nach dem Telefonat sind Sie zwar immer noch aufgeregt, aber Sie fühlen sich zugleich erleichtert, atmen erstmal richtig durch, trinken hoffentlich genussvoll eine Tasse Tee als Belohnung – und fühlen sich gewappnet für die nächsten Telefonate, die vielleicht sogar noch schwieriger werden.

Das Wichtigste daran ist die Pause zum Runterkommen und Auftanken. Wenn Ihnen Ihr Job erlaubt, diesem natürlichen Rhythmus von Anspannung und Entspannung zu folgen, also nach einer Stressphase eine Erholungsphase einzulegen, dann ist dieser Job für Sie quasi ein Gesundheitsförderer.

Er macht Sie stark. Problematisch ist Stress bei der Arbeit immer nur dann, wenn die Leute permanent auf Hochtouren laufen müssen über sehr lange Zeiträume. Dafür ist der Organismus nicht geschaffen. Er schreit heute noch wie damals vor Urzeiten nach Erholung, sobald ein stressiges Ereignis überwunden ist.

Soziale Unterstützung stärkt

Soziale Unterstützung ist ein Faktor, der allen Menschen gut tut. Viele Betriebe und Abteilungen funktionieren und existieren überhaupt nur noch deshalb, weil sich die Kollegen untereinander gegenseitig unterstützen. Das bedeutet nicht nur, dass sie sich Arbeit abnehmen. Auch verbale Unterstützung tut gut. Sei es, dass man (mal!) gemeinsam jammert und über die Verhältnisse klagt, sei es, dass man sich anfeuert und auf Erfolge in der Vergangenheit verweist: „Wir haben schon ganz andere Sachen geschafft!" Das Mutmachen ist ein wesentlicher Einflussfaktor für die Produktivität. Es macht Menschen stark.

Soziale Unterstützung bedeutet nicht nur aktives Mit-Anpacken. Auch verbale Äußerungen wie Mitleidsbekundungen oder das Erinnern an vergangene Erfolge zählen dazu.

3 Die psychische Gesundheit stärken

Auch Mit-Leiden kann ein Ausdruck sozialer Unterstützung sein. Natürlich sollten Sie nicht kollektiv im Jammertal versacken („ist das alles ein Elend! Damals, als ich hier anfing, da waren das noch ganz andere Zeiten" – eben! heute ist heute), aber Sie können mental den Arm um den stöhnenden Kollegen legen, indem Sie zum Beispiel sagen: „Ja ich weiß, es sind krasse Zeiten im Augenblick!" Und schon fühlt er sich als Mensch beachtet. Er merkt: Sie sehen ihn und fühlen mit ihm. Das stärkt ihn. Im Jammertal verharren, das schwächt.

In funktionierenden Teams mit gutem Betriebsklima ist in der Regel auch die Fehlzeitenquote niedrig. Man lässt die Kollegen nicht im Regen stehen, indem man bei einem leichten Kater daheim bleibt und sich krank meldet. Die Hemmschwelle ist zu hoch, weil man sich den anderen im Team verpflichtet fühlt – wohlgemerkt motiviert aus einem Verantwortungsgefühl heraus, nicht durch Gruppendruck. Es tut gut zu wissen „Die anderen brauchen mich". Der Zusammenhalt ist ein Gesundheitsfaktor.

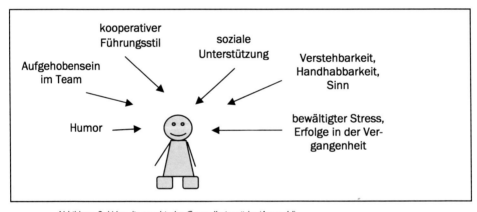

Abbildung 9: Was die psychische Gesundheit stärkt (Auswahl)

Wichtig ist, dass Sie im Rahmen Ihrer Möglichkeiten auch Ihre eigene Psyche stark machen – als Prävention für schwere Zeiten. Natürlich haben wir alle unsere eigenen Vorstellungen davon, was uns stärkt und was uns schwächt. Aber es gibt ein paar Prinzipien, die fast allen Menschen gut tun (siehe Kapitel 8). Wenn Sie sie kennen, wird es Ihnen leichter fallen, trotz Arbeitsbelastungen gesund zu bleiben [12]. Dazu gehören u.a. Ordnung schaffen, Kontakte pflegen, Pläne fassen und in die Tat umsetzen sowie konsequent Pausen machen.

TIPPS FÜR SIE:

- Pflegen Sie Ihr soziales Netzwerk jetzt! Erfahrungsgemäß werden Freundeskreise mit den Jahren ohnehin kleiner.
- Verschaffen Sie sich täglich Erfolgserlebnisse! Ganz einfach durch schriftliche Mini-Vorsätze, die Sie in die Tat umsetzen.
- Sorgen Sie für Ordnung! Putzen stärkt die Psyche, denn Sie sehen den Erfolg sofort.
- Bewegen Sie sich! Bewegung ist ein gutes Mittel zur Depressionsprävention, sie stärkt Körper UND Psyche.
- Führen Sie ein Erfolgstagebuch! Notieren Sie täglich, worauf Sie stolz sind. Aufschreiben schafft auch bei Stress Distanz.

Gesunder Umgang mit belasteten Beschäftigten

Wenn Sie sich für das Thema „Führung und Gesundheit" einsetzen, betreiben Sie damit Primärprävention. Das heißt, Sie sorgen zum Beispiel dafür, dass aufgrund eines gesunden Miteinanders psychische Fehlbelastungen durch schlechtes Betriebsklima gar nicht erst entstehen. Und Sie leisten auch einen Beitrag zur Sekundärprävention: Wenn es schon zu zwischenmenschlichen Gefahrensituationen gekommen ist, motivieren Sie die Beteiligten zur Konfliktlösung durch klärende Gespräche. Das ist deutlich günstiger (und menschenfreundlicher und gesünder) als eine gerichtliche Auseinandersetzung, die womöglich mit hohen Abfindungen und Magengeschwüren auf beiden Seiten endet.

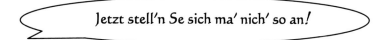

Dieser Satz hilft nie, und trotzdem fällt er öfter, als man glauben möchte. Er ist weniger Ausdruck von burschikoser Ruppigkeit als vielmehr ein Zeichen tiefer Unsicherheit. Nicht nur Führungskräfte, auch Betriebsräte und Sicherheitsfachkräfte fühlen sich oft überfordert, wenn sie merken, dass ein Mensch aus ihrem Arbeitsumfeld Überlastungssymptome aufweist.

Belastungssymptome können ganz unterschiedlich aussehen: Der eine wird blass, der nächste rot, der dritte vergesslich und unkonzentriert, so dass die Fehlerhäufigkeit zunimmt. Manch einer verwahrlost, ein anderer wird zwanghaft penibel, bei wieder anderen häufen sich die Überstunden, sie rauchen mehr, werden aggressiver oder ziehen sich zurück. Als Faustregel gilt: Man wird nie aufgrund eines dieser Symptome das Gespräch suchen, sondern immer dann aktiv werden, wenn sich bei dem Beschäftigten eine Veränderung zeigt. Wenn er in einer Hinsicht anders ist als sonst. Eine Übersicht über mögliche Symptome finden Sie im Anhang.

In der Praxis werden Gespräche gemieden

Aber selbst, wenn man den Kollegen oder Mitarbeiter gut kennt und eine solche Veränderung beobachtet hat, ist das Gespräch für viele nicht leicht. Sie wissen nicht, wie sie diesen Dialog so gestalten können, dass die Intimsphäre des Kollegen oder Mitarbeiters respektiert wird und dennoch die Veränderungen thematisiert werden. In Seminaren bekomme ich dann Rechtfertigungen und Befürchtungen zu hören wie die folgenden.

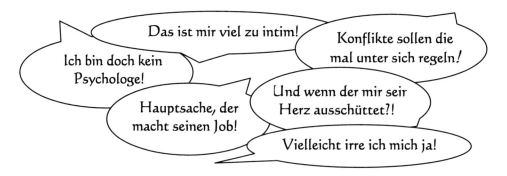

Die Folge ist in allen Fällen dieselbe: Das Gespräch wird gemieden – dabei wünschen sich 9 von 10 Beschäftigten ein Gespräch. Viele sagen Außenstehenden: „Ich habe doch Signale gesandt, aber die wurden ignoriert." Natürlich ist jeder Mensch zunächst einmal für sich selbst verantwortlich. Aber als fürsorglicher Kollege oder Chef interessiert man sich auch für das Befinden anderer. Und wenn einem daran etwas Ungewöhnliches auffällt, sollte man dem nachgehen, aus Verantwortungsgefühl, und damit der Teamerfolg nicht gefährdet wird.

Einfach fragen, was los ist

Wenn die Beziehung zwischen beiden Gesprächspartnern stimmt und im Idealfall sogar von Vertrauen geprägt ist, wird das Gespräch viel unproblematischer ablaufen als befürchtet. Dann fragen Sie beispielsweise einfach: „Mir fällt gerade auf: Du bist ja total blass, so kenne ich dich gar nicht – was ist los?" Die Frage „was ist los" ist sehr person-fern, bedrängt Ihr Gegenüber also nicht, und als offene Frage bietet sie die Möglichkeit, dass der andere so viel oder wenig erzählt, wie er möchte. Es bleibt ihm überlassen.

Es kann auch sein, dass der Kollege schroff antwortet „Nix is'. Wieso?" Und dann fühlen Sie sich vielleicht unbehaglich und haben den Eindruck, eine Grenze unbefugt übertreten zu haben. Im schlimmsten Fall wollen Sie Ihr „Eindringen" dann verteidigen und beharren darauf, dem anderen vor Augen zu führen, wie sehr er sich verändert hat. Wenn Sie unbedingt Recht haben wollen, wird – nicht nur in diesem Gespräch – dadurch der Gesprächserfolg gefährdet. Lassen Sie's.

Vielleicht ist ja wirklich „nix"

Eventuell ist der andere jetzt im Moment (noch) nicht so weit, Ihnen eine ehrliche Antwort zu geben. Antworten Sie so unaggressiv wie möglich: „Ich dachte halt, es wär' was. Nö, dann ist ja gut." Zumindest dieses erste Gespräch sollte allein den Fokus auf der Fürsorglichkeit haben. Zu möglichen Sanktionen im Falle fortbestehender Leistungsdefizite kommen Sie, falls Sie Führungskraft sind, im zweiten oder spätestens dritten Gespräch. Aber das erste Gespräch sollte einfach nur Ihre Sorge und Ihr echtes Interesse zum Ausdruck bringen. Und falls Sie sich irren: Macht nichts. Sie haben Ihre Fürsorglichkeit gezeigt.

Überprüfen Sie Ihre Motivation: Wenn Sie echtes fürsorgliches Interesse haben, darf der andere das auch Ihrem Tonfall anmerken. Wenn Sie hingegen anranzend fragen: „Was ist los?!", nur weil Sie sich keine Blöße geben wollen und daher jeden sorgenvollen Klang vermeiden, wird der andere Ihre Frage als Vorwurf auffassen. Auf einen Vorwurf wird er sicher nicht mit einer Schilderung seiner Beschwerden reagieren. Stattdessen müssen Sie mit Rechtfertigungen oder Gegenangriffen rechnen. Fragen Sie sich also vor dem Gespräch, ob Sie wirklich bereit sind, Ihre fürsorgliche Besorgtheit zu zeigen.

Im Anhang finden Sie diesen Gesprächsleitfaden im Überblick.

Ins Gespräch gehen – auch zum Wohle der anderen

Für dieses Gespräch gilt wie für alle anderen Gesprächssituationen im Zusammenhang mit der Gesundheit: Je öfter Menschen miteinander reden im ganz normalen Alltag (ohne Problemanlass), desto leichter fällt es ihnen, auch Problemgespräche so zu führen, dass der andere sich nicht angegriffen fühlt und glaubt, sich verteidigen zu müssen. Das ist wichtig, denn wer glaubt, sich verteidigen zu müssen, dem geht es nicht mehr um die Sache. Der kämpft um und für sein Selbstwertgefühl und ist nicht mehr bereit, sich zu öffnen.

Halten Sie im Hinterkopf: Die allermeisten belasteten Beschäftigten wünschen sich, angesprochen zu werden. Nur der Tonfall, die Person und / oder der Zeitpunkt sind vielleicht nicht immer die passenden. Aber grundsätzlich brauchen Menschen in Unternehmen eine Möglichkeit, sich anderen mitzuteilen. Das heißt nicht, dass eine Zauberlösung erwartet wird. Jeder Mensch weiß, dass er nicht dauerhaft reduzierte Leistung bringen kann. Eine Zeit lang tragen die anderen im Team das mit. Aber das Wohlwollen der anderen kann keine Dauerlösung sein – am Ende besteht die Gefahr, dass die Zahl der Überlasteten dadurch ansteigt.

> *Eine Zeit lang trägt ein gutes Team die Minderleistung eines einzelnen mit. Das ist gut zu wissen. Aber das kann keine Dauerlösung sein.*

Viel reden hilft viel

Es muss eine andere Lösung her, und die restlichen Teammitglieder müssen darüber informiert werden, dass sie keine Dauer-Kompensation für den Kollegen Kasuppke leisten müssen. Diese haben natürlich erst recht kein Anrecht auf Nennung der Diagnose, aber sie haben ein Anrecht darauf, vor dauerhafter Mehrarbeit oder anderen Ungleichbehandlungen bewahrt zu werden. Wie die Lösung aussieht, muss im Einzelfall besprochen werden. Denkbar sind eine Reduzierung der Arbeitszeit, Umsetzung, Weiterbildung, Überprüfung der Arbeitsfähigkeit, Beurlaubung, Heimarbeit – eventuell auch Ausscheiden aus dem Betrieb. Wenn derjenige dauerhaft nicht hinreichend leistungsfähig ist, kann auch letzteres ein Weg sein. Manchmal reagieren die Leute sogar erleichtert.

Auch solche Geschichten habe ich schon erlebt: Eine Mitarbeiterin war aufrichtig erleichtert, dass es zur Kündigung kam. Damit hatte nicht einmal die Sozialberaterin, die die Frau gut kannte, gerechnet.

Zwar kann man argumentieren „Die hat doch selbst einen Mund zum Sprechen", aber auch Mitarbeiter pflegen oft einen schambesetzten Umgang mit ihren Überlastungen. Und ich finde, es ist durchaus Aufgabe der Führungskraft, im Grunde aber auch aller anderen Instanzen und Kollegen im Betrieb, ein Gesprächsangebot zu machen, wenn jemand sich in auffälliger Weise verändert hat (und nicht nur, wenn die Leistung nicht mehr stimmt). Gehen Sie davon aus: Die Menschen rechnen es Ihnen hoch an, dass Sie das Gespräch suchen, selbst wenn sie von dem Gesprächsangebot nicht Gebrauch machen.

> *Wo Menschen im normalen Berufsalltag viel miteinander reden, fallen auch Problemgespräche leichter.*

Der wichtigste Tipp für alle Menschen, die sich um ein gesünderes Miteinander in Betrieben bemühen: Sprechen Sie miteinander! Immer wieder und mit allen Instanzen. Delegieren Sie das Reden nicht an die Sozialberater (falls Sie in der glücklichen Lage sind, dass es in Ihrem Unternehmen welche gibt), sondern nehmen Sie die Sache selber in die Hand und suchen Sie mutig das Gespräch unter vier Augen.

Solange nur die Sozialberatung oder nur der Betriebsrat oder nur der Betriebsarzt oder nur die Sicherheitsfachkraft von den hinter verschlossenen Türen geäußerten Überlastungsklagen der Beschäftigten weiß (was leider gängige Praxis ist), ist dieses Wissen in den Augen der Geschäftsführung nicht viel wert (dies ist leider ebenfalls gängige Praxis).

Sorgen Sie dafür, dass es nicht nur eine einzige Anlaufstelle für belastete Kollegen gibt. Wichtig ist, dass sämtliche Instanzen im Betrieb informiert sind über das Belastungsempfinden der Kollegen – und dies möglichst nicht (nur) aus anonymen schriftlichen Mitarbeiterbefragungen sondern auch aus dem Live-Kontakt.

> **TIPPS FÜR SIE:**
>
> - Springen Sie über Ihren Schatten und suchen Sie das Gespräch! Die allermeisten Menschen wünschen es sich.
> - Fragen Sie wertfrei und zugleich fürsorglich: „Was ist los?" Das ist entwaffnend und offen.
> - Reagieren Sie nicht frustriert oder rechthaberisch, wenn der andere sich in dem Moment (noch) nicht öffnen will.
> - Suchen Sie das Gespräch über Belastungen mit allen Instanzen Ihres Unternehmens.
> - Vermeiden Sie eine Dauer-Überlastung der anderen Team-Mitglieder! Dann lieber ein harter Schnitt als Leid für alle.

Psychisch beeinträchtigte Menschen anders behandeln – nein oder ja?

Diese Gretchenfrage brennt etlichen Führungskräften in meinen Seminaren schon zu Beginn unter den Nägeln: Soll ich einen psychisch kranken Mitarbeiter anders behandeln, und wenn ja: wie? Und woher weiß ich überhaupt, ob er nicht einfach „nur" verhaltensauffällig ist? Und kann ich womöglich einen Mitarbeiter durch falsches Führungsverhalten in eine Depression treiben oder einen psychotischen Schub auslösen? Eine Führungskraft meinte sogar, von einem psychisch auffälligen Mitarbeiter (nonverbal) die erpresserische Botschaft empfangen zu haben, die hier in der Sprechblase steht:

> *Wehe Sie befördern mich nicht, dann springe ich aus dem Fenster!*

4 von 5 Führungskräften haben einmal im Laufe ihres Berufslebens mit einem depressiven Mitarbeiter zu tun. Brauchen sie daher eine Extra-Ausbildung?

Muss man sie speziell fortbilden, damit sie im Umgang mit ängstlichen, depressiven, zwangserkrankten, bulimischen, schmerzgestörten, schizophrenen, borderline-gestörten, somatoform erkrankten oder sonst wie psychisch beeinträchtigten Mitarbeitern wissen, welchen Verhaltenskatalog sie aus der Schublade zaubern sollen? Meine Meinung zu diesem Thema ist eindeutig: Nein, nein und nochmals nein. Ihr Job ist es, Führungskraft zu sein. Das sollten sie mit aller Kraft und Fürsorglichkeit ausfüllen.

Keine Diagnostiker oder Therapeuten ausbilden

Aber ihre Aufgabe ist es nicht, sich als Psychotherapeut zu betätigen. Meiner Meinung nach kann es auch nicht darum gehen, Menschen in Betrieben – seien es Führungskräfte, Sicherheitsfachkräfte, Betriebsräte oder auch Personaler (wenngleich natürlich Personaler, Sozialberater und auch Betriebsräte oft über entsprechendes Wissen verfügen) – zu Diagnostikern auszubilden. Wir alle haben ohnehin schon genug zu tun. Worum es in Veranstaltungen zum Thema „Umgang mit psychisch beeinträchtigten Mitarbeitern" höchstens gehen kann, ist in meinen Augen: Das Thema aus der Tabuzone zu holen. Das Thema überhaupt zum Thema machen.

> *Eine Führungskraft, eine Sicherheitsfachkraft, ein Betriebsrat,*
> *ein Personalmanager ist kein Diagnostiker.*
> *Und erst recht kein Therapeut.*

Schön finde ich, dass manche Firmen für ihre Führungskräfte Seminare durchführen, zu denen ein Besuch in einer psychosomatischen Fachklinik gehört. Bestandteil des Seminars ist, dass Patienten der Klinik (natürlich freiwillig) von ihren Erkrankungen (Burnout, Sucht, Depression oder ähnliches) berichten. Das Ziel der Veranstaltung ist nicht, dass die Führungskräfte die einzelnen Krankheitsbilder zu unterscheiden lernen. Ziel ist, dass die Teilnehmerinnen und Teilnehmer erkennen, wie „normal" die Patienten sind, also wie wenig sie sich von ihnen selber unterscheiden.

Die „Epidemie des 21. Jahrhunderts" endlich ent-tabuisieren

Damit wird dem Themenkomplex „Psychische Erkrankungen" einerseits der Schrecken genommen. Andererseits rücken sie damit den Führungskräften näher, denn diese erkennen „so etwas kann mir auch passieren". So wird eine wohltuende Ent-Tabuisierung des Themas erreicht. Die Teilnehmer sollen wegkommen von der redensartlichen Einstellung „Psyche?! Sowas hab ich nicht!" Führungskräfte, die an einer entsprechenden Veranstaltung teilgenommen haben, würden zum Beispiel den folgenden Satz nie äußern:

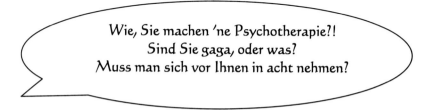

So ein Satz passte vielleicht noch ins vergangene Jahrtausend, aber nicht mehr ins Heute. Psychische Erkrankungen werden auch als „Epidemie des 21. Jahrhunderts" bezeichnet [10], weil sie so weit verbreitet sind und rasant zunehmen, wie bereits zu lesen war. Psychische Erkrankungen umfassen ganz unterschiedliche Störungen: Angststörungen, Affektive Störungen (vor allem Depression), Somatoforme Störungen (z.B. Hypochondrie), Drogenmissbrauch, Schmerz-Störungen. Frauen sind übrigens fast doppelt so oft betroffen wie Männer, abgesehen von Suchterkrankungen.

Wirtschaftsunternehmen sind keine Sozialstationen

Weil psychische Erkrankungen so stark auf dem Vormarsch sind, wird es höchste Zeit, sich mit dem Thema auseinanderzusetzen. Der Meinung bin ich durchaus. Allerdings eben nicht in Form von innerbetrieblichen Seminaren zu Epidemiologie, Ätiologie, Diagnostik und Therapie psychischer Erkrankungen, sondern in Form eines Aufzeigens, was für unterschiedliche Formen psychisches Verhalten und Erleben annehmen kann.

Das Resultat sollte ein Staunen sein, vielleicht sogar mehr Respekt, aber keine Veränderung des Führungsverhaltens im Sinne einer Andersbehandlung.

Das wird manch einer anders sehen, aber ich bin der festen Überzeugung, dass es für das Verhalten einer Führungskraft keine Rolle zu spielen hat, ob sie über eine psychopathologische Vorerkrankung in der Biographie des Mitarbeiters informiert ist oder nicht. Ein Wirtschaftsunternehmen ist keine Sozialstation und keine Behindertenwerkstatt (wobei natürlich auch Behindertenwerkstätten Wirtschaftsunternehmen sein können – Sie wissen schon, wie ich das meine).

Für die Führungskraft sollte allein die Frage zählen: Kann ich diesen Menschen langfristig in meinem Team halten, ohne damit die anderen Teammitglieder zu überfordern oder den Teamfrieden dauerhaft zu gefährden? Und falls die erste Frage mit nein und die zweite mit ja beantwortet wird, ist für die Führungskraft eine Grenze erreicht und sie darf einen Teil der Verantwortung abgeben an andere innerbetriebliche Experten. Das können der Betriebsarzt, Menschen aus der Personalabteilung, die Sozialberatung oder der Betriebsrat sein – oder gleich alle zusammen. Ziel ist, andere ins Boot holen, damit eine möglichst gute Lösung für alle (nicht nur für den Betroffenen) gefunden wird.

Unter Umständen lässt sich der Arbeitsbeginn nach dem Krankheitsbild oder der medikamentösen Behandlung richten (zum Beispiel bei Menschen in einer depressiven Phase, die ein Morgentief erleben). Oder jemand, den es überfordert, Entscheidungen zu treffen, bekommt – im Gegensatz zu allen anderen – genaue Vorgaben, was er in welcher Reihenfolge zu erledigen hat. Solche Einzelabsprachen werden auch im Team in der Regel mit Verständnis gesehen. Aber darüber hinaus bitte keine Sonderbehandlung.

> *Professionelles Verhalten im Umgang mit belasteten Beschäftigten bedeutet auch:*
> *Wissen, wo die eigenen Grenzen liegen.*

Abschied vom Allmachts- und Heilungsanspruch

Ich hatte mal eine Führungskraft im Seminar sitzen, die besaß fünf Bücher über Depression. Vom eigenen Geld gekauft. Nicht weil sie im Bekanntenkreis jemanden hatte, der unter dieser Erkrankung litt, sondern weil zu ihrem Team ein depressiver Mitarbeiter gehörte. Und den wollte sie nun „richtig behandeln". Bei allem Respekt vor der Fürsorglichkeit der Frau: Sie schoss weit übers Ziel hinaus. Hätte der Mitarbeiter unter Zahnschmerzen gelitten, so würde einem ihr Anspruch, den Mitarbeiter „richtig zu behandeln", regelrecht absurd erscheinen. Bei psychischen Erkrankungen hingegen haben Menschen schon mal diesen Allmachts- oder Heilungsanspruch. Verabschieden Sie sich davon!

Was ich ja noch verstehen kann, ist die Angst der Führungskräfte, sich „falsch" zu verhalten und Mitarbeiter in eine psychische Erkrankung hinein zu treiben. Aber Sie werden mir als approbierter Psychotherapeutin hoffentlich glauben, wenn ich Ihnen sage: Das ist total unwahrscheinlich.

Natürlich kann man Menschen in eine psychische Erkrankung hineintreiben. Aber das macht man dann absichtlich. So etwas passiert nicht en passant. Wenn Sie sich trotzdem unbedingt sicherer fühlen wollen auf diesem Terrain, dann besorgen Sie sich die kostenlose Broschüre „Psychisch krank im Job – was tun?" [13]. Das ist meine einzige Empfehlung an dieser Stelle. Mehr als da drin steht, brauchen Sie wirklich nicht zu wissen. Und die Führungskräfte in Ihrem Unternehmen erst recht nicht.

Keine Psychotherapie empfehlen

Sagen Sie nie zu einem anderen Menschen (beruflich oder privat, ganz egal): „Vielleicht sollten Sie mal eine Psychotherapie machen." Das klingt vielleicht ungewöhnlich aus der Feder einer approbierten Psychotherapeutin, aber meine Beobachtung ist: So weit ist das gesellschaftliche Klima in unseren Regionen noch lange nicht, dass man jemandem eine Psychotherapie nahe legen könnte, ohne dass der andere gekränkt reagiert. Die Empfehlung einer Psychotherapie impliziert noch immer: „Mit deiner Seele stimmt was nicht, die ist krank." Das möchte niemand hören.

Unsere Psyche ist das Intimste, was wir haben. Wenn die angeblich nicht in Ordnung ist, geht uns das noch näher als ein körperlicher „Defekt". Wir wollen zwar alle als Individuen gesehen und behandelt werden. Aber zuvorderst wollen wir alle normal sein. Anders zu sein als alle andern erscheint uns erst dann attraktiv, wenn zuvor gesichert ist, dass wir im Grunde sind wie alle anderen auch. Deshalb reagieren wir sehr empfindlich, wenn uns unterstellt wird, dass wir im negativen Sinn von der Norm abweichen.

> Menschen wollen anders sein als alle anderen.
> Aber noch viel wichtiger ist ihnen, so normal zu sein wie alle anderen.
> Erst danach wollen sie anders sein.

Die Reaktion ist in der Regel Empörung und häufig das Ende einer Freundschaft oder eines guten Kollegenkontakts. Wenn Sie aber felsenfest davon überzeugt sind, eine Psychotherapie täte ihrem Kollegen tut? Dann berichten Sie von Dritten (Menschen im Fernsehen, in Ihrem Bekanntenkreis, im Sportverein), die unter ähnlichen Dingen gelitten haben wie Ihr Gesprächspartner und denen eine Beratung oder eine Psychotherapie gut getan habe. Den Transfer „dann könnte das ja auch was für mich sein" sollten Sie Ihrem Gegenüber selbst überlassen.

Sonderbehandlung? Nur wenn für alle dieselben Regeln gelten

Um es noch einmal klar zu formulieren: Bitte – zumindest langfristig (Richtwert: mehr als 3 Wochen) – keine Sonderbehandlung für einen Kollegen mit einer Depression, einem Zwang, einer Angststörung! Oder wenn Sonderbehandlung, dann aber für alle. Gewähren Sie das Maß an Ausnahmeregelungen, das Sie allen anderen auch gewähren würden. Um auf das Beispiel in der Sprechwolke oben zurückzukommen: Und wenn er aus dem Fenster springen will, können Sie ihn (wenn es sich um eine Depression handelt und nicht nur um einen Erpressungsversuch) ohnehin nicht dauerhaft davon abhalten. Eine psychische Erkrankung hat auch eine Eigendynamik. Natürlich holen Sie sofort Hilfe, zum Beispiel in Form des Sozialberaters oder eines Menschen aus der Personalabteilung – oder Sie wählen die 112.

Das klingt hart, ich weiß. Es kann Sie jedoch auch entlasten. Was ist aber, wenn derjenige tatsächlich seinem Leben ein Ende setzt? Dann ist wichtig, dass Sie sich nicht mit Vorwürfen martern. Ich kenne tatsächlich einen Fall, in dem sich ein Mitarbeiter vom Chef den Schlüssel für den Turm des Firmengebäudes geben ließ, hoch stieg und herunter sprang. Die Angehörigen machten dem Chef heftige Vorwürfe und verbaten ihm, an der Beerdigung teilzunehmen. Nach allem, was ich von verschiedenen Seiten über diesen Fall gehört habe, trifft den Vorgesetzten nicht die geringste Schuld. Dennoch martert er sich bis heute mit Vorwürfen, und seine Lebensqualität ist drastisch reduziert. Er hatte nie mit jemandem darüber gesprochen und versucht, das Erlebte allein zu bewältigen. Er hätte sich besser Unterstützung geholt.

Falls Sie so ein Ereignis in Ihrem Team erleben: Ganz wichtig ist, dass Sie das Erlebte gemeinsam aufarbeiten, möglichst unmittelbar nach der Tat und unter Beteiligung von Menschen, die eine Ausbildung zum psychischen Ersthelfer durchlaufen haben (manchmal sind das Sozialberater oder Betriebsräte, vielleicht kann Ihnen sonst Ihr Betriebsarzt oder Ihre Berufsgenossenschaft bzw. Unfallkasse eine Adresse nennen – die übernehmen zum Teil auch die Kosten einer Traumatherapie, zumindest für fünf Sitzungen).

Die können Sie und die anderen im Team aufklären über Symptome, die bei Kollegen im Nachhinein noch als Reaktion auf so ein Ereignis auftreten können, und sie können gegebenenfalls den Kontakt zu einem Traumatherapeuten sicherstellen. Also bitte nicht selber versuchen, „stark" zu sein und das Ereignis allein zu verarbeiten.

TIPPS FÜR SIE:

- Sorgen Sie dafür, dass alle im Betrieb ihre Grenzen beachten, statt sich zu Heilern entwickeln zu wollen!
- Unterstützen Sie eine Kultur, in der es üblich wird, so früh wie möglich innerbetriebliche Experten hinzuzuholen!
- Sagen Sie nie zu einem anderen Menschen im Betrieb: „Ich glaube, Sie brauchen eine Psychotherapie"! Das kränkt nur.
- Erzählen Sie stattdessen lieber von anderen, die mit einer Psychotherapie gute Erfahrungen gemacht haben.
- Falls ein traumatisches Ereignis passiert ist: Holen Sie professionelle Unterstützung (mindestens jemanden, der eine Ausbildung in Psychischer Erster Hilfe hat).

4 Gesund führen, auch unter schwierigen Bedingungen

> *„Jetzt geht's ums nackte Überleben*
> *– keine Zeit für Gesundheit!"*

Was Bedingungen „schwierig" macht

Sie sind der Meinung, in Ihrem Unternehmen ist die Situation derzeit besonders schwierig? Die Lage ist zu schlecht, um jetzt auch noch mit dem Thema „Gesunde Führung" anzukommen? Das Management hat derzeit Wichtigeres zu tun? Mitarbeiter und Führungskräfte sind aufgrund der aktuellen Umstrukturierungen schon genügend Veränderungen ausgesetzt? Die Krise hat zugeschlagen und okkupiert alle Hirne und Herzen mit Existenzängsten, so dass für das Thema Gesundheit keine Zeit ist?

Ausreden fürs Nichthandeln

Ausreden! Selbst wenn die Geschäftsleitung Ihnen genau dies gesteckt hat: Zeit und Gelegenheit für ein gesundes Miteinander gibt es immer. Und die Notwendigkeit dazu gibt es sogar jetzt erst recht. Wann, wenn nicht in Zeiten umwälzender Veränderungen, brauchen Menschen das Gefühl, etwas wert zu sein? Wenn alle gut gelaunt und entspannt sind, ist es einfach, sich wertvoll, gebraucht und aufgehoben zu fühlen. Gerade angesichts eines drohenden Arbeitsplatzverlustes wollen Menschen mit Respekt behandelt werden.

4 Gesund führen, auch unter schwierigen Bedingungen

„Wertschätzen kann ich meine Leute erst wieder nach der Krise, jetzt hab ich keine Zeit für so was!", sagte tatsächlich kürzlich ein Manager in einem Wertschätzungsworkshop. Seine Begründung lautete: Er müsse sich zur Zeit ausschließlich um die wirtschaftlichen Bedingungen kümmern. In der Praxis hieß das, dass er sich tagelang in seinem Büro einschloss und sich nicht im Betrieb blicken ließ. Man kann nur mutmaßen, wie es seinen Mitarbeitern damit ging. Vermutlich hätten sie sich gerade jetzt Kontakt und Information gewünscht.

> Letztlich sind die Bedingungen immer „schwierig".
> Wer darauf wartet, dass sie leichter werden,
> verpasst etliche Chancen für ein gesünderes Miteinander.

Der Hintergrund für so ein Verhalten war weniger der Zeitmangel als vielmehr das Unbehagen des Managers, mit unangenehmen Fragen seiner Mitarbeiter konfrontiert zu werden und womöglich keine Antwort zu wissen. Dabei hätten seine Leute ein ehrliches „ich weiß wirklich nicht, ob wir diesen Standort halten können" vermutlich wertschätzender gefunden als dieses feige schweigende Sich-Verschanzen.

Gesundheit ist kein Schönwetter-Thema – Gesunde Führung auch nicht

Gerade in der Krise zeigt sich, ob eine Führungskraft etwas taugt. In guten Zeiten und mit kooperativen leistungsbereiten Mitarbeitern kann jede/r Vorgesetzte einen guten Job machen. Da ist es leicht, mitarbeiterorientiert und menschenfreundlich zu führen. Aber im Umgang mit schwierigen Zeitgenossen offenbart sich das wahre Menschenbild der Führungskraft, ebenso in schwierigen wirtschaftlichen Verhältnissen. Wer nur in guten Zeiten in Gesundheit investiert, wird die schlechten nicht unbeschadet überstehen.

Natürlich ist es in ungünstigen Zeiten schwierig und eventuell zeitaufwändig (Sie bekommen meine Absolution), ein Betriebliches Gesundheitsmanagement ganz neu einzuführen oder grundlegend zu verändern. Ja. Aber wie einzelne Individuen – egal auf welcher Hierarchiestufe und in welcher Funktion – miteinander umgehen, das sollte keine Frage der wirtschaftlichen

Verhältnisse sein. Sich respektvoll behandeln, einander wertschätzend begegnen, das ist in schwierigen Zeiten wichtiger denn je.

> *Zu keiner Zeit sind Menschen stärker auf ein gesundes wertschätzendes Miteinander angewiesen als in Krisenzeiten.*

Deshalb finden Sie am Ende dieses Kapitels ein Basis-Programm zum „Gesund führen". Es zeigt die Grundzüge eines gesunden Miteinanders auf und lässt sich immer und unter allen Bedingungen praktizieren, behaupte ich – sogar wenn es in Ihrem Unternehmen noch kein Betriebliches Gesundheitsmanagement gibt. Und selbst wenn Sie der einzig Aufrechte in einem Haufen mobbender Kollegen sind, ist das kein Hinderungsgrund ...

„Erstmal sollen die da oben ..." macht Sie nicht glücklich

Das ist die zweite Ausrede, die häufig ins Feld geführt wird: „Ja, ich würde mich ja wertschätzend verhalten, wenn man mir erst einmal wertschätzend begegnen würde." Diese Argumentation erinnert ein bisschen an das kindliche „Der hat meine Sandburg kaputt gemacht". Die Einstellung „erstmal soll der/die ..." hilft nicht. Weder im beruflichen Kontext noch in privaten Partnerschaften führt sie zu bereichernden Beziehungen.

Selbst wenn Sie selber ungesund geführt werden: Ganz sicher haben Sie den Anspruch, es anders zu machen als Ihre Vorgesetzten. An diesem Vorsatz sollten Sie festhalten. Das ist menschliche Freiheit: Sie können wählen, ob Sie nach den gleichen Regeln spielen wollen wie alle anderen oder aber mutig ein Risiko eingehen, indem Sie sich menschenfreundlicher verhalten. Unterschätzen Sie nicht den Einfluss, den Sie auf die Kultur in Ihrem Bereich haben!

Starten Sie ein Mini-Experiment (dreimal, erst danach dürfen Sie die Flinte ins Korn und dieses Buch in den Müll werfen): Lächeln Sie jemanden an, den Sie nur unwirsch kennen. Wetten, spätestens beim dritten Mal ernten Sie ein Lächeln, das vielleicht noch nie zuvor ein Mensch gesehen hat? Stärken Sie auch Kollegen den Rücken bei ihrem Bemühen um menschenfreundliches Miteinander. Sie alle haben es verdient, in einer angenehmen Atmosphäre zu arbeiten. Und wenn von oben nichts kommt, gestalten Sie das Klima eben von unten.

> *Beziehungen funktionieren in der Praxis meist deshalb gut,*
> *weil einer der Beteiligten einen Vorschuss gegeben hat.*

Mindest-Standards wahren – auch beim Führen auf Distanz und im Projekt

Natürlich gibt es Bedingungen, die ein gesundes Miteinander erschweren. Führung auf Distanz ist so eine: Wer seine Leute nur alle zwei Monate zu Gesicht bekommt, der kann zum Beispiel nicht gut loben – er sieht die Leistungserbringung ja nicht. Aber er sieht das Ergebnis. Und selbst wenn er keinen Blickkontakt hat, so gibt es doch die Möglichkeit zu telefonieren oder eine eMail zu schicken. Auf irgendeine Weise muss doch die Führungsbeziehung gestaltet werden. Oder sie ist keine. Leider ist letzteres immer öfter die Regel: Ein Vorgesetzter ist verantwortlich für einhundert Leute, die über drei Bundesländer verteilt sind. Da ist – aus psychologischer Sicht – keine echte Führung möglich. Dennoch brauchen die Mitarbeiter zum Beispiel Feedback.

Wer sich nicht sicher ist, ob der Mitarbeiter eine Leistung selber lobenswert findet, kann clever das Lob delegieren, indem er den Mitarbeiter nach seiner eigenen Einschätzung fragt. Dieser wird in der Regel nicht in euphorische Selbstbeweihräucherung ausbrechen, sondern seine Leistung eher bescheiden bewerten. Und wenn dann die Führungskraft lächelnd (oder mit Smiley in der Mail) bestätigt: „Ja, ich hatte auch den Eindruck: Das ist Ihnen gut gelungen", ist sie frei von Schleimverdacht und hat dennoch positives Feedback gegeben.

Auch das Arbeiten in Projekten scheint bisweilen ein gesundes Miteinander unmöglich zu machen: Zeitdruck, unklare Zuständigkeiten, keine Kantine vor Ort, reinredende Kunden, permanenter Anpassungsdruck und unzureichende räumliche Bedingungen wie etwa beim Arbeiten und Leben auf einer Baustelle machen es schwer, einen freundlichen Umgangston zu wahren. Manche Kollegen behaupten sogar: Projekte und Gesundheit – das schließt sich aus.

Ich behaupte hingegen: Wenn Sie die unten beschriebenen Mini-Standards (Basis-Programm „Gesund führen") wahren, machen Sie damit nicht nur die Welt ein Stückchen besser, sondern Sie tragen auch dazu bei, dass Ihr Projekt schneller erfolgreich abgeschlossen wird. Ansonsten haben Sie echt mein Mitgefühl angesichts Ihres harten Jobs. Beim Arbeiten im Projekt (vor allem, wenn sich eins ans nächste reiht und es keine projektlosen Phasen gibt) ist es besonders schwierig und besonders wichtig, auf sich selbst gut acht zu geben.

Gesund führen unter Stress

Auch „ich bin selber im Stress" ist ein häufig genanntes Argument. Und die Führungskräfte, die sich so äußern, haben meistens Recht damit. Ich möchte gern eine Lanze für sie brechen (siehe auch Kapitel 7). Aber auch unter gestressten Vorgesetzten gibt es solche und solche: Es gibt Führungskräfte, die wie Kapitäne auf stürmischer See alle anderen beruhigen. Und es gibt solche, die mit ihrem Stress virusmäßig alle anderen Menschen um sie herum anstecken. Sie reagieren hektisch, gereizt, mürrisch, mit Pokerface, beleidigend, herumbrüllend.

Übrigens: Selbst wenn Ihnen mal im Stress etwas herausgerutscht sein sollte, für das Sie sich später schämen, so ist das kein Grund für Verzweiflung. Entschuldigen Sie sich einfach. Die Leute werden es Ihnen hoch anrechnen. Und wenn Sie ansonsten ein transparenter Kollege sind, bei dem die anderen immer wissen, woran sie sind, dann werden sie Ihnen auch manches nachsehen.

Noch schöner wäre aber, Sie gerieten gar nicht erst richtig in Stress und könnten so reagieren wie die erstgenannte Gruppe: Gelassener, ruhiger, souveräner. Das ist nicht nur eine Frage des Temperaments oder der Beherrschung von Entspannungstechniken (obwohl man deren Erlernen grundsätzlich nur empfehlen kann: sie verschaffen einem ein dickeres Fell), sondern auch des Verhaltens. Wer sich bei den ersten Stress-Anzeichen eine Mini-Auszeit gönnt, gerät gar nicht erst hinein in die Spirale aus Stress-Empfinden und Tunnelblick.

Sich vom Stress distanzieren

Voraussetzung für die Distanzierung von der Stress-Situation ist eine gute Kenntnis der eigenen Stressreaktionen: Achten Sie einmal darauf, welche Symptome Sie bei sich wahrnehmen, wenn Stress droht. Vielleicht sind es körperliche Veränderungen (schneller flacher Atem, Herzrasen, Schwitzen, heißer

Kopf), vielleicht aber auch verhaltensbezogene Veränderungen (Rückzug, Rauchen, Schokoladenverzehr) oder andere Gedanken oder Gefühle (Selbstzweifel, abwertende Gedanken, Ohnmachtsgefühle, Hilflosigkeit, Wut).

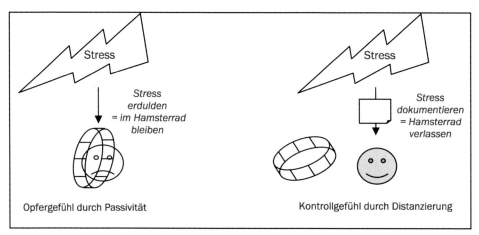

Abbildung 10: Auswirkungen des Dokumentierens auf das Stressempfinden (Distanzierung)

Protokollieren Sie einmal spaßeshalber Ihre Stress-Symptome. Allein dadurch wird sich subjektiv das Gefühl einstellen, weniger Stress zu haben als vorher. Garantiert! Keine Sorge, Sie sind darum kein Simulant. Sie profitieren lediglich von den Segnungen des sogenannten Reaktivitätseffekts. Der besagt: Dokumentieren des Stresses entstresst, mindestens für zwei Wochen.

> *Letztlich ist Stressbewältigungsfähigkeit nichts anderes*
> *als Distanzierungsfähigkeit:*
> *Die Fähigkeit, zum Stress auf Distanz zu gehen,*
> *räumlich und/ oder geistig.*

Und dann? Symptom erkannt, Gefahr gebannt. Sobald Sie merken, Ihre Stresssymptome sind wieder im Anmarsch, gehen Sie auf Distanz, räumlich und gedanklich. Bewegen Sie sich kurz weg, notfalls in die Sozialräume oder aufs WC. Hauptsache, Sie haben kurz Ihre Ruhe, um sich gedanklich runterzuholen. Dort atmen Sie dann dreimal lange langsam aus und konzentrieren sich auf Ihren Bauch. Das ist schon alles. Es wird Sie beruhigen.

Trinken Sie in Zeitlupe ein großes Glas Wasser. Das mindert die Spannung und lenkt Sie kurz ab. Oder Sie lassen eine Minute lang fließendes kaltes Wasser über Ihre Pulsadern laufen. Oder Sie waschen sich das Gesicht mit kaltem Wasser. Das macht einen "kühlen" Kopf. Gehen Sie ein paar Minuten vor die Tür und gucken Sie bewusst ins Licht (aber nicht direkt in die Sonne!). Ihr Gehirn wird dadurch angeregt.

Auch mental entspannen

Probieren Sie, sich selbst in Zeitlupe zu sehen und Ihre Bewegungen tatsächlich ganz verlangsamt durchzuführen. Achten Sie dabei auf jede Empfindung in den Körperteilen, die Sie gerade bewegen, wenn Sie zum Beispiel in extremer Zeitlupe ein Blatt nehmen. Wenn Sie weiterhin gleichmäßig ruhig atmen, werden auch Ihre Gedanken wohltuend "langsamer", die Hektik lässt nach.

Zur mentalen Entspannung gerade für Bildschirmarbeiter: Üben Sie das so genannte "Palmieren": Reiben Sie die Hände, bis sie warm sind und legen Sie sie dann locker über die geschlossenen Augen. Beobachten Sie, wie es vor Ihren Augen immer schwärzer wird und beginnen Sie dann damit, sich etwas Schönes vorzustellen, z.B. eine Szene aus Ihrem letzten Urlaub. Das entspannt nicht nur Ihre Augenmuskulatur, sondern auch Ihre Psyche.

TIPPS FÜR SIE:

- Warten Sie nicht, bis die Bedingungen einfach geworden sind! Unter Umständen warten Sie ewig.
- Riskieren Sie einen Wertschätzungsvorschuss! Die Wahrscheinlichkeit, dass Sie andere anstecken, ist groß.
- Delegieren Sie das Feedback an Ihr Gegenüber und bestätigen Sie es dann! So sind Sie frei von Schleimverdacht.
- Wenn Sie merken, dass der Stress Sie packt: Gehen Sie mental und räumlich kurz auf Distanz! Das holt Sie runter.

Gesund führen in Zeiten der Krise und anderer Veränderungen

Von besonderer Bedeutung ist diese Fähigkeit zur Selbstberuhigung und Distanzierung in Zeiten von Umstrukturierungen und Personalabbau, denn dann sind die Belastungen und die Verunsicherung besonders hoch. Mitarbeiter wie Führungskräfte fühlen sich zum Kostenfaktor abgewertet und überflüssig, Ängste lähmen und verhindern Produktivität. Veränderung bedeutet Stress. Sie kann krank machen; das gilt für Mitarbeiter/innen und Führungskräfte.

Gesetzmäßigkeiten bei Veränderungen

Dabei sind uns Veränderungen seit frühster Kindheit vertraut. Was dabei abläuft, ist im Grunde immer dasselbe. Vielleicht kennen Sie schon dieses sogenannte „Tal der Tränen", das man bei Veränderungen durchschreiten muss. Wenn ein unbekanntes Ereignis eintritt, fragen wir uns: Ist das für uns bedrohlich? Falls ja, fragen wir uns: Ist das für uns bewältigbar? Die Antwort auf diese Frage ist abhängig von so unterschiedlichen Aspekten wie Gesundheit, Vorerfahrung, Selbstwertgefühl, Geld oder sozialer Unterstützung.

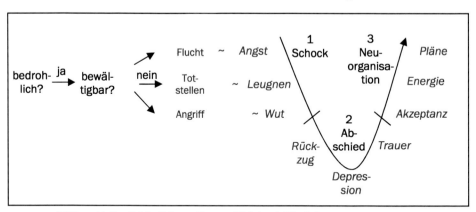

Abbildung 11: Das Tal der Tränen – Gesetzmäßigkeiten bei Veränderungen

Wenn wir glauben, dass wir die Situation nicht bewältigen können, stellt uns die Natur drei Handlungsmöglichkeiten zur Verfügung: Flucht, Totstellen, Angriff. Diese Optionen haben Sie und Ihre Kollegen natürlich nicht, aber Sie werden ganz sicher mit den drei emotionalen Entsprechungen dieser Handlungsmöglichkeiten zu tun haben: Angst, Leugnen, Wut. Das sind ganz normale Reaktionen! Die Frage ist, wie man damit umgeht. Zum Beispiel ist Angstabbau unrealistisch. Gefragt ist ein möglichst gesunder Umgang mit der Angst. Die Emotionen sind nicht das Privatproblem der Kolleginnen und Kollegen, sondern sie wirken sich auf die Produktivität aus, sind also betrieblich relevant.

Man kann grob drei Phasen unterscheiden, die aufeinander folgen: Schock (hierzu gehören eben Angst, Leugnen und Wut), Abschied, Neuorganisation. Wichtig zu wissen: Man kann keine Phase überspringen; die Unterphasen variieren, die drei Hauptphasen aber nicht. Das Team und der einzelne können sich zum selben Zeitpunkt in unterschiedlichen Phasen befinden. Je nach dem, in welcher Phase das Team oder der einzelne ist, sollten Sie als Bezugsperson unterschiedliches Verhalten zeigen: In Phase 1 geht es ums Zuhören, in Phase 2 einfach ums Da-Sein (Sie brauchen gar nicht reden), in Phase 3 um Ermutigung.

> *Veränderung geht grundsätzlich mit einem Leistungseinbruch einher.*
> *Diese „veränderungsbedingte Verblödung" ist zum Glück reversibel.*

Typisch, aber relativ unbekannt ist das Phänomen der sogenannten „veränderungsbedingten Verblödung". Diese tritt quasi gesetzmäßig auf und kann dazu führen, dass erwachsene gestandene Kerle angesichts eines Versetzungsbescheides hilflos jammern: „Aber ich weiß ja gar nicht, wo da die Kantine ist." Hat es tatsächlich gegeben. Natürlich war dieser Mann in der Lage, sich in einem Bürogebäude nach dem Weg zu erkundigen. Aber der Schock über die Veränderung ließ ihn vorübergehend verblöden.

Menschen ändern sich nicht einfach so

Das Phänomen der Silvestervorsätze zeigt: Menschen ändern sich nicht einfach so, sondern nur unter bestimmten Bedingungen. Sie sind zum Beispiel änderungsbereit, wenn das neue Verhalten Spaß macht; ihnen das alte Verhalten unwichtig ist; sie zum neuen Verhalten ermutigt werden; sie bei der Entscheidung dafür einbezogen wurden; ihr bisheriges Verhalten gewürdigt wird; andere sich ebenso verhalten; oder sie das Gefühl haben: "Das neue Verhalten passt zu mir"; sie vorab darin gestärkt werden, dass sie schon gut sind, so wie sie jetzt sind, sie aber daran glauben, dass sie noch besser werden können.

Daraus lassen sich einzelne Tipps ableiten, die Ihnen Veränderungen erleichtern: sich mit Menschen umgeben, die einem Mut machen; sich selbst Belohnungen ausdenken (und dann auch einlösen!); für Regelmäßigkeit sorgen (die gibt Halt und Struktur für den Alltag); für genug Austausch mit anderen sorgen (sich nicht zurückziehen, obwohl einem danach zumute ist!); sich anfangs nur kleine Schritte vornehmen, diese aber wirklich umsetzen.

Sich in schwierigen Zeiten als Mensch zeigen

Mitarbeiter so schadlos wie möglich durch Umstrukturierungszeiten zu begleiten, verlangt Führungskräften viel ab. Obwohl Kollegen gegangen sind, zu denen zum Teil langjährige Bindungen bestanden und das Ende des Umstrukturierungsprozesses noch offen ist, soll die Führungskraft – trotz der eigenen Betroffenheit – das verbleibende Team motivieren. Auch hier gibt es leider nicht die Tipps schlechthin, aber ein paar grundsätzliche Ratschläge, die jede/r für sich auf die Anwendbarkeit prüfen kann:

Zeigen Sie sich als Mensch! Drücken Sie ruhig auch Ihre Betroffenheit aus. Bringen Sie zum Ausdruck, dass Sie den Trauerprozess (und auch manche überschießende Reaktion) verstehen und mitfühlen. Rechnen Sie mit negativen Reaktionen: Es ist besser, diese werden einmal artikuliert, als dass von nun an ängstlich "Dienst nach Vorschrift" erfolgt! Angst blockiert und reduziert Leistungsfähigkeit und Wohlbefinden. Scheuen Sie sich auch nicht, nach dem Befinden "in diesen schwierigen Zeiten" zu fragen. Nehmen Sie die negativen Reaktionen aber bitte nicht persönlich.

Bei Veränderungen lautet die Grundfrage: Was bringt das mir als Mitarbeiterin persönlich? Wenn ich das weiß, werde ich auch mit einer offenen Einstellung an die Veränderung herangehen. Andernfalls nicht. Deshalb ist Information das A und O in Zeiten der Umstrukturierung: Verzichten Sie auf Ihren Wissensvorsprung und informieren Sie alle so früh wie möglich. Helfen Sie so mit, Gerüchten vorzubeugen! Beziehen Sie alle mit ein, so weit es geht! Das erleichtert Ihnen den Stand und den Mitarbeitern die Umstellung, weil sie sich nicht übergangen fühlen und sich leichter mit dem Neuen identifizieren.

Thematisieren Sie Schwierigkeiten („Es war vielleicht nicht so klug, uns erst so spät darüber zu informieren, was aus uns wird"), und kommunizieren

Sie, was vorgeht! Wut ablassen ist besser als Unter-den-Teppich-kehren! Sie brauchen nicht alles selbst zu machen; geben Sie die Verantwortung in die Runde: „Das lässt uns ja alle nicht kalt. Welche Ideen haben Sie: Was täte uns jetzt gut, was können wir als Team tun, um uns nicht runterziehen zu lassen, um weiter gute Arbeit leisten zu können?" Bauen Sie auf dem auf, was gut läuft.

> *Das stärkt alle in Veränderungen: die anderen nach ihren Stärken fragen und sich selbst als Mensch (notfalls mit Schwächen) zeigen.*

Wie Sie oben gesehen haben, ist es ganz normal, dass Veränderungen (nach einem Seminar genauso wie nach einer Umstrukturierung) kurzfristige Leistungseinbrüche mit sich bringen! Das muss man vorher wissen (und z.B. den Mitarbeitern, die gerade eine Fortbildung absolvieren, auch deutlich sagen), damit diese nicht umso stärker verängstigt reagieren.

Andere gesund durch Veränderungen führen

Führungskräfte erleben in Veränderungen ein Spannungsfeld: Sie brauchen zur Umsetzung hoch motivierte Mitarbeiter/innen, sind aber selber mit dem Verarbeiten der Veränderungen beschäftigt (und nicht immer vom Sinn der Veränderungen überzeugt). Sie müssen den Spagat schaffen, für ihre Mitarbeiter Verständnis aufzubringen, ohne der Geschäftsführung gegenüber illoyal zu werden. Vielleicht können Ihnen die folgenden Tipps eine Hilfe sein.

Harte Fakten gehören auf den Tisch! Sofort! Nicht „schonen wollen"! Das verunsichert nur und lässt Sie an Glaubwürdigkeit verlieren! Vermeiden Sie Mails und schriftliche Information. Informieren Sie möglichst immer im persönlichen Kontakt. Nutzen Sie zur Verfügung stehende Informationen; so helfen Sie mit, Gerüchten vorzubeugen. Berichten Sie auch, dass Sie z.B. nicht wissen, wann über Ihren Standort entschieden wird. Auch das ist eine Information! Ebenso wie: „Die Sitzung, in der über xy beraten werden sollte, ist ausgefallen".

Ermöglichen Sie ein Jammerforum bzw. eine Klagemauer oder „Wut-Stunde": vorher (!) definierte Zeiträume in Teamrunden, in denen jeder unter Schweigepflichtzusicherung sagen darf, wie ihm ums Herz ist! Auch wer nichts äußert, versteht das Signal: „Aha, er/ sie weiß, dass es uns nicht gut geht!" Wichtig: Verstehen Sie sich als Moderator, nicht als Tröster, Antwortgeber, Beschwichtiger – und machen Sie das auch vorher klar, damit niemand denkt, Sie würden danach hingehen und das Unternehmen auf den Kopf stellen. Schauen Sie, was alle im Team „als Plan B" erarbeiten können: Was könnte im schlimmsten Fall passieren, und was tun wir dann?

Kompetenzempfinden stärken

Erzählen Sie auch von sich selbst („Arbeit ist wichtig, aber es ist gut zu merken, dass sie nicht das Einzige im Leben ist – das gibt dann auch wieder Kraft für den Umgang mit den Veränderungen!")! Verabschieden Sie sich von dem Anspruch, Ihre Mitarbeiter/innen zu 100% ent-ängstigen zu wollen! Das kann nicht funktionieren! Statt das Bedrohlichkeitserleben zu reduzieren (psychologisch betrachtet geht so etwas nicht von außen) sollten Sie das Kompetenzerleben stärken.

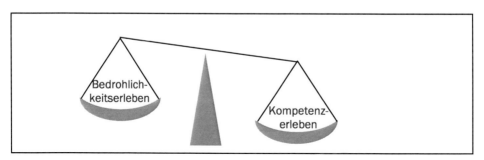

Abbildung 12: Zusammenhang von Bedrohlichkeits- und Kompetenzerleben

Nehmen Sie daher das Anerkennung-Geben jetzt noch ernster als sonst! Auch 1 cm nach vorn sollte in Veränderungszeiten ein Lob wert sein! Feedback gibt Sicherheit und sorgt für Zutrauen. Sorgen Sie für Rituale in der Teamrunde (starten Sie zum Beispiel mit der Frage nach positiven Erlebnissen seit dem letzten Meeting). Auch das gibt Sicherheit: Etwas bleibt, wie es immer war. Betonen Sie gerade in Zeiten von beruflichen Veränderungen und Ängsten die Bedeutung stabilisierender Faktoren (z.B. Familie, Wochenend-Aktivitäten, Hobbies etc.). Fragen Sie danach. Auch damit helfen Sie mit, Ihre Kollegen zu stabilisieren in unsicheren Zeiten. Das ist kein Ersatz für einen festen Arbeitsplatz, aber es verhindert, dass Menschen über die Veränderung krank werden.

* oberschwäbische Lebensweisheit, unübersetzbar (wörtl.: „So ist es nun auch wieder.")

Viele Beschäftigte leiden darunter, wenn sie plötzlich nicht mehr als Berater tätig sind, sondern Produkte verkaufen sollen. Das passt häufig nicht zu ihrem Selbstbild – von der ursprünglichen Ausbildung ganz zu schweigen. Die brauchen daher ganz besonders viel Ermutigung. Sie müssen ja quasi eine Erweiterung ihres Selbstkonzepts vornehmen („Vom Berater zum Verkäufer"). Das ist für lernentwöhnte Erwachsene eine heftige Herausforderung, die Ihr ganzes Einfühlungsvermögen und Verständnis erfordert.

Und im Falle von Entlassungen? Ermöglichen Sie ein bewusstes „Abschiednehmen", wenn ein entlassener Mitarbeiter es wünscht. Es tut auch den anderen gut, selbst wenn die Stimmung vorübergehend noch weiter in den Keller sinkt. Sprechen Sie ausnahmsweise auch ruhig allgemein: „Bis man (!) sowas so richtig begriffen hat, das dauert ja seine Zeit." Das signalisiert dem Betroffenen, dass auch andere mit dieser Situation fertig werden müssen.

Was die Krise mit den Menschen macht

In der Krise fühlen sich Beschäftigte „noch mehr als Kostenfaktor", so ist häufig zu hören. Menschen fühlen sich auf ihre Arbeitskraft reduziert und erleben sich als Verschiebemasse. Hilflosigkeitsgefühle greifen um sich, Menschlichkeit geht verloren. Viele bangen um ihren Arbeitsplatz. Die Folge: Man schleppt sich auch krank zur Arbeit. In der ersten Jahreshälfte 2009, so das Bundesgesundheitsministerium Mitte Juli, fiel der Krankenstand auf den niedrigsten Wert seit Einführung der Krankenstandsstatistik im Jahr 1970 – ganz sicher nicht, weil die Leute plötzlich alle gesund waren. Angst um den Job macht's möglich.

Wenn Menschen Angst haben, wollen sie sich schützen und sind folglich von der Arbeit abgelenkt. Sie können dann keinen guten Job machen, selbst wenn sie es vielleicht – aus Angst vor einem möglichen Arbeitsplatzverlust – wollten. Auch das Unfallrisiko ist erhöht, wenn Menschen Angst haben: Anspannung und Nervosität sind größer, die Fehlerhäufigkeit steigt. Kurzfristig ist zwar die Aufmerksamkeit gesteigert, aber über 8 Stunden kann kein Mensch angstbedingt aufmerksam sein. Irgendwann lässt die Aufmerksamkeit nach und die Unfallgefahr steigt.

Nicht zuletzt – ohne dass das nun zynisch klingen soll – kann eine umwälzende Lebensveränderung auch gute Seiten haben. So wird zum Beispiel verschiedentlich darüber berichtet, dass die Finanzkrise gesellschaftlich betrachtet positive Folgen hat. Sie sorge etwa dafür, dass andere Werte wie die Familie und das soziale Umfeld wieder wichtiger werden. Zusammenhalt und Geborgenheit gewinnen an Bedeutung. Solche Erkenntnisse kann aber jeder nur für sich selber ziehen. Man sollte nie zu anderen in einer schwierigen Situation sagen: „Sieh das doch als Herausforderung!" Es bestünde die Gefahr, dass der andere sich nicht ernst genommen fühlt.

TIPPS FÜR SIE:

- Machen Sie sich/ anderen deutlich, was gleich bleibt. Stabilität gibt Sicherheit.
- Sie wissen, dass Sie gut sind: Erinnern Sie sich und andere an frühere Erfolge! Das tut gut und macht stark.
- Geben Sie Feedback! Das brauchen Menschen in Veränderungen zu ihrer Sicherheit – auch bei winzigen Fortschritten.
- Information ist Ausdruck von Wertschätzung und beugt Gerüchten vor. Am besten mündlich!
- Wer kann wen / Sie wie unterstützen? Sorgen Sie für Austausch und Zusammenhalt. Das stärkt alle und den Betrieb.
- Entlasten Sie sich selbst. Sie können andere nicht verändern. Verändern kann jeder nur sich selbst.

Das do care!®-Basis-Programm „Gesund führen"

Oberstes Gebot für Führungskräfte: Wer gesundheitsgerecht führen will, muss – entsprechend der Logik des Baum-Modells (s.o.) – bei sich selber anfangen. Um Interesse am Wohlergehen anderer zeigen zu können, muss das eigene Wohlbefinden stimmen. Erst im zweiten Schritt kann sich der Aufmerksamkeitsfokus der Führungskraft auf das Befinden der Mitarbeiter/innen richten, können Belastungssignale erkannt und angesprochen werden. Was Sie für sich selber tun können, erfahren Sie unter anderem in Kapitel 8. An dieser Stelle geht es um die Frage, was Sie für Ihre Leute tun können in Sachen Führung.

do care! Sich kümmern – um sich und andere

Die Empfehlung von Deutschlands Fehlzeiten-Papst, Professor Nieder [26] lautet: „Kümmern Sie sich!" Kümmern meint hier nicht „Pampern", sondern Da-Sein, Ansprechbar-Sein. Dass die Leute wissen, zu mir können sie kommen. Ich nehme ihnen dann nicht die Arbeit ab, aber sie dürfen mal ihren Frust abladen, ich habe ein offenes Ohr, und mir ist ihr Wohlergehen nicht gleichgültig. Dieses Signal des persönlichen Interesses ist Ausdruck von Wertschätzung und wird in aller Regel von den Beschäftigten belohnt; sie fühlen sich der Führungskraft verpflichtet und engagieren sich entsprechend stark.

Falls Sie sich schon über das „do care!" auf der Rückseite des Buches gewundert haben: Dieses „kümmer dich" von Professor Nieder als Basis-Empfehlung gesunder Führung hat mir sehr gut gefallen, als ich es zum ersten Mal gelesen habe – und ich beschloss, meine berufliche Lebensaufgabe darin zu sehen, Führungskräften und anderen Menschen im BGM genau bei dieser Erfüllung der Beziehungsaufgabe den Rücken zu stärken.

> do care! Das heißt im Deutschen so viel wie:
> „Interessier dich (fürs Wohlbefinden)!" oder „Pass auf!"
> Diese Basis-Kompetenz gesunder Führung bezieht sich auf den Umgang
> mit anderen – und als erstes auf den Umgang mit sich selbst.

Eigentlich wollte ich auch meine kleine Firma so nennen, musste dann aber einsehen: „Kümmer dich" klingt im Deutschen so „kümmerlich", dass mein Motto schließlich doch englisch wurde, eben „do care!" Wo auch immer Sie es lesen, bedeutet es nichts anderes als dies: sich (nicht nur, aber auch als Führungskraft) interessieren für das Wohlbefinden im Job – das eigene (als unverzichtbare Basis) und das der anderen. Das Ziel: die Erhaltung und Förderung der psychosozialen Gesundheit im Betrieb.

Fach- oder Führungskraft?

Ich geb's zu: Wenn Sie das „do care!" mit Leben füllen wollen, brauchen Sie ein bisschen Zeit – aber weniger als Sie fürchten. Wie viel Prozent der Tätigkeit sollte auf fachliche Arbeit, und wie viel auf Führungsarbeit entfallen? Ein Kollege sagte mal zu mir: „Eine gute Führungskraft braucht keinen PC und keinen Blackberry. Die braucht eine Sitzecke, Wasser, Kaffee und Plätzchen." Ich fand die Vorstellung charmant, das wäre einfach ideal. Die Praxis sieht leider anders aus: Da wird Führungskräften neben ihren 40 Stunden fachlicher Arbeit zusätzlich auferlegt, „nebenher" Mitarbeiterinnen und Mitarbeiter zu führen. Dabei sollte eigentlich mindestens ein Drittel für die Personal-Führungstätigkeit eingeplant werden. Zumindest in der Theorie ...

Auch die Führungsspanne ist wichtig. Die ideale Führungsspanne, innerhalb derer gesunde Führung noch möglich ist, reicht meiner Ansicht nach bis maximal 15. Geht die Anzahl der Mitarbeiter deutlich darüber hinaus, so müssen Abstriche in der Führungsqualität in Kauf genommen werden. Das soll kein Freispruch für kränkende Chefs sein, aber durchaus ein Argument zur Entlastung für all diejenigen Führungskräfte, denen die Arbeit durch organisatorische Missstände schwer gemacht wird.

Unter so schwierigen Bedingungen gilt umso mehr: Seien Sie nett zu sich (auch bei der „Abrechnung" mit Ihrem Führungsverhalten) und sorgen Sie zunächst dafür, dass Sie nicht selber vor die Hunde gehen. Ihre Leute brauchen Sie fit ... Besser, Sie führen nur mit einem Minimalprogramm – das aber gut –, als dass Sie zusammenbrechen, weil Sie zum Beispiel den Anspruch haben, jeden Ihrer 250 Mitarbeiter in Nord-Ost-Deutschland einmal pro Quartal live zu sehen oder allen 400 Teammitgliedern eine persönliche Geburtstagskarte zu schreiben.

Fragebogen als Orientierungshilfe

Im Folgenden finden Sie eine Art Minimal-Programm zum „Gesund führen", an dem Sie sich orientieren können. Es orientiert sich an den oben genannten sechs Dimensionen gesunder Führung. Seien Sie bei der Auswertung des darauf folgenden Fragebogens auf den Seiten 88 und 89 bitte nett zu sich. Legen Sie Ihr Anspruchsniveau nicht zu hoch! Es gibt übrigens keine Auswertung. Falls Sie also wissen möchten „Bin ich gut?", glauben Sie mir: Sie sind spitze!

Der Wert des Fragebogens liegt auch nicht darin, dass Sie sich mit anderen vergleichen (vielleicht sind die einfach weniger selbstkritisch), sondern dass Sie entdecken, wo Sie noch stärker aktiv werden können – aber auch, was Sie schon tun. Sinnvoll ist eine Wiederholung des Selbsttests im zeitlichen Abstand: Wo haben Sie zulegen können? Wenn Sie ganz mutig sind, geben Sie doch den Fragebogen in Ihr Team und nehmen einen Selbstbild-Fremdbild-Abgleich vor. Nach meiner Erfahrung trauen sich das nur die Besten ... Und die allermeisten sind angenehm überrascht, wie positiv sie von ihren Mitarbeiterinnen und Mitarbeitern gesehen werden. Also, los geht's!

Anerkennung / Lob / Wertschätzung

Arbeit mit viel Stress und wenig Anerkennung bezeichnet das Wirtschaftsmagazin brand eins (Ausgabe 09/2008) als „tödlichen Cocktail". Und tatsächlich konnte Professor Siegrist schon vor Jahren belegen, dass zum Beispiel das Herzinfarktrisiko um bis zu 150% steigt, sobald Menschen den Eindruck haben, dass das Verhältnis von Geben und Nehmen im Job zu ihren Ungunsten ausfällt. Seine Studien zeigen, dass nach dem Ausbleiben einer erwarteten Belohnung (z.B. Beförderung) der Stresshormonspiegel steigt und die Entzündungswerte im Körper messbar erhöht sind [14].

Seien Sie also großzügig mit dem Geben von Rückmeldungen. Menschen brauchen Feedback, sonst ist die schönste Arbeit viel weniger wert. Sie brauchen irgendeine Rückmeldung oder Resonanz, die signalisiert: „wir haben deine Arbeit gesehen". Echte Wahrnehmung ist dabei gefordert, nicht mechanisches Schulterklopfen. Bitte verlassen Sie sich nicht auf das schwäbische Effizienzprinzip „It gschumpfe isch gnua globt" („Nicht geschimpft ist Lob genug"). Ich will Sie nicht verwirren, aber: Auch (negative) Kritik ist Ausdruck von Wertschätzung. Denn sie beinhaltet ebenfalls „ich habe deine Arbeit gesehen". Aber bitte nicht übertreiben: Das Verhältnis von Lob zu Kritik sollte ungefähr 3:1 betragen – Ihre Leute machen auch mindestens dreimal häufiger Dinge richtig, als sie Mist bauen. Und: Wer nicht bereit ist, gute Leistungen als solche anzuerkennen, der darf auch keine erwarten.

Perfekt wäre, wenn Sie Ihre Anerkennung der Persönlichkeit des Mitarbeiters anpassen würden. Wer eher extravertiert ist, freut sich vielleicht über sein Gesicht auf dem Plakat „Mitarbeiterin des Monats". Anderen wäre dies ein Graus: Sie freuen sich vielleicht eher über einen Blumenstrauß und ein persönliches Dankeschön unter vier Augen. Schenken Sie den unproblematischen, unauffälligen Mitarbeitern genau so viel Anerkennung wie den Problemfällen in Ihrem Team. Fragen Sie Ihre Leute, für welche Aufgaben ihr Herz schlägt. Sie werden überrascht sein, wie sich allein diese Frage auf das Engagement auswirkt. Noch schöner wäre natürlich, wenn Sie jeden am Arbeitsplatz seiner Präferenz einsetzen könnten.

Definitorisch kann man Anerkennung als Oberbegriff für Lob und Wertschätzung verstehen. Lob bezieht sich auf die Leistung, Wertschätzung bezieht sich auf die Person als Ganzes. Menschen brauchen beides. Aber wenn sie sich entscheiden müssten, würden die allermeisten der Wertschätzung den Vorzug geben. Wichtig ist für Sie (nicht nur für Führungskräfte): Wenn Menschen sich von Ihnen als Person wertgeschätzt fühlen, fällt es ihnen umso leichter, auch Kritik an ihrer Leistung zu akzeptieren. Sie nehmen die Kritik dann nämlich nicht persönlich, und das Gespräch bleibt konstruktiv.

Vertrauen ist Ausdruck von Wertschätzung. Gerade in Zeiten von Termindruck, Projektarbeit und Führung auf Distanz ist ein Vertrauensvorschuss unabdingbare Erfolgsvoraussetzung. Sie können als Führungskraft heute nicht einfach abwarten, bis sich jemand Ihres Vertrauens als würdig erwiesen hat. Sie müssen stattdessen einen Vorschuss gewähren. Das ist zugleich schön für Ihren Mitarbeiter, denn er erhält das Signal, dass Sie ihm bestimmte Aufgaben eigenverantwortlich zutrauen. Die meisten wollen es Ihnen daraufhin beweisen, dass sie Ihres Vertrauens würdig waren.

Sorgen Sie dafür, dass der Mitarbeiter sich selbst gut findet. Wenn Sie bei diesem Satz zusammengezuckt sind und dachten „nee, dann wird der überheblich", lassen Sie sich gesagt sein: Eine Überhöhung des Selbstwertgefühls gibt es nur extrem selten. Die Wahrscheinlichkeit ist viel größer, dass jemand glaubt, sein – schwaches – Selbstwertgefühl größer machen zu müssen, weil es eben ultraschwach ist. Überheblichkeit ist meistens ein Zeichen tiefer Unsicherheit, auch wenn sie gemeinerweise genau gegenteilig wirkt. Aber jetzt wissen Sie ja Bescheid ...

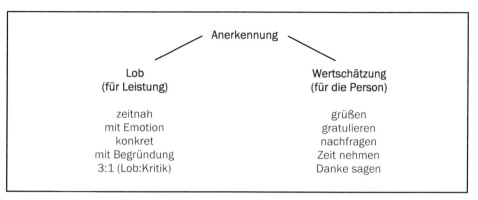

Abbildung 13: Zwei Facetten der Anerkennung (Lob und Wertschätzung)

Ihnen fällt beim besten Willen nichts ein, für das Sie Lob spenden könnten? Dann geben Sie eben Wertschätzung. Oder Sie stellen sich vor, der Mitarbeiter würde das Unternehmen verlassen. Dann fällt es leichter, Anerkennung zu geben. Viele Beschäftigte hören tatsächlich erst bei der Kündigung, wie toll man sie fand. Paradox, aber leider betriebliche Realität.

Die Wertschätzung wächst wie von selbst, wenn man sich klar macht: Als Führungskraft bin ich nichts ohne meine Leute. Wir sind voneinander abhängig, und meine Ziele erreiche ich nicht ohne sie. Dann kommt das „Danke!" ganz von allein authentisch über die Lippen. Übrigens: In einer offenen Feedback-Kultur empfangen die Führungskräfte auch schon mal Anerkennung von den Mitarbeitern ...

Interesse / Aufmerksamkeit / Kontakt

Menschen brauchen das Signal, dass sie gesehen werden und dass man sich für sie interessiert. Wenn sie sich ignoriert fühlen, werden sie krank. Zum Beispiel Willkommensgespräche nach der Rückkehr aus Urlaub oder Krankheit sind Ausdruck gesunder Führung. Ich signalisiere damit als Vorgesetzte „du bist mir wichtig, und mir ist nicht egal, wie es dir geht". Wie wichtig dieses Signal ist, wurde nun schon öfter erwähnt. Hier zeigen sich auch Überschneidungen zur vorigen Dimension: Echtes Interesse am Gegenüber ist immer auch Ausdruck von Wertschätzung, mangelndes Interesse kann krank machen (s. Abb. 14).

Das echte Interesse zeigt sich zum Beispiel im namentlichen Begrüßen (manche tun dies sogar mit Handschlag und signalisieren damit: „ich bin bereit für Kontakt"). Oder auch im Gratulieren zu persönlichen Anlässen wie Geburtstagen oder Jubiläen. Auch Fragen nach dem Vorankommen bei der Arbeit gehören dazu. Ebenso das Erkundigen nach persönlichen Belangen – sofern der Mitarbeiter dieses nicht als Eindringen empfindet.

Wichtig ist, dass Sie als Führungskraft wiederholt das Signal senden: „Ich bin für Sie ansprechbar". Ob Ihre Mitarbeiter das Angebot annehmen möchten, ist (fast) egal. Das Signal als solches ist bereits Ausdruck sozialer Unterstützung und stellt damit unter anderem einen Belastungspuffer dar. Verabschieden Sie sich von dem Anspruch, dass sich alle Teammitglieder Ihnen gegenüber vorbehaltlos öffnen – das würde Sie eh schnell überfordern und wäre auch nicht realistisch. Wer weiß, wie oft in früheren Zeiten und Kontexten solch ein Gesprächsangebot nur Fassade war, so dass die Leute jetzt vorsichtiger sind, wem sie ihr Herz ausschütten. Lassen Sie den Leuten ihre Verschlossenheit.

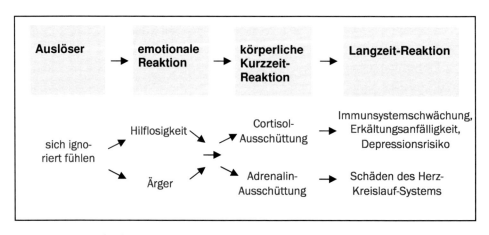

Abbildung 14: Gesundheitliche Folgen des Gefühls, ignoriert zu werden

Und wenn einer nicht erzählen möchte, wie sein Urlaub war, oder wenn eine Mitarbeiterin nicht per Handschlag begrüßt werden möchte, dann gilt:

Jedem sein eigenes Himmelreich. Sie sollten solche Wünsche also respektieren und nicht nachbohren. Hauptsache, der Beschäftigte fühlt sich nicht ignoriert, denn das wäre schlecht für seine Gesundheit. Fühlt er sich aber aufgehoben im Team und als Mensch gesehen, so wird er entspannen und das so genannte Vertrauenshormon Oxytocin freisetzen, das zugleich für Harmonie im Team sorgt.

Gesprächsführung / Einbeziehen / Kommunikation

Sprechen Sie mit Ihren Leuten, wann immer Sie können – nicht nur, aber auch mit überlasteten Mitarbeiterinnen und Mitarbeitern. Dazu finden Sie im Anhang einen Leitfaden. Sobald Ihnen Veränderungen auffallen (auf der zwischenmenschlichen Ebene, auf der Ebene des Erscheinungsbildes oder auf der Leistungsebene), sollten Sie das Gespräch suchen, meines Erachtens spätestens nach zwei Wochen, besser früher. Delegieren Sie solche Gespräche nicht an die Kolleginnen oder Kollegen des Mitarbeiters! Sie gehören zu Ihrem Aufgabenbereich, da müssen Sie selber durch.

Es kann auch sein, dass der Mitarbeiter im Moment (noch) nicht mit Ihnen sprechen möchte und auf Ihre besorgte Frage mit einem motzigen „Es ist nix" antwortet. Seien Sie dann bitte nicht frustriert. Vielleicht liegen Sie ja tatsächlich falsch (was nur höchst selten der Fall sein dürfte) – egal, wichtig war: Sie haben das Signal gegeben, dass Sie aufmerksam und gesprächsbereit sind und dass Sie sich Sorgen machen. Das Signal war wichtig. Der Mitarbeiter hat auch eine Eigenverantwortung für die Lösung seiner Probleme. Die können und sollten Sie ihm nicht abnehmen. Sie haben eh schon genug zu tun.

Beschäftigte einbeziehen, ihre Handlungsspielräume möglichst erweitern (Ausnahme: zum Beispiel Menschen in depressiven Episoden brauchen eher enge Vorgaben), sie mit entscheiden lassen oder auch einfach mal nach ihrer Meinung oder sogar nach einem Rat fragen – durch all das signalisieren Sie „ihr seid hier wichtig". Je geringer der Handlungsspielraum, desto größer die Gefahr von Muskel-Skelett-Erkrankungen und von psychiatrischen Erkrankungen [15]. Um einem Missverständnis vorzubeugen: Sie bleiben der Boss. Sie treffen die Entscheidungen. Und Sie verantworten sie auch alleine. Aber es erleichtert Ihnen Ihre Arbeit (und verbessert nebenher Ihr Ansehen), wenn Sie Ihre Leute einbeziehen – aber bitte ohne joviales „ich trau Ihnen das zu, ich verlass mich auf Sie, Sie schaffen das schon" (die 500 Akten in 3 Tagen ...)!

4 Gesund führen, auch unter schwierigen Bedingungen

Transparenz / Offenheit / Durchschaubarkeit

Menschen wollen wissen, was ihre Führungskraft von ihnen hält. Ihre Leute wollen wissen, woran sie mit Ihnen sind. Man muss in Ihrem Gesicht – zumindest meistens und mindestens in Krisensituationen – lesen können. Also weg mit dem Pokerface. Nur unsichere Führungskräfte haben es nötig, sich emotionslos zu präsentieren. Mit ihrer Unsicherheit stecken sie alle anderen an. Es lässt sich gut beobachten, wie ein unsicherer Vorgesetzter alle anderen Teammitglieder quasi „verkanten" lässt. Da wird nichts Persönliches mehr geäußert. Man hat das Gefühl, von Zombies umgeben zu sein.

Unsichere Beschäftigte können nicht mit den Augen strahlen, wenn sie einem Kunden ihre Produkte verkaufen. Sie stecken ebenfalls fest im Pokerface-Panzer. Eine – auch mimisch – transparente Führungskraft, die Feedback in beide Richtungen gibt, sorgt damit für Halt und Orientierung. Wenn man bedenkt, dass negative Kritik wesentlich länger im Gedächtnis haftet als positive, wird noch einmal klar, wieso – wie oben beschrieben – das Verhältnis Lob: Kritik mindestens 3:1 betragen sollte.

Menschen müssen Ihnen vertrauen können (sind Ihre Aussagen verlässlich? Halten Sie Vereinbarungen ein?) und wissen, in welche Richtung sie gemeinsam marschieren sollen. Lieber gehen sie in eine ungeliebte Richtung, als dass sie orientierungslos umherirren. Stärken Sie das emotionale Band zwischen Ihnen und Ihren Mitarbeiterinnen und Mitarbeitern – durch Information und indem Sie sich als Mensch zeigen. Mitarbeiter machen dann viel auch Ihnen zuliebe. Das können Sie als Anerkennung verstehen und in Ausnahmefällen auch nutzen (nicht ausnutzen).

Machen Sie sich berechenbar. Zum Beispiel durch Gerechtigkeit, also den Verzicht auf Lieblinge. Und beziehen Sie Position. Das kostet Mut. Sie müssen den Spagat bewältigen zwischen Loyalität gegenüber der Geschäftsleitung (Sie wissen, wer Ihre Brötchen bezahlt) und Ehrlichkeit gegenüber Ihren Mitarbeitern. Das kann manchmal Bauchweh machen, zum Beispiel wenn Sie mit Ihren Leuten etwas umsetzen müssen, das der Vorstand vorgegeben hat, das Sie selber aber ablehnen. Was tun Sie als Sandwich-Führungskraft dann?

Damit Sie auch morgen noch in den Spiegel sehen können, sollten Sie Ihre Meinung meines Erachtens durchaus artikulieren – aber eben ohne Obrigkeitsverrat zu begehen. Sie könnten zum Beispiel Stellung beziehen, indem Sie äußern: „Ich hätte mich vielleicht anders entschieden, aber die werden sich etwas dabei gedacht haben. Da oben sitzen ja auch nicht nur Nullen. Das und das (...) waren die Gründe, auf dieser Basis ist die Entscheidung gefallen. Und jetzt marschieren wir alle in diese Richtung, und zwar geschlossen." So wird deutlich, was Ihre Meinung ist, aber Sie müssen sich nicht verbiegen.

Stimmung / Klima

Eine britische Werbeagentur testete auf Empfehlung eines extra angeheuerten Betriebspsychologen einen Tag „The Naked Office" [16]: Zur Verbesserung des Betriebsklimas sollten die Beschäftigten nackt arbeiten. Tatsächlich trauten sich sechs Angestellte, zwei behielten die Unterwäsche an. Übereinstimmend berichteten sie, dass sie als Team zusammen gewachsen seinen („Nackt erzählt man sich einfach andere Dinge"). Mutig. Aber sicher nicht für jede Firma zu empfehlen. Ich kann Sie jedenfalls beruhigen: Sie können auch wesentlich unspektakulärer zu einer positiven Stimmung im Team beitragen.

Eine schlecht gelaunte Führungskraft hat selten gut gelaunte Mitarbeiter.

Ein gutes Betriebsklima ist wichtig für die Gesundheit. Zum Beispiel Rückenschmerzen treten häufiger auf, wenn das Klima krankt. Und auch Mobbing gedeiht am besten dort, wo das Klima schlecht und der Stress aufgrund von Arbeitsverdichtung, verschärftem Wettbewerb, fehlender Fairness, unklarer Organisation oder anderer Konfliktpotenziale groß ist. Soziale Berufe haben paradoxerweise das höchste Mobbing-Risiko. Fehlende Anerkennung gilt ebenso als Risikofaktor. Einige dieser Faktoren – das ist Ihnen sicher schon bei der Auflistung klar geworden –, können Sie als Führungskraft beeinflussen, um Mobbing zu verhindern.

Es gibt – ähnlich wie bei Burnout – bis heute keine einheitliche international anerkannte Definition von Mobbing. Einig ist man sich aber, dass es sich um einen systematischen und über längere Zeit fortgesetzten Psychoterror am Arbeitsplatz handelt. Diesen können Sie unterbinden, vorausgesetzt Sie bekommen überhaupt etwas davon mit. Stellen Sie unter vier Augen, aber auch vor dem gesamten Team klar: „Das und das ist mir aufgefallen, und das dulde ich nicht in meinem Team." Im schlimmsten Fall müssen die Anstifter mit einer Abmahnung rechnen. Wenn eine Führungskraft aber so transparent und klar positioniert auftritt, reicht dies in der Regel schon, um Weiteres zu unterbinden.

Achten Sie in puncto Stimmung auch auf Ihre eigene! Dass Sie damit Ihr Team anstecken, wurde schon in Kapitel 2 beschrieben. Überlegen Sie, was Sie tun können, um selber gut gelaunt am Arbeitsplatz zu erscheinen – ohne sich verstellen zu müssen. Erlauben Sie Humor und Schwätzchen am Arbeitsplatz – das Team wird dadurch produktiver. Zumindest solange die Schwätzchenzeit im Rahmen bleibt. Der einfachste Tipp, um dies sicherzustellen: Gesellen Sie sich zur Schwätzchenrunde dazu. Natürlich wird die Stimmung sich vorübergehend verändern, aber wenn Sie lächelnd fragen, ob man Sie einweihen möchte (statt sofort mit der Disziplinkeule zu kommen), entspannen sich alle.

In manchen Teams lautet die erste Frage morgens, wenn die Mitarbeiter in die Firma kommen: „Und? Ist er heute gut drauf?" Dabei ist „er" die Führungskraft. Von deren Stimmung machen die Beschäftigten ihr eigenes Wohlbefinden abhängig. Und wehe, die Antwort lautet „Nein" – dann flüchten die Mitarbeiter möglichst unauffällig an ihren Arbeitsplatz, kein Wort wird mehr gewechselt. Glauben Sie mir, ich kenne das. Da kommt das Bauchweh schon vor dem ersten Sichtkontakt mit dem Vorgesetzten.

Wenn das Klima stimmt, werden in der Regel auch Betriebsfeiern gut besucht sein. Aber: Sie können nie alle erreichen. Mit dieser Behauptung möchte ich all diejenigen Führungskräfte entlasten, die nächtelang wach liegen und sich selbstkritisch Vorwürfe machen, nur weil zwei Teammitglieder die Weihnachtsfeier nach einer Stunde schon verlassen haben. Nein, das muss nichts mit Ihnen oder mit dem Team zu tun haben. Manche Menschen haben einfach eine Sozialphobie, sie fühlen sich unwohl in Gesellschaft anderer. Das sollten Sie einfach respektieren. „Jede Jeck ist anders" – dieses kölsche Plädoyer für mehr Toleranz ist ein Grundpfeiler eines guten Betriebsklimas.

Belastungsabbau / Ressourcenaufbau / Stressbewältigung

Wie oben schon beschrieben, lässt sich das Wohlbefinden am Arbeitsplatz auf zwei Wegen fördern: indem man Belastungen abbaut, und indem man Ressourcen aufbaut. Letzteres ist in der Praxis meist einfacher zu realisieren. Selbst wenn man glaubt, am Belastungsempfinden der Beschäftigten nichts ändern zu können: Allein schon das aufmerksame wohlwollende Achten auf Überlastungssymptome, das Anbieten von Gesprächen und das Erkundigen nach dem Wohlbefinden tun gut und entstressen das Gegenüber. Vielen Führungskräften reicht das nicht. Sie haben ein schlechtes Gewissen, wenn sie mit ansehen, wie viel ihre Leute ackern.

Eine Gretchenfrage bei der Mitarbeiterführung: Geht die gute Führungskraft zum Belastungsabbau „mit rein"? Erledigt sie operative Geschäfte, macht sie die gleiche Arbeit wie ihre Leute? Meine Antwort auf diese Frage ist salomonisch: Wenn neben der eigentlichen Führungstätigkeit noch so viel Zeit übrig bleibt ... Das wird in der Praxis nicht so häufig vorkommen. Wichtig finde ich aber das Signal der Führungskraft: „Ich bin mir nicht zu schade dafür!"

Es kann Ausdruck von Wertschätzung sein, die gleiche Tätigkeit auszuüben wie die Mitarbeiter, gerade in belastenden Zeiten, um Arbeitsspitzen aufzufangen. Aber Sie können auch einen großen Teil des Belastungserlebens Ihrer Leute puffern, indem Sie soziale Unterstützung geben. Das kostet nicht viel Zeit. Sie können zum Beispiel artikulieren: „Ich weiß, das ist gerade eine heftige Phase, die euch viel abverlangt. Aber im November haben wir es zum Glück geschafft." Damit signalisieren Sie, dass Sie die Belastungen sehen. Und dass diese vorübergehend sind (bitte nicht lügen!). Das entstresst Ihr Team enorm.

Der nun folgende Fragebogen umfasst eine Art Mini-Standard für gesunde Führung. Er richtet sich aber nicht nur an Führungskräfte. Auch alle anderen, die sich innerbetrieblich für die Förderung der psychosozialen Gesundheit stark machen, können überprüfen (indem sie „Mitarbeiter" durch „Kollegen" ersetzen), in wie weit sie noch unausgeschöpfte Möglichkeiten haben.

Übrigens: Ich habe diesen Fragebogen einmal 90 Führungskräften vorgelegt und sie zudem angeben lassen, ob der Krankenstand in ihrem Team – verglichen mit dem von Parallelteams – genau im Durchschnitt liege oder höher oder niedriger. Eine Auswertung mit einem Statistikprogramm (die ich leider nicht mehr habe, Sie müssen mir also so glauben ...) ergab signifikante Zusammenhänge zwischen den ersten beiden Dimensionen und der subjektiven Einschätzung des Krankenstandes. Also: Wem besonders an einer Einflussnahme auf die Anwesenheitsquote gelegen ist, der solle sich selbstkritisch fragen, ob er bei den ersten zwölf Fragen schon alles tut, was in seiner Macht steht. Falls er das guten Gewissens bejaht und dennoch einen hohen Krankenstand hat, darf er sich mit meiner Erlaubnis beruhigen, denn dann hat es nichts mit ihm zu tun.

do care!® - © Dr. Anne Katrin Matyssek

Selbst-Check:
Praktiziere ich einen gesundheitsförderlichen Führungsstil?

Kreuzen Sie bei jeder Aussage an, wie sehr sie auf Sie zutrifft – seien Sie selbstkritisch, aber zugleich nicht zu streng mit sich ...

3   stimmt voll
2   stimmt ziemlich
1   stimmt eher nicht
0   stimmt absolut nicht

Anerkennung / Lob / Wertschätzung	
Ich kenne die größte Stärke jedes meiner direkten Mitarbeiterinnen und Mitarbeiter (bis max. 30 MA).	3 2 1 0
Ich lobe wesentlich öfter, als dass ich kritisiere (mindestens im Verhältnis 3:1).	3 2 1 0
Ich habe nur selten ein ungutes Gefühl, wenn ich eine Aufgabe delegiert habe (= ich denke nur selten: ob die/ der Mitarbeiter das wohl richtig macht).	3 2 1 0
Ich übertrage meinen Mitarbeitern verantwortungsvolle Aufgaben und versuche, ihren Handlungsspielraum zu erweitern.	3 2 1 0
Ich beteilige meine Mitarbeiter/innen an Entscheidungsprozessen.	3 2 1 0
Ich habe keine "Lieblinge", die ich bevorzugt behandle.	3 2 1 0

Interesse / Aufmerksamkeit / Kontakt	
Ich beobachte meine Mitarbeiterinnen und Mitarbeiter wohlwollend.	3 2 1 0
Veränderungen, wie z.B. eine neue Frisur, fallen mir in der Regel auf.	3 2 1 0
Ich bin immer gut informiert über die Fehlzeiten in meiner Abteilung.	3 2 1 0
Ich nehme persönlich Kontakt zu Mitarbeitern in längerer Krankheit (ca. ab zehn Tagen) auf.	3 2 1 0
Ich führe grundsätzlich Willkommensgespräche mit jedem Mitarbeiter und jeder Mitarbeiterin.	3 2 1 0
Ich achte ganz bewusst auf sicherheitsgerechtes Arbeiten meiner Mitarbeiterinnen und Mitarbeiter.	3 2 1 0

Gesprächsführung / Einbeziehen / Kommunikation

Ich bemühe mich, für meine Mitarbeiter immer ein offenes Ohr zu haben, z.B. indem ich oft (mind. 1x/Woche) durch die Abteilung gehe ("walking around").	3 2 1 0
Ich habe in Gesprächen maximal 50% Redeanteil (im Durchschnitt).	3 2 1 0
Ich suche häufig (mind. 1x/Monat) das Gespräch mit jedem Mitarbeiter - nicht nur in Beurteilungsgesprächen/ Mitarbeiterjahresgesprächen.	3 2 1 0

Transparenz / Offenheit/ Durchschaubarkeit

Ich bemühe mich, alle Informationen über Unternehmen und Abteilung rasch weiterzugeben und damit "Wissensgefälle" zu vermeiden.	3 2 1 0
Meine Mitarbeiter wissen genau, "was sie tun" und wie ich das finde: Ich gebe mindestens einmal im Monat Feedback.	3 2 1 0
Die Meinung meiner Mitarbeiter ist mir wichtig.	3 2 1 0
Feedback funktioniert bei uns gegenseitig, d.h.	
a) meine Mitarbeiter trauen sich auch, mich zu kritisieren	3 2 1 0
b) meine Mitarbeiter trauen sich auch, mich zu loben	3 2 1 0

Betriebsklima / Stimmung

Ich begrüße meine Mitarbeiter morgens freundlich.	3 2 1 0
Ich ermutige meine Mitarbeiter, ihren Arbeitsplatz persönlich zu gestalten.	3 2 1 0
Ich spreche nicht ironisch oder herablassend mit meinen Mitarbeitern.	3 2 1 0
Ich versuche, angstreduzierend zu führen (Humor nutzen, ruhig sprechen etc.).	3 2 1 0
"Bitte" und "Danke" sind bei uns selbstverständlich. Schreien kommt nicht vor.	3 2 1 0

Belastungsreduzierung und Ressourcenaufbau

Ich bemühe mich, für meine Leute da zu sein, ihnen den Rücken zu stärken.	3 2 1 0
Meine Mitarbeiterinnen und Mitarbeiter wissen, dass ich ihnen nicht in den Rücken falle und sie auch bei einer Panne nicht "im Regen" stehen lasse.	3 2 1 0
Ich bemühe mich, auch in puncto Gesundheitsverhalten Vorbild zu sein.	3 2 1 0
Ich bemühe mich, Belastungen meiner Mitarbeiter im "gesunden" Maß zu halten.	3 2 1 0
Ich erkenne immer genau, wann einer meiner Mitarbeiter überlastet ist (z.B. weiß ich, wer auf Stress mit einem roten Kopf reagiert/ wer kalkweiß wird).	3 2 1 0

GESAMTPUNKTZAHL (von maximal 90): _____

4 Gesund führen, auch unter schwierigen Bedingungen

Die CareCard enthält die wichtigsten Empfehlungen zu den sechs Dimensionen gesunder Führung in der Übersicht – als Erinnerungshilfe für die Westentasche, und zwar in Form von Schnelltest-Fragen und leicht zu merkenden Symbolen. Vielleicht möchten Sie dieses Basisprogramm „Gesund führen" fotokopieren, ausschneiden und tatsächlich in der Hemdtasche oder am PC deponieren.

> 👍 **Heute schon jemanden gelobt?**
> – "Erwisch ihn, wenn er gut ist!"
>
> 👁 **Heute schon Kontakt gehabt?**
> – Ein fürsorglicher Blick tut gut!
>
> ❓ **Heute schon das Gespräch gesucht?**
> – Zeigen Sie Ihr Interesse!
>
> ⓘ **Heute schon für Klarheit gesorgt?**
> – Information zeigt Wertschätzung!
>
> 🙂 **Heute schon gelächelt?**
> – Führung braucht Herz und Gesicht!
>
> 🏝 **Heute schon richtig (!) Pause gemacht?**
> – Das brauchen alle im Betrieb!
>
> 👓 **do care! Das heißt: Passen Sie auf**
> – auf die anderen und auf sich!

Abbildung 15: Das Basis-Programm „Gesund führen" (CareCard)

TIPPS FÜR SIE:

- do care! – Echtes Interesse für das eigene Wohlbefinden im Job und das der anderen. Das sollte Ihre Maxime sein.
- Testen Sie anhand des Selbstchecks, wo Sie noch ungenutzte Potenziale in Sachen „Gesunder Umgang" haben!
- Machen Sie den Selbstbild-Fremdbild-Abgleich mittels des Fragebogens (Selbstcheck)! Kritik lässt uns wachsen.

5 Das Thema einschmuggeln und Widerstände einplanen

> *„Gesundheit ist Sache des einzelnen!"*

Warum Widerstände an der Tagesordnung sind

Sie möchten das Thema „Führung und Gesundheit" in Ihrem Betrieb implementieren? Seien Sie gewarnt: Widerstände gegen das Thema sind der Normalfall, offene Türen sind die Ausnahme. Rechnen Sie besser vorher schon mit Ablehnung. Führungskräfte befürchten, an den Pranger gestellt zu werden (siehe Kapitel 7). Geschäftsleitungen fürchten Kosten und Schlimmeres (siehe Kapitel 8).

Sogar bei einem klassischen Gesundheitstag sollten Sie Widerstände einplanen. Und vor allem nicht mit einer grandiosen Beteiligung rechnen. Die Gefahr, enttäuscht zu werden, ist zu groß. Ich habe schon erlebt, dass die Beschäftigte sich nicht trauten hinzugehen, weil sie – als sie ihren Besuch beim Gesundheitstag ankündigten – von Kollegen und ihrem Vorgesetzten schief angeschaut wurden: „Und dafür hast Du Zeit?". Oder aber belächelt wurden: „So, du bist also im Stress." Unter solchen klimatischen Verhältnissen wagten nur noch die Mutigsten, das Angebot in Anspruch zu nehmen. Kein Wunder, dass auf der Aktionsfläche gähnende Leere herrschte und die Organisatoren auf den Gemüsesäften, Therabändern und Sitzbällen sitzen blieben.

Öfter als man glaubt sind es sogar Führungskräfte, die Gesundheitstage sabotieren, indem sie verlauten lassen: „Da darf nur hingehen, wer gerade einen leeren Schreibtisch hat." Und bei Termindruck im Nacken wird der Besuch des Gesundheitstages direkt untersagt. Hat es alles schon gegeben. Insbesondere Führungskräfte mit einem hohen flexiblen Gehaltsanteil (sprich: wo die Prämie gefährdet würde) vergessen schon mal, dass sie beim letzten Abteilungsleiter-Meeting geschworen haben, mehr für die Gesundheit der Leute zu tun, insbesondere bei strikter Vertriebsorientierung. Aber auch aus anderen Gründen müssen Sie sich erst einmal auf Ablehnung und Widerstände gefasst machen.

Bloß nix Neues!

Menschen sind zwar neugierig auf Neues – aber nur, wenn sie es selber erkunden dürfen. Wenn Sie jetzt aber zu Ihrem Vorstand, Ihrem Betriebsrat, Ihrem Betriebsarzt oder wem auch immer kommen und Maßnahmen zum Betrieblichen Gesundheitsmanagement vorschlagen, werden Sie nur dann auf offene Ohren stoßen, wenn Ihr Gegenüber sich selber schon mit ähnlichen Gedanken beschäftigt hat. Sie haben dann den Eindruck „der tickt wie ich". Sind hingegen Ihre Ideen für den anderen neu, so müssen Sie mit Widerständen rechnen. Das ist ganz normal (und wichtig, vorher schon zu wissen).

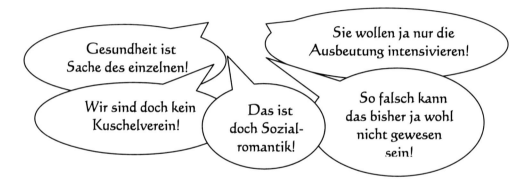

Die Ankündigung von Veränderungen, also Neuem, impliziert: Das Alte war schlecht. Da uns das Alte aber lange begleitet hat, identifizieren wir uns damit und wollen es nicht so leicht hergeben. Das alte Verhalten, die alten Regeln, die alte Organisation sind ein Teil von uns geworden. Wir fühlen uns durch die Veränderungsankündigung angegriffen und verteidigen uns – und damit das alte Verhalten, die alten Regeln, die alte Organisation. Das wirkt nach außen starrköpfig („der ist ja veränderungsresistent!"), dient aber psychologisch betrachtet sinnvollen Zielen, nämlich dem Erhalt dessen, was sich bewährt hat.

> *Widerstände gegen Neuerungen treten immer dann auf,*
> *wenn das Bisherige nicht hinreichend gewürdigt wurde.*

Wenn Sie also etwas bewirken wollen, ist wichtig, dass Sie das Alte würdigen („wir haben ja schon das und das, und beides wird gut angenommen und hat uns schon ein Stück nach vorne gebracht"), bevor Sie mit Ihren neuen Vorschlägen oder Ergänzungen kommen. Ihr Gegenüber wird dann offener zuhören, als wenn Sie sofort loslegen mit neuen Ideen. Und wenn Sie Ihre Vorschläge als Ergänzung zum Bisherigen verkaufen – also nicht als grundlegend Neues –, wird auch das die Akzeptanz bei widerstrebenden Gesprächspartnern erhöhen.

Gegen die Widerstände argumentieren?

Selbst wenn Sie das beachten, werden Sie sich mit etlichen Widerständen auseinandersetzen müssen. Sprüche wie „Gesundheit ist Sache des einzelnen" schleudern Ihnen Argumente vor die Füße – und Sie glauben dann, Sie müssten solche Argumente mit Gegenargumenten parieren. Müssen Sie nicht. Wenn zwei Gesprächspartner Argumente und Gegenargumente aufschichten, geht es mehr um Gegen- als um Miteinander. Also bitte nicht argumentieren!

Argumente-Aufhäufung ist ein rhetorischer Wettbewerb, führt aber nie zu einer einvernehmlichen Lösung. Denn wie sollte so eine Lösung aussehen? So, dass sich einer von beiden am Ende geschlagen gibt? Wer sollte das sein? Wenn Sie das sind, hätten Sie das Gespräch gar nicht erst zu beginnen brauchen. Sie werden den Gesprächsausgang als Niederlage bewerten. Und wenn Ihre Argumente so toll waren, dass der andere – zum Beispiel Ihre Geschäftsleitung – aufstecken muss, ist Ihnen auch damit nicht geholfen: Der andere wird nie aufgrund Ihrer tollen Argumente Feuer und Flamme werden fürs BGM.

> *Auch noch so tolle Argumente (z.B. Studien) führen nie dazu, dass ein anderer Mensch für Ihre Idee entflammt.*

Sie müssen es also stattdessen irgendwie hinbekommen, dass beide Gesprächspartner mit einem guten Gefühl aus dem Gespräch herausgehen, nicht mit dem Eindruck der Niederlage. Sie wollen schließlich mit einander etwas im Betrieb bewegen, nicht gegen einander. Durch Argumente bekommen Sie andere Menschen nie auf Ihre Seite. Das ist insbesondere für kopflastig strukturierte Menschen oft eine schwere Einsicht. Man muss die Emotionen des Gegenübers ansprechen, dann wird es vielleicht auch anfangen, für eine Sache zu brennen.

> *Den anderen gewinnen statt überreden!*
> *Dazu braucht es Gefühle.*

„Jetzt hab ich so toll argumentiert, und trotzdem weigert sich der Willi, Sport zu machen" – wer solchermaßen frustriert reagiert, unterstellt, dass Menschen rein vernunftgesteuert handeln. Tun sie nicht. Sonst gäbe es keinen Suchtmittelkonsum oder Bewegungsmangel. Und selbst wenn der Willi in dem Beispiel sich irgendwann geschlagen gegeben hätte und mitgekommen wäre zum Walken: Er hätte es getan, um endlich keine Vorwürfe mehr zu hören. Aber er wäre nicht mit Freude bei der Sache. Und er würde das Walken nicht freiwillig fortsetzen. Er wäre überredet, aber nicht überzeugt.

Nicht auf der Meinung beharren

In ähnlicher Weise geht es Ihnen nicht nur um das bloße Zugeständnis, Maßnahmen ergreifen zu dürfen. Sie werden sich besser fühlen (und Ihre Projekte werden erfolgreicher sein), wenn die anderen mit Ihnen am selben Strang ziehen. Das heißt, dass sie auch gefühlsmäßig hinter Ihnen stehen. Dazu müssen Sie sie für das Thema gewinnen – emotional und nicht durch Argumente.

Wenn also jemand sagt „Gesundheit ist Sache des einzelnen", ist es vergebene Liebesmüh, wenn Sie darlegen, wieso Gesundheit auch Sache des Arbeitgebers ist. Das führt nur zu Pro-Contra-Spiralen, die im Nichts enden. Erwidern Sie – statt auf Ihrer Meinung zu beharren – zum Beispiel: „Ich denke nur, dass das Unternehmen davon profitiert, wenn die Leute sich hier wohl fühlen."

Sie können ruhig hinzufügen „Das mag sein" (dass Gesundheit primär Sache des einzelnen ist), aber am besten gehen Sie gar nicht auf das Argument ein, sondern lenken das Gespräch direkt um zu einem Vorteil für Ihr Gegenüber. Diesen Vorteil – in dem Beispiel: „profitieren" – möchte der andere gern nutzen, also wird er Ihre Vorschläge anhören. Es ist im Grunde wie bei einem Verkaufsgespräch: Sie holen sich die Zustimmung zu einer oder mehreren Aussagen, die Vorteile für den anderen beinhalten, und als letztes präsentieren Sie ihm, was er tun muss, um diese Vorteile einzuheimsen. Wenn er zu den Vorteilen ja gesagt hat, wird er auch zu Ihrem Vorschlag ja sagen.

Argumente umleiten zum Nutzen

„Da kann jemand seine Kräfte nicht richtig einschätzen" – mit solchen Sätzen wird schon mal von Unternehmensseite die Verantwortung für fehlbelastende Arbeitsbedingungen abgewehrt. Die Verantwortung wird dem einzelnen übertragen: Er muss halt selber auf sich aufpassen. Wenn er krank wird, hat er versagt. Schlimm genug, dass viele Beschäftigte sich diese Einstellung schon selber zueigen gemacht haben. Dass Sie das anders sehen, ist klar.

Aber wenn Sie jetzt an die Decke gehen und heftig artikulieren „Da machen Sie es sich zu einfach! Sie haben doch eine Fürsorgepflicht! Wo bleibt denn da Ihr Verantwortungsgefühl?!", hätten Sie zwar Recht, aber eine Chance vertan. Denn Ihr Gesprächspartner wird sofort dicht machen ob dieser Vorwürfe. Er wird sich angegriffen fühlen und sich verteidigen wollen – und zwar ebenfalls emotional aufgebracht, aber offiziell pseudo-sachlich. Und schon sind Sie wieder drin in der Argumente-Aufhäufungs-Spirale. Die nützt Ihnen nichts.

Sinnvoller wäre, in einem ersten Schritt das Engagement des Mitarbeiters, der da über Fehlbelastung klagt, zu würdigen und zugleich wieder eine gemeinsame Basis für den Gesprächspartner und sich zu schaffen, etwa so: „Naja, ich denke mal, wir sind uns einig, dass es grundsätzlich erst einmal begrüßenswert ist, dass Herr Schmidtke sich so stark für den Betrieb engagiert (ja!); es gibt ja auch Kollegen, die es anders handhaben (ja!); Herr Schmidtke war ja lange Zeit ein Leistungsträger (ja!). Deshalb ist es jetzt umso bedauerlicher (ja!), dass er gesundheitlich angeschlagen ist. Daher schlage ich vor ... (ja! – ups?!)." Sie bauen also Ihrem Gegenüber eine Ja-Straße, wecken damit Verständnis und schaffen eine Basis für Ihren daraus abgeleiteten Vorschlag.

„Das ist doch Sozialromantik!" oder „Wir sind doch kein Kuschelverein!" sind weitere häufig geäußerte Killerphrasen, mit denen Sie unter Umständen konfrontiert werden. Auch hier empfiehlt es sich wieder, das „Argument" einfach zu ignorieren, statt sich wütend zu erheben („Das hat doch nichts mit Sozialromantik zu tun!"). Bleiben Sie auf dem Boden und weisen Sie darauf hin, wie das Unternehmen von der Arbeitszufriedenheit profitieren kann: „Naja, ich denke, es ist im Sinne der Produktivität, wenn unsere Leute morgens beim Aufwachen Lust auf ihre Arbeit haben, statt sich hinzuquälen."

> **TIPPS FÜR SIE:**
>
> - Vergessen Sie nicht, das Alte wertzuschätzen! Es erleichtert Ihrem Gegenüber, neue Vorschläge überhaupt anzuhören.
> - Rechnen Sie mit Schwierigkeiten! Das schützt Sie vor Enttäuschungen.
> - Diskutieren Sie nicht gegen die Widerstände an! Das ist müßig und kostet Sie bloß Kraft.
> - Bauen Sie Ja-Straßen und schaffen Sie damit die Basis für die Akzeptanz Ihres Vorschlags. Wie im Verkaufsgespräch …

Türöffner und wie Sie sie richtig nutzen

Erfreulicherweise gibt es einige Türöffner in Ihrem Unternehmen. Damit meine ich jetzt Strukturen, die bereits vorhanden sind und auf die Sie zurückgreifen können, wenn Sie die psychosoziale Gesundheit fördern möchten. Mit ihrer Hilfe können Sie das Thema „Führung und Gesundheit" quasi einschmuggeln in den Betrieb. Und wenn gar nichts geht in puncto Überzeugung, dann müssen Sie vielleicht auf diese Hintertürchen zurückgreifen.

Das Sozialgesetzbuch und das Jahressteuergesetz

Es gibt zum Beispiel rechtliche Grundlagen für Ihr Anliegen. Insbesondere ist hier §20a SGB V zu nennen. Dieser sieht eine Stärkung der individuellen und sozialen Ressourcen vor, und zwar durch Maßnahmen der Betrieblichen Gesundheitsförderung, die auch durch die gesetzlichen Krankenversicherungen gefördert werden dürfen. Eine davon ist – laut einem Leitfaden der Krankenkassen-Spitzenverbände – die „Gesundheitsgerechte Mitarbeiterführung" (neben Stress, gesunder Ernährung, Bewegung und der Prävention von Suchtmittelkonsum). Seminare zu diesen Themen sind also im Prinzip bezuschussbar. Bevor Sie in Jubel ausbrechen: Wie viel man tatsächlich bekommt, hängt von zahlreichen Faktoren ab (zum Beispiel dem Anteil der bei der Kasse Beschäftigten; außerdem gibt es große Unterschiede zwischen den Kassen – einige kümmern sich schon seit langem um BGM und haben einige Fachleute, für andere ist dies noch Neuland). Aber immerhin.

Wenn in der heutigen Zeit und angesichts des aktuellen Zustands des Gesundheitssystems Krankenkassen in Deutschland etwas bezahlen – in der Praxis eher: bezuschussen –, dann will das schon etwas heißen. Wir wissen ja alle, wie klamm die Kassen sind. Auf diesen Passus können Sie also verweisen mit dem Tenor „Wenn sogar die Krankenkassen Seminare zur gesundheitsgerechten Mitarbeiterführung sponsern!" Sie brauchen den Satz gar nicht beenden. Das wird im Kopf Ihres Gesprächspartners ganz von allein passieren. Sprich: Er macht die (gedankliche) Arbeit. Das ist gesprächstechnisch höchst sinnvoll, es erhöht nämlich die Identifikation mit dem Thema.

Auch die neue 500 Euro-Regelung macht Betriebliches Gesundheitsmanagement für Unternehmen noch attraktiver. Rückwirkend ab 1.1.2008 müssen Beträge, die der Arbeitgeber für die Gesundheit seiner Beschäftigten ausgegeben hat, nicht mehr als geldwerter Vorteil versteuert werden. Dadurch soll Maßnahmen zum Betrieblichen Gesundheitsmanagement der Weg gebahnt werden. Deren offizielle „Gewolltheit" wird damit deutlich.

Die Gefährdungsbeurteilung

Auch die gesetzlich vorgeschriebene Gefährdungsbeurteilung kann ein Türöffner sein. Rein rechtlich betrachtet, ist jeder Arbeitgeber zu ihrer Durchführung verpflichtet. Allerdings – aus psychologischer Sicht ist das schwach – gibt es keine negativen Folgen, falls sie nicht gemacht wird. Sinnvoll wäre aus psychologischer Sicht, dass zum Beispiel die Berufsgenossenschaften höhere Mitgliedsbeiträge erheben dürfen für solche Betriebe, die sich bislang vor der Gefährdungsbeurteilung gedrückt haben. Immerhin gibt es inzwischen schon einzelne Modellkonzepte zur Beitragsrückerstattung für gut aufgestellte Betriebe.

Jedenfalls gilt: Die meisten Arbeitgeber wissen gar nicht, dass es eine gesetzliche Verpflichtung gibt, eine Gefährdungsbeurteilung durchzuführen.

5 Das Thema einschmuggeln

Das ist Neuland für sie – gut für Sie! Auch dass die Geschäftsleitung in den seltensten Fällen weiß, dass es keine Sanktionen gibt bei Nicht-Durchführung, können Sie für sich nutzen. Allerdings gibt es auch eine Falle. Wenn die Gefährdungsbeurteilung als Ergebnis zu Tage fördert, dass es den Leuten körperlich an nichts fehlt, und wenn zudem die Fehlzeitenquote niedrig ist, denkt der Vorstand: „Wo bitte ist da ein Problem? Wir haben keins." Deshalb ist es wichtig, von vornherein auch psychosoziale Aspekte zu erheben.

Achten Sie daher auf die Ganzheitlichkeit der Gefährdungsbeurteilung! Es sollten nicht nur körperliche Risikofaktoren erfasst werden, sondern auch psychische, die zum Beispiel entstehen aufgrund von Schichtarbeit, Monotonie, Arbeitsplatzunsicherheit, Zeitdruck, Überstunden oder kränkendem Führungsverhalten. Die Ergebnisse der Gefährdungsbeurteilung sollten Sie mit allen, die sich im Betrieb für Gesundheit einsetzen, diskutieren.

Und zwar ohne rechthaberische Töne à la „ich hab's ja immer schon gewusst: Der Betrieb krankt". Sinnvoller ist – wie eigentlich grundsätzlich beim Führen von Gesprächen –, die anderen zu fragen, welche Konsequenzen sie aus den Ergebnissen der Gefährdungsbeurteilung ziehen möchten. Ob es noch weitere Untersuchungen wie zum Beispiel eine Mitarbeiterbefragung geben soll.

Es gibt ein individuelles Recht auf Gefährdungsbeurteilung. Der Arbeitgeber muss also aktiv werden, wenn die Beschäftigten es wollen. Es ist Ausdruck von Misstrauen, wenn Beschäftigte nicht den Mut haben, bei der Gefährdungsbeurteilung mitzumachen. Das sollte zu denken geben. Befürchtungen hinsichtlich des Zeitaufwands lassen sich übrigens in der Regel entkräften: Der Aufwand (die kleinste Einheit beträgt 5-6 Leute) beträgt etwa 2x2½ Stunden Information und ein Fragebogen sowie ein Gesundheitszirkel, das dauert etwa 6 Wochen.

Die Gefährdungsbeurteilung umfasst im Grunde nicht nur einen, sondern vier Schritte: Analyse, Beurteilen, Maßnahmen, Wirksamkeit nachweisen. Ein Fragebogen oder andere Instrumente haben daher lediglich eine Türöffner-Funktion. Sie sind mitnichten die halbe Miete. Was hinter der Tür steckt, muss man sich dann erst genau anschauen. Die Arbeit fängt quasi danach erst an. Von der Idee her handelt es sich bei der Gefährdungsbeurteilung also um einen kontinuierlichen Verbesserungsprozess.

Wichtig ist bei der Gefährdungsbeurteilung wie bei anderen Maßnahmen: Hüten Sie sich vor falschen Versprechungen! Mit jeder Analyse weckt man Erwartungen. Wer sich an einer Befragung beteiligt, der erwartet, dass sich danach etwas ändern wird. Zumindest aber, dass die Ergebnisse öffentlich gemacht werden statt dass der Vorstand sie heimlich im stillen Kämmerchen zur Kenntnis nimmt und vor Entsetzen über die schrecklichen Ergebnisse Stillschweigen wahrt.

Das Betriebliche Eingliederungsmanagement (BEM)

Auch das Betriebliche Eingliederungsmanagement (BEM) kann ein Türöffner sein. Laut § 84 Abs. 2 SGB IX haben alle Beschäftigten (nicht nur Schwerbehinderte!), die länger als 6 Wochen oder wiederholt arbeitsunfähig waren, ein Recht auf betriebliche Wiedereingliederung. Heißt auf Deutsch: Man muss – auf Wunsch unter Einbeziehung einer Vertrauensperson – mit den Leuten reden.

Eigentlich sollte das zumindest bei längerer Erkrankung ohnehin die Regel sein. Aber anscheinend war das in der Vergangenheit nicht immer der Fall, so dass der Gesetzgeber nun die Arbeitgeber dazu zwingt. Was tatsächlich neu ist, auch für die Arbeitgeber: Hier geht es nicht nur um arbeitsbedingte Erkrankungen, sondern das BEM erstreckt sich auch auf Erkrankungen, die privaten Ursprungs sind (sofern man das überhaupt eindeutig trennen kann).

Wichtig ist bei den Gesprächen, dass sie nicht als Bedrohung empfunden werden. Ein Misstrauensklima wird keine brauchbaren Antworten hervorbringen auf die Frage, welche Unterstützung sich der Betroffene von Unternehmensseite wünscht. Er muss echtes Interesse spüren, dann wird er sich öffnen. Hier können Betriebs- und Personalräte, aber natürlich auch Menschen aus dem Personalbereich wichtige Aufklärungsarbeit leisten und bei Beschäftigten Ängste hinsichtlich potenzieller Sanktionen abbauen. Manche befürchten eine verschärfte Form eines Krankenrückkehrgesprächs. Weisen Sie die Kollegen darauf hin: „Der Betrieb muss dir ein Angebot machen, darum geht es!" Die Annahme des Angebots ist freiwillig.

Sofern beim BEM personenbezogene Gesundheitsdaten erfasst werden, ist zu beachten: Es darf nicht darum gehen, möglichst genaue Daten über den Gesundheitszustand des Beschäftigten zu erheben, sondern es geht darum, wie sich Gesundheitsrisiken am Arbeitsplatz vermeiden lassen. Insofern bietet das BEM häufig Ansatzpunkte, um im Betrieb insgesamt Veränderungen an den Arbeitsbedingungen vorzunehmen – über den Einzelfall hinaus. Angebote des Arbeitgebers in diese Richtung sind grundsätzlich positiv zu bewerten.

5   Das Thema einschmuggeln

Das Unternehmensleitbild

Es ist schick geworden, sich ein Unternehmensleitbild zu geben. Idealerweise wird es nicht einfach von der Konzernspitze vorgegeben, sondern von Führungskräften und Mitarbeitern selber erarbeitet. Der Vorteil aus psychologischer Sicht ist eindeutig: Die Identifikation ist größer, wann immer Menschen mit einbezogen werden. Das Leitbild kann ein Türöffner sein. In der Regel beinhaltet es auch mindestens einen Passus, der betont, dass jeder Mitarbeiter wichtig und wertvoll ist. Oder wenigstens einen, der sich auf die menschenfreundliche Kultur im Unternehmen bezieht. Beschäftigte können sich darauf berufen, dass ihnen zum Beispiel mit Wertschätzung und Respekt begegnet werden soll. Das macht in der Praxis leider kaum jemand. Man fürchtet, sich lächerlich zu machen, wenn man sich aufs Leitbild beruft. Das ist psychologisch betrachtet ein Zeichen dafür, dass man sich nicht wirklich mit dem Leitbild identifiziert.

Sinnvoll sind dann meiner Meinung nach Mini-Workshops (2 Stunden – verpflichtend) zur Vertiefung der Inhalte, in denen die Mitarbeiter ihre eigene Meinung zu den Leitlinien kundtun dürfen – zum Beispiel indem sie ihre Kommentare auf Pinwände schreiben, die dann im Foyer ausgestellt werden. Psychologisch wichtig ist auch die handschriftliche (!) Unterschrift der Beschäftigten. Sie werden staunen: Wenn die Leute aufgefordert wurden, sich tatsächlich mit dem Leitbild auseinander zu setzen, unterschreiben es fast alle.

Wenn Sie als Mensch, der im BGM aktiv ist, aufs Leitbild verweisen, sollten Sie nicht damit drohen oder Widersprüche zum Leitbild als Vorwurf formulieren. Weisen Sie lieber darauf hin, dass sich aus dem Leitbild ein anderes Führungsverhalten ableiten lässt, als es im von Ihnen vorgetragenen Fall geschildert wurde. Also nicht „Der Vorgesetzte XY unterläuft unser Leitbild", sondern „wir haben uns ja alle auf die Führungsgrundsätze im Leitbild verpflichtet – und ich habe es so verstanden, dass ...". Und dann schließen Sie Ihren Vorschlag an (z.B. ein Seminar für alle Führungskräfte des Bereichs Z nicht nur für Herrn XY, der würde sich sonst an den Pranger gestellt fühlen).

Berichte der Betriebsräte, Betriebsärzte, Sozialberater

Auch Erfahrungen derjenigen, die bei der täglichen Arbeit dicht dran sind am Belastungsempfinden der Beschäftigten, können ein Türöffner sein. Wenn sich zum Beispiel in der Betriebsarzt-Praxis oder in der Sprechstunde der Sozialberaterin Fälle von Burnout häufen, kann das ein Anlass sein, das Thema im größeren Rahmen zu diskutieren. Oder wenn sich beim Betriebsrat Klagen über Überlastungen häufen. Depressivität, Schlafstörungen oder chronische Ängste sollten wir als Frühwarnsystem begreifen. Sie signalisieren: Es stimmt etwas nicht. Und dieses Etwas, dem wir auf den Grund gehen sollten, reduziert unsere Leistungsfähigkeit, unsere Lebensqualität und letztlich auch unsere Gesundheit.

Nicht zuletzt gibt es auch private Schwierigkeiten, die sich auf die Arbeitsleistung auswirken. Natürlich kann man sich auf den Standpunkt stellen „das ist Privatsache" – wenn sich doch aber die Privatprobleme in der Produktivität niederschlagen, ist es meiner Ansicht nach trotzdem sinnvoll, dass der Betrieb aktiv wird, um mit dem Wohlbefinden auch die Leistungsfähigkeit wieder herzustellen. Eine Sozialberatung oder ein EAP können hierbei gute Dienste leisten. Die Kosten sind geringer als die einer dauerhaften Leistungseinschränkung. Ausgangspunkt, solche Stellen einzurichten, können die Erfahrungsberichte der Betriebsärzte oder Betriebsräte sein.

Dass Arbeitsschutz und Gesundheitsförderung ein Miteinander statt des üblichen Nebeneinanders pflegen sollten, dürfte sich inzwischen herumgesprochen haben. Leider stellen viele Führungskräfte diese Verbindung noch nicht selber her. Dabei wollen letztlich auch moderne Arbeitsschützer nicht nur Krankheiten verhindern, sondern auch Wohlbefinden fördern. Das neue Ausbildungskonzept für Sicherheitsfachkräfte zeigt dies auch.

Und für Betriebsärzte ist das psychische Befinden längst zum alltäglichen Thema geworden. „Früher war Sucht das Hauptthema, heute ist es die Psyche", sagte kürzlich eine Betriebsärztin in einem Seminar. Ein Auge darauf haben, mit welchen Symptomen die Leute kommen, ist ein wichtiger Ansatzpunkt für BGM. Betriebsärzte und Sicherheitsfachkräfte können zum Beispiel Gesundheitszirkel moderieren. Oder eben die Klagen, die ihnen zu Ohren kommen (auch die Bitte von Beschäftigten: „Schreiben Sie mich bloß nicht krank!"), strukturiert aufbereitet im Arbeitskreis Gesundheit den anderen Mitgliedern zur Verfügung stellen – auch als Argumentationshilfe gegenüber Entscheidern.

Die Mitarbeiterbefragung

Auch Mitarbeiterbefragungen sind natürlich ein guter Türöffner (in der Praxis sind sie allerdings oft eher Resultat eines BGM-Prozesses und weniger der Anlass für einen solchen). Mit schöner Regelmäßigkeit und branchen- sowie hierarchiestufenunabhängig wird hierin die Klage zu lesen sein: „Wir bekommen zu wenig Lob und Anerkennung". Überall. Das kann ich Ihnen versichern, ohne auch nur einen Blick in Ihren Fragebogen geworfen zu haben. Und da wir alle wissen, dass Anerkennung bzw. Wertschätzung ein Gesundheitsfaktor ist, haben Sie hier einen wunderbaren Einstieg in das Thema „Führung und Gesundheit" gefunden.

Auf welche Weise Sie Ihre Erkenntnisse aus den „Türöffnern" am besten im Gespräch mit der Geschäftsleitung präsentieren, ist Inhalt von Kapitel 6.

TIPPS FÜR SIE:

- Nutzen Sie die rechtliche Vorschrift der Gefährdungsbeurteilung oder das SGB V § 20 nicht als Druckmittel, sondern um zu zeigen: „Andere halten das für wichtig!"
- Nutzen Sie, was es in Ihrem Betrieb schon gibt (z.B. ASA-Sitzung, BEM), um Ihre Erkenntnisse zu präsentieren!
- Machen Sie Beschäftigten Mut, sich auf das Unternehmensleitbild zu berufen, ohne Vorwürfe zu erheben.

Was Sie brauchen, um den Widerständen gewachsen zu sein

Sie müssen sich also erfreulicherweise gar nicht mit Argumenten wie zum Beispiel Studien oder Zeitungsmeldungen wappnen, um mit den Widerständen klar zu kommen. Sie brauchen keine Grundausrüstung in Form von auswendig gelernten Prozentsätzen („Sehen Sie doch mal: Psychische Erkrankungen sind in Deutschland um xy% Prozent gestiegen in der Zeit von bis"). Das ist doch schon einmal beruhigend.

Soft skills für BGM-Aktive

Stattdessen brauchen Sie – wie so oft im Leben – eher die viel zitierten soft skills. Zu den Basiskompetenzen für Aktive im Betrieblichen Gesundheitsmanagement zählen: Vernetzung und Verbündete, ein positives Gesundheitsverständnis, Emotionalität, Verständnis für die Nöte von Geschäftsführung und Führungskräften, Vorbildfunktion und vor allem Durchhaltevermögen.

Letzteres ist deshalb so bedeutsam, weil BGM allem besseren Wissen zum Trotz nie zum Selbstläufer wird. Man muss ständig dran bleiben. Das darf Sie bitte nicht frustrieren. Überlegen Sie mal, wie schwer es Ihnen gefallen ist, Ihre Ernährung umzustellen oder Ihren Sportplan vom Silvesterabend in die Tat umzusetzen – wir alle brauchen immer wieder Belohnungen und Anreize.

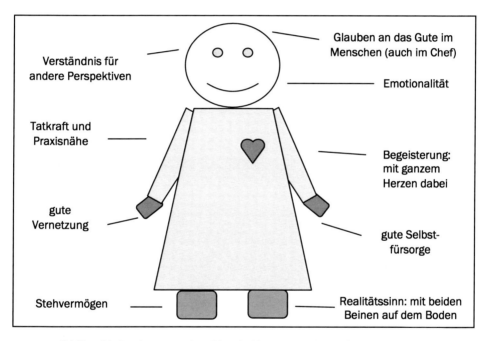

Abbildung 16: Grundausstattung für erfolgreiche Aktive im Betrieblichen Gesundheitsmanagement

Nur viele bewegen viel

Die Vernetzung ist so wichtig, weil Sie als Einzelkämpfer keinen ganzen Betrieb durchdringen können, und wenn Sie noch so rührig sind. Je mehr Leute Sie vor den Gesundheitskarren spannen können, desto leichter und schneller lässt er sich ziehen – und desto weniger müssen Sie sich selber verausgaben (ich weiß

103

ja, dass Sie das eigentlich wollen, aber ich denke da langfristig an Ihre Arbeitsfähigkeit). Gewinnen Sie so viele Menschen wie möglich auf möglichst vielen Hierarchiestufen. So schaffen Sie sich Möglichkeiten zum Austausch.

Suchen Sie sich Verbündete, die ähnlich ticken. Das stärkt Ihnen den Rücken und festigt Ihre Position in der Firma. Sie werden sie umso leichter für Ihre Sache gewinnen, je mehr Sie selber Vorbild sind und einen warmherzigen wertschätzenden Umgang pflegen – auch mit Menschen, die anders ticken oder in andere Rollen eingespannt sind. Wenn Sie sich einfühlen in die Erlebniswelt (Sorgen, Nöte) Ihrer Gesprächspartner, wird Ihnen das Ihre Arbeit erleichtern.

Positive Perspektive

Achten Sie darauf, dass Sie selber ein positives salutogenes Gesundheitsverständnis pflegen. Also, dass Sie nicht nur Krankheiten verhindern wollen (Zugluftvermeidung, Unfallverhütung, Lärmreduktion), sondern auch Wohlbefinden fördern. Diese Perspektivendrehung lohnt sich zum Beispiel in ASA-Sitzungen (Arbeitsschutz-Ausschuss-Sitzungen), wo traditionell das Augenmerk mehr auf Krankheitsverhütung als auf Gesundheitsförderung liegt und der Fokus ohnehin primär auf körperliche Aspekte der Gesundheit gerichtet ist.

Wer keine professionelle Beratungsausbildung genossen hat – und beispielsweise welcher Betriebsrat hat das schon –, fühlt sich von Überlastungsklagen der Kollegen leicht überfordert. Man möchte ja helfen, aber man ist nun mal nicht Geschäftsführer. Schnell stellt sich dann ein Gefühl der Ohnmacht und Hilflosigkeit ein: „ich kann ja eh nichts tun". Doch, können Sie. Allein schon das Da-Sein und Zuhören ist wertvoll und entlastend für den anderen. Das ist soziale Unterstützung! Seien Sie ansprechbar, haben Sie ein offenes Ohr und reduzieren Sie damit Blutdruck und Anspannung Ihres Gegenübers. Die Kollegen wissen doch auch, dass Sie keinen Zaubertrank verborgen haben.

Auch ein positives Menschenbild erleichtert Ihnen den Job. Sie hätten sich bestimmt nicht für ein Engagement im Bereich Gesundheit interessiert, wenn Sie der Überzeugung wären, dass der Mensch des Menschen Wolf ist und obendrein veränderungsresistent. Glauben Sie weiterhin an das Gute im Menschen (auch im Vorstand), unterstellen Sie stets die beste Absicht. Niemand will einem anderen von Grund auf Böses. Zu diesem Mittel greifen wir nur, wenn eines unserer Bedürfnisse missachtet zu werden droht. Daher lohnt sich bei Konflikten – und davon gibt es viele im BGM – die Frage: Wozu (nicht warum)

macht der andere das? Welches Bedürfnis will er befriedigen und wie lässt sich dieses Ziel verträglicher erreichen? Gehen Sie davon aus: Wenn Sie andere Wege finden, wird der andere sich darauf einlassen.

Langer Atem und hohe Frustrationstoleranz

Bitte seien Sie nicht enttäuscht, wenn sich zu den von Ihnen veranlassten Maßnahmen nur wenige Leute anmelden. Bauen Sie darauf, dass die Teilnehmenden die anderen langsam oder sicher anstecken werden. Dass Sie Stehvermögen brauchen, haben Sie schon gehört (und vermutlich auch selber schon erlebt). Rechnen Sie nicht mit schnellen Erfolgen. Natürlich kann es sein, dass nach einem mitreißenden berührenden Vortrag alle wie beseelt aus dem Saal strömen und sich auch in den darauf folgenden Tagen noch anstrahlen, wenn sie sich an das Erlebnis erinnern (ja, so etwas gibt's!). Aber dann brauchen sie doch wieder eine Erinnerungshilfe. Bei manchen werden die Effekte schneller abflauen als bei anderen. Tipps zur Nachhaltigkeit liefert Kapitel 9.

Und da kommen Sie ins Spiel: Als permanenter Erinnerer. Nicht indem Sie immer wieder mahnen („Maaaaann, ihr hattet doch gesagt, ihr wolltet ..."), sondern einfach indem Sie aufgrund Ihrer Vernetzung und Vorbildrolle auch in Sachen Selbstfürsorge für alle im Betrieb ein lebendes Beispiel für psychosoziale Gesundheit vorleben. Viktor Frankl hat gesagt: Sinnvoll ist nur, was im Rahmen unserer Gestaltungsmöglichkeiten liegt. Darauf immer wieder hinzuweisen (gern nonverbal): „Hey, jede/r kann etwas tun für Wohlbefinden im Job" – und sei es, indem er/ sie einfach nur mal andere anlächelt – das ist Ihre Aufgabe.

> **TIPPS FÜR SIE:**
>
> - Schaffen Sie sich ein stabiles Netz an Kontakten überall im Betrieb. Es erleichtert Ihre Arbeit und entlastet Sie.
> - Seien Sie Vorbild auch in Sachen Selbstfürsorge! Das ist der beste Weg, andere dorthin zu führen (besser als Vorwürfe).
> - Lassen Sie sich nicht unterkriegen! Je besser Sie sich auf Widerstände vorbereiten, umso leichter wird der Umgang.

6 Den Vorstand überzeugen

> *„Zum Betriebsrat rennen doch immer nur die Minderleister!"*

Die Sorgen des Vorstands

Alles gut und schön, was Sie bisher gelesen haben, aber Ihre Geschäftsleitung tickt anders? Die ist da nicht so offen? Die will schon vor der Konzepterstellung wissen, wie denn der Return-on-Investment ist, und ansonsten gilt: „wir sind doch kein Sozialverein"? Häufig stehen Befürchtungen dahinter. Es ist wichtig, dass Sie diese Sorgen Ernst nehmen und für ein offenes Ohr sorgen. Erst dann stellen Sie Ihre Fragen oder skizzieren Ihre Vorschläge. In diesem Kapitel geht es daher zunächst um Befürchtungen des Vorstands und dann um das eigentliche Vorgehen, wie Sie Ihre Chefs umdrehen und was Sie besser lassen sollten.

„Die wollen mehr Personal! Oh, das wird teuer!" – das ist nach meiner Beobachtung eine typische Sorge von Geschäftsführern, sobald jemand an ihre Tür klopft und eine Bresche fürs Betriebliche Gesundheitsmanagement schlagen möchte. Da geht die innere Tür sofort zu, denn schließlich muss sich in der Regel auch der Vorstand vor irgendwem rechtfertigen. Und dabei wird phantasielos oft nur auf die Zahlen geguckt, und Ausgaben stören dabei, die gilt es zu reduzieren. Die äußere Tür bleibt hingegen offiziell weit offen, meist verbunden mit einem Lippenbekenntnis zur Gesundheit in dem Tenor: „Bleiben Sie dran! Ist ja wichtig!" Hauptsache, es kostet nichts. Eben ein Lippenbekenntnis.

> Gesundheit?! Ganz wichtiges Thema! Bleiben Sie unbedingt dran! Ich muss jetzt los. Die Chinesen warten.

Da können Sie ja seit kurzem mit beruhigenden Nachrichten dienen: Der Gesetzgeber unterstützt ja mit dem Jahressteuergesetz Maßnahmen, die der Arbeitgeber zur Gesundheitsförderung und Prävention durchführt, bis zu einer Höhe von 500 Euro pro Jahr und Beschäftigtem, indem er sie steuerbefreit. Sie müssen also nicht mehr als geldwerter Vorteil versteuert werden. Hiermit sollen insbesondere auch kleine und mittelständische Unternehmen erreicht werden, die kein umfangreiches Betriebliches Gesundheitsmanagement einführen können und auf externe Angebote zurückgreifen müssen.

Sorge um die wirtschaftliche Lage des Unternehmens?

Häufig liegt der Hund noch woanders begraben, nämlich in einer betrieblichen Misstrauenskultur. Einen besonderen Extremfall habe ich während meiner Tätigkeit schon zweimal erlebt: Die jeweils leitenden Chefs nahmen mich beiseite und fragten mich unter vier Augen, ob ich nicht einen Tipp hätte, wie man die krankschreibenden Ärzte disziplinieren könnte. Schließlich würden die durch ihre großzügigen Krankschreib-Verfahren dem Unternehmen betriebswirtschaftlichen Schaden zufügen. Darüber würden sie sich Sorgen machen (auch angesichts ihrer Zielvereinbarung, in der die Anwesenheitsquote der Mitarbeiter prämienrelevant war …).

> Frau Dr. Matyssek, haben Sie keinen Tipp, wie man diese krankschreibenden Ärzte verklagen könnte?

Die so genannten Faulkranken ihrer Abteilungen würden stets Atteste derselben – inzwischen einschlägig bekannten – Ärzte vorlegen. Bei den Attesten würde es sich daher ganz sicher nur um Gefälligkeitsbescheinigungen handeln. Vielleicht könnte man diese Ärzte irgendwo anzeigen, zum Beispiel bei der Ärztekammer oder der Kassenärztlichen Vereinigung, damit ihr Krankschreibeverhalten mal kontrolliert würde? Mir blieb schlicht die Luft weg. Das war keine Sorge um die Beschäftigten, das war Sorge ums eigene Konto.

Es mag ja sein, dass manche Ärzte besonders großzügig handeln, wenn es um Krankschreibungen geht. Aber abgesehen davon, dass man den Medizinern damit ihre Kompetenz absprach, wäre es meines Erachtens sinnvoller gewesen zu erforschen, ob den Erkrankungen arbeitsbedingte Ursachen zugrunde liegen – um diese nach Möglichkeit anzugehen. Die Misstrauensvermutung hingegen über die Beschäftigten (es waren ca. 2% der Belegschaft) auf die behandelnden Ärzte auszuweiten, halte ich für sehr beredt …

Die dahinter stehende Sorge war: „Da nutzen mich welche aus!" Die Befürchtung, ausgenutzt zu werden, kratzt am Selbstwertgefühl, das will man sich nicht gefallen lassen. Also rüstet man dank der Sanktionsmacht, die einem verliehen wurde, auf und bläst zum Kampf. Eine Steigerung des Selbstwertgefühls wäre der erste therapeutische Rat, der mir hierzu einfällt. Sie könnten in so einer Situation auch Ihrerseits Befürchtungen zum Ausdruck bringen: „Ich mache mir Sorgen, dass die 98%, die anwesend sind, auch demnächst zum Arzt gehen. Das sollten wir verhindern."

Zum Glück gibt es auch Geschäftsführer – und das sind die meisten, mit denen ich zu tun habe –, denen das Wohlergehen der Beschäftigten tatsächlich am Herzen liegt. Aber es gibt eben auch diese: die mit dem Misstrauen.

Betriebliche Misstrauenskultur

Wer sensible Krankendaten sammelt, weil er glaubt, durch arbeitsrechtlich gestützte Selektion der wahrhaft Gesunden die Produktivität weiter steigern zu können, der übersieht, dass das Leistungsverhalten auch von den sogenannten weichen Faktoren wie dem Betriebsklima abhängt. Und das scheint häufig krank zu sein und zu machen, auch ehemals Gesunde. In meinen Augen als Psychologin ist die Kameraüberwachungs- und Datensammelwut Ausdruck von Krankheit – während es angesichts krank machender Arbeitsbedingungen quasi gesundheitsfördernd sein kann, im Falle von Unwohlsein zu Hause zu bleiben.

Die Datenhortungen helfen übrigens nur selten weiter – was immerhin ein Trost sein kann. Verfügt ein Betrieb nicht über ein Betriebliches Eingliederungsmanagement und eine Gefährdungsanalyse, so ist die Darlegungs- und Beweislast des Arbeitgebers im Falle einer krankheitsbedingten Kündigung gewaltig. Da helfen auch Detektiv-Bespitzelungen nicht weiter. Der Gesetzgeber hat in den letzten Jahren erfreulicherweise mit beiden Instrumenten die Geschäftsführungen in die Pflicht genommen, sich auf positive Weise mit dem Thema „Gesundheit der Beschäftigten" auseinanderzusetzen.

Wenn Diebstähle durch Mitarbeiterinnen und Mitarbeiter an der Tagesordnung sind, kann dies ein Hinweis darauf sein, dass die Beschäftigten sich rächen wollen, zum Beispiel für niedrige Bezahlung. In ihren Augen stimmt das Verhältnis von Geben und Nehmen, also von Einsatz und Bezahlung als Gegenwert, nicht (das soll kein Freispruch sein, beileibe nicht – Diebstahl bleibt Diebstahl). Durch die Diebstähle wird es wieder hergestellt. Die Geschäftsführer würden jetzt argumentieren: „Wir können aber nicht mehr zahlen, denn wir müssten die Preise erhöhen, und dann wären wir nicht mehr konkurrenzfähig."

Betriebskultur im Discounter?

Aber wer sagt denn, dass Discounter keine Möglichkeiten haben, ihren Beschäftigten mit Wertschätzung zu begegnen, selbst wenn der einzelnen Führungskraft bei individuellen Lohnerhöhungen die Hände gebunden sind? Erfahrungsgemäß gibt es auch bei Discountern Filialen, die beliebter sind als andere, was sich zum Beispiel an der unterschiedlich starken Fluktuation zeigt. Das liegt in der Regel nicht an Unterschieden hinsichtlich Verkehrsanbindung, Kundenstruktur oder räumlichen Gegebenheiten. Es liegt meistens am Führungsverhalten des Filialleiters oder der Filialleiterin. Prüfen Sie's ruhig.

Warum nicht von den Besten lernen? Wenn schon Benchmark, dann bitte auch in Hinsicht auf: In welcher Filiale wird am wenigsten geklaut und warum? Wo ist die Fluktuation am niedrigsten und warum? Solche Fragen helfen, positive Faktoren zu identifizieren. Und die kann man dann ausbauen. In der Praxis wird leider nur darauf geschaut, welche Filiale die rote Laterne hat und warum.

Die dm-Märkte (Drogerie-Kette) von Götz Werner beispielsweise kann man – im weitesten Sinne – wohl auch als Discounter bezeichnen. Dennoch sind sie seit Jahren als Positivbeispiel in der Presse, nicht nur wegen ihres rührigen medientauglichen Chefs (der die spannende Idee vom bedingungslosen Grundeinkommen vertritt und inzwischen erfreulich viele Mitstreiter gefunden hat) und dem ungewöhnlichen Angebot nachhaltig produzierter Bio-Lebensmittel, sondern auch wegen des für die Branche ungewöhnlich guten Betriebsklimas. Es geht also.

Echte Sorgen

Es gibt sie also auch: die guten Vorstände. Manche Geschäftsleitungen flüchten sich in eine Art Opferfürsorgehaltung, indem sie Frühverrentung und Vorruhestand anbieten. Dabei wäre es häufig günstiger (menschenfreundlicher ohnehin), etwas an den Arbeitsbedingungen zu verändern. In solchen Fällen macht es meiner Meinung nach Sinn, vorsichtig die Frage der Wirtschaftlichkeit ins Spiel zu bringen.

Hier empfiehlt sich als Ergänzung ein Hinweis darauf, dass man Menschen auch durch veränderte Rahmenbedingungen (konkrete Beispiele nennen!) länger arbeitsfähig halten kann. Vielleicht kennt Ihr Vorstand ja einfach keine anderen Maßnahmen und weiß nicht, dass es auch andere Wege gäbe. Also klären Sie ihn auf. Erzählen Sie zum Beispiel von Ilmarinens Langzeitstudie [17], die zeigen konnte, dass Menschen durch echte Wertschätzung von Vorgesetzten länger arbeitsfähig bleiben. Wenn Sie das nüchtern ohne Besserwisserei vortragen, bringt ihn das vielleicht auf andere Lösungen ...

Und genau darum sollte es Ihnen gehen: Dass die Geschäftsführung sich verstanden fühlt in ihren Sorgen um die Wirtschaftlichkeit des Unternehmens, in ihrer Furcht vor Missbrauch oder einem Verlust an Qualität und Produktivität. Wenn sie sich verstanden fühlt, wird sie auch ein offenes Ohr für Ihre Beiträge haben, aber erst dann. Und am Ende des Gesprächs muss der Vorstand das Gefühl haben „Wenn ich unser BGM um psychosoziale Aspekte erweitere, dann bekomme ich mehr, als es kostet – und ich stehe gut da, wenn ich die Zahlen nach außen verkaufe, aber auch innerbetrieblich, und ich tu ein gutes Werk".

TIPPS FÜR SIE:

- Zeigen Sie, dass Sie die Befürchtungen der Geschäftsleitung verstehen! „Docken Sie an" an ihrer Erlebniswelt.
- Signalisieren Sie Ihrem Vorstand, dass er nicht nur profitiert, sondern obendrein ein guter Mensch ist. Das tut ihm gut.
- Verzichten Sie auf Benchmarks mit anderen Betrieben!
Ein Vergleich mit anderen Filialen hingegen kann Sinn machen.

Don'ts im Umgang mit der Geschäftsführung

Da man beim Gespräch mit der Geschäftsleitung auch einiges verbocken kann, möchte ich Ihnen zunächst Punkte aufzeigen, die Sie unbedingt vermeiden sollten. Man muss ja nicht jede Negativ-Erfahrung selber machen. Wenn man die Fettnäpfchen kennt, kann man leichter einen Bogen um sie machen. Danach stelle ich Ihnen dann einen Leitfaden für das „Chef-Gespräch" vor.

Das folgende Negativ-Beispiel ist wirklich passiert: Ein Kreditinstitut litt unter einem barschen Vorstand, der für das Thema Gesundheit nichts übrig hatte. Die Leute arbeiteten unter hohem Druck. Viele mussten einen Rollenwandel vom Berater zum Verkäufer bewältigen. Sie mussten Produkte auch wider besseren Wissens verkaufen, weil es so vorgeschrieben war. Für ihre frühere Kernarbeit bekamen sie enge Zeitvorgaben. Zum Beispiel war für eine Baufinanzierung nur noch ein Zeitrahmen von 90 Minuten vorgesehen. Kurzum: die Beschäftigten drehten am Rad, aber der Vorstand wollte davon nichts hören.

Der Personalrat führte darauf hin eine (unwissenschaftliche) Befragung zu Belastungen durch, allerdings selbstgestrickt und ohne wissenschaftliche Untermauerung (was ich persönlich nicht weiter schlimm finde, aber in diesem Zusammenhang war es fatal). Die Befragungsergebnisse wurden dann – extra zu diesem Zweck hatte man sie erhoben – in einer denkwürdigen Sitzung dem Vorstand um die Ohren gehauen nach dem Motto: „Hier sehen Sie ja, wie fertig unsere Leute sind!" Und dann wunderte man sich, dass der Vorstand die Befragung und die Vorwürfe nicht Ernst nahm.

Meiner Ansicht nach war dieses Vorgehen von Vornherein zum Scheitern verdammt. Von Anfang an war das Ziel der Befragung gegen den Vorstand gerichtet. Man sammelte gleichsam Munition gegen die Geschäftsleitung und war dann erstaunt, dass diese – getroffen von den Schüssen – nicht dankbar reagierte nach dem Motto „Das wurde höchste Zeit, dass mal jemand auf mich schießt". Auf offene Ohren stößt man mit solchen Vorgehensweisen nicht. Wie man es richtig macht, lesen Sie unten.

Nicht allein vorpreschen

Häufig sind es Betriebsräte, die ihre Klagen im Gespräch mit dem Vorstand vorbringen. Ich finde es sinnvoller, gemeinsam mit dem Vertreter einer anderen

Gruppe in das Gespräch zu gehen, als allein vorzupreschen. Schließen Sie sich als Betriebsrat mit dem Betriebsarzt oder Ihrem Arbeitsschützer zusammen. Oder holen Sie die Sozialberatung dazu. Meiner Meinung nach sollten zwei betriebliche Instanzen vertreten sein, mehr aber auch nicht. Denn sonst würde die Geschäftsführung sich an die Wand gedrängt fühlen und in Verteidigungshaltung gehen.

Außerdem haben Sie auf diese Weise noch ein Ass im Ärmel. Falls das Gespräch nicht so läuft wie gewünscht, können Sie für spätere Gespräche immer noch weitere Instanzen hinzu holen und damit die Aussagekraft Ihrer Erfahrungen untermauern. Das wirkt eindringlicher und überzeugender, als wenn Sie sofort all Ihre Geschütze auffahren. Und wieso gerade zwei Instanzen? Wenn Sie allein kommen, besteht die Gefahr, dass Ihre Geschäftsleitung denkt: „Ach, der schon wieder! Der hat doch eh immer was zu jammern." Damit wären Sie als Einzelperson im Hirn des Vorstands negativ besetzt. Sie brauchen aber ein positives Image, wenn Sie etwas bewirken wollen. Zwei Instanzen hingegen kann der Vorstand nicht so einfach mental abbügeln.

Externe nicht im Voraus anfragen

Holen Sie am Anfang bitte keine Externen hinzu. Die Versuchung ist groß zu sagen: „Wir haben da eine Technische Aufsichtsperson von der Berufsgenossenschaft, die ist ganz engagiert und hilft uns bei unserem BGM." Man fühlt sich dann weniger allein. Umso „alleiner" fühlt sich aber der Vorstand, wenn jemand von draußen ohne vorherige Absprache ins Unternehmen geholt wird. Man darf auch nicht vergessen: Viele Geschäftsführer sehen in Berufsgenossenschaften und Unfallkassen allein die Aufsichtsbehörde, nicht aber eine Institution, die man für Prävention ins Boot holen kann. Da gibt es immer noch Vorurteile.

> So Chef, wir haben uns schon mal von der Krankenkasse, der BG und ihrer Technischen Aufsichtsperson, der Gewerbeaufsicht und drei externen Beratern bescheinigen lassen: Sie machen einen miesen Job!

Es könnte auf den Vorstand wirken, als wären Sie ein Nestbeschmutzer, wenn Sie zunächst mit Externen, auch zum Beispiel mit Beratern, über die zwischenmenschliche Misere in Ihrem Betrieb reden, und dann erst mit ihm. Er fühlt sich vielleicht hintergangen. Und tatsächlich ist es ein bisschen feige, sich im Vorhinein schon so zu wappnen. Es ist ein bisschen, als würden Sie in Ritterrüstung und mit dem Schwert ins Gespräch gehen, während der Vorstand im Anzug da sitzt. Sympathischer ist es, die Reihenfolge einzuhalten: erst drinnen das Okay holen, dann draußen.

Auch nach finanzieller oder personeller Unterstützung durch Krankenkassen sollten Sie erst nach dem Gespräch mit dem Vorstand fragen. Der Eindruck „mit allen reden die, bloß nicht mit mir" könnte sich sonst einstellen. Es ist prima, wenn Sie im Gespräch anbieten, dass sie mal mit den Kassen reden könnten (die beteiligen sich manchmal anteilig entsprechend dem Prozentsatz der bei ihnen versicherten Mitarbeiter an Honorarkosten oder ähnlichem). Aber holen Sie sich dafür den offiziellen Auftrag – der Vorstand wird viel eher dahinter stehen, als wenn sie ihn vor vollendete Tatsachen stellen.

Keinen Offenbarungsdruck auf Beschäftigte ausüben

Die Behauptung, dass „immer nur die Minderleister" zum Betriebsrat rennen, ist natürlich haltlos und durch nichts zu belegen, beinhaltet aber eine weitere Sorge des Vorstands: „Das ist nicht repräsentativ, was die mir erzählen." Das Problem für den Betriebsrat liegt häufig darin, dass auch die Leistungsträger sich zwar hinter verschlossenen Türen über ihre kränkenden Vorgesetzten oder über den Arbeitsdruck ausjammern (was auch richtig und gesund ist, weil es ihnen eine Entlastung bietet), aber nicht bereit sind, ihre Aussagen öffentlich zu machen – in der Regel aus Angst vor negativen Folgen. Viele fürchten einen Arbeitsplatzverlust. Die Angst ist häufig Ausdruck einer Misstrauenskultur. Aber man kann niemandem vorwerfen: „Jetzt vertrau doch endlich und sag öffentlich, wo dich der Schuh drückt". Das verlangt von vielen zu viel Rückgrat.

Die Betriebsräte, Fasis und Betriebsärzte unter Ihnen sollten dafür Verständnis haben, auch wenn es Ihnen natürlich die Arbeit erleichtern würde, wenn die Leute den Mut hätten, auch öffentlich den Mund auf zu machen. Aber Courage kann man nicht einfordern, die muss jeder selber aufbringen oder eben nicht. Wer ein Häuschen abbezahlen muss oder kranke Kinder oder Angehörige pflegt, für den ist es zu viel verlangt, offen Flagge zu zeigen. Er braucht den Job noch mehr als jeder andere, und auch die Kraft und die psychischen Ressourcen, die für so ein Bekenntnis im Betrieb erforderlich wären, benötigt er fürs Privatleben. Das sollten wir verstehen, ohne mit den Leuten zu hadern.

Freuen Sie sich umso mehr über jeden, der bereit ist, zum Beispiel eine Überlastungserklärung („es ist zu viel: ich kann nicht mehr") namentlich zu unterschreiben. Aus Sicht der Geschäftsführung wiegt es mehr, wenn Sie Unterschriften von Topleistern vorweisen können, das ist wohl leider gängige Praxis. Aber Sie können im Gespräch mit dem Vorstand auch wörtliche Zitate (als solche kenntlich machen!) von anonym bleibenden anderen Kollegen anbringen, um ihr Anliegen zu untermauern.

Keine Vorwürfe machen

Verzichten Sie auf die Moralkeule! Bitte keine Täter-Opfer-Beziehungen, denn wer wird schon gern an den Pranger gestellt?! Wer sich angegriffen fühlt, wird mental die Arme vor der Brust verschränken und sich verteidigen oder die Vorwürfe gleich an sich abprallen lassen. Niemandem ist damit geholfen, wenn Sie zum Beispiel die Zahlen der Mitarbeiterbefragung wie einen großen Vorwurf präsentieren. Der Vorstand soll sich nicht „schuldig" fühlen.

> *Wer sich an den Pranger gestellt fühlt,*
> *hat kein offenes Ohr.*

Sie müssen ihn für sich gewinnen, das schaffen Sie nicht mit der Moralkeule. Auch nackte Zahlen als Argument funktionieren nicht, das haben Sie schon in Kapitel 5 erfahren: Wenn beide Seiten Argumente aufhäufen, entsteht ein Gegen- statt Miteinander; eine Lösungsfindung wird dadurch erschwert. In Argumentationswettkämpfen gibt es immer einen Verlierer, das ist für Ihre Zwecke nicht zielführend. In der Praxis sehe ich ein häufiges Problem schlecht laufender Gespräche mit dem Vorstand darin, dass dieser regelrecht beballert wird mit Informationen darüber, wie mies es in seinem Betrieb vorgeht. Nicht aus Böswilligkeit, sondern weil man das Gespräch zu lang aufgeschoben hat. Man will sich absichern und wartet daher ewig lang, sammelt Beweise für schlechtes Betriebsklima oder Überlastungen („schon wieder ein Herzinfarkt!") und geht erst ins Gespräch, wenn man glaubt, genug Futter zu haben. Häufig ist man dann emotional entflammt für das Thema oder sogar wütend.

Sie wissen es aus Ihren Gesprächsführungslehrgängen: Wenn man emotional geladen ist, sollte man keine Gespräche führen. Konstruktive Lösungen sind dann nämlich unwahrscheinlich. Wenn Sie also Ihrer Geschäftsleitung irgendwelche Zahlen oder auch Erlebnisberichte – womöglich noch statistisch aufbereitet – ungefragt um die Ohren hauen, wirkt das auf Ihr Gegenüber wie eine Aufreihung von Vorwürfen. Der Mensch wird sich verhärten oder immer kleiner werden, ersteres ist wahrscheinlicher. Beides ist nicht gut fürs Gespräch.

Sie suggerieren damit dem Vorstand: „Ihr Betrieb ist schlecht. Sie sind der Boss. Sie führen ihn schlecht." – Keine gute Basis für ein offenes Ohr. Auch der Vorstand will eigentlich einen guten Job machen. Und eigentlich beschränkt er sich bei diesem Wunsch nicht aufs rein Finanzielle, glauben Sie mir. Wenn er sich angegriffen fühlt, wird er sich verteidigen. Es geht ja um viel. Er ist also schwupps ebenfalls emotional aufgeladen. Und schon ist eine Chance vertan.

Nicht mit der Quote argumentieren

Eine Aufgabe des Betrieblichen Gesundheitsmanagements ist – aus Sicht vieler Geschäftsleitungen – nach wie vor die Erhöhung der Anwesenheitsquote („wir brauchen dringend was zur Fehlzeitenreduzierung"). Das Ziel mag man legitim finden, aber die Quote allein macht noch kein gesundes Unternehmen aus. Und sie sagt rein gar nichts darüber aus, ob Beschäftigte gern zur Arbeit kommen. Mehr zu diesem emotional stark besetzten Thema finden Sie in Kapitel 9.

Der Tanz um die Quote wirkt spätestens dann befremdlich, wenn die Anwesenheitsquote dominanter Bestandteil von Zielvereinbarungen für Führungskräfte wird oder wenn Vorgesetzte Prämien für „null Krankheitstage in den letzten 12 Monaten" ausloben sollen. In meinen Augen sind solche Versuche Ausdruck von Hilflosigkeit.

Und kurzsichtig: Wenn Menschen sich dem Chef zuliebe krank zur Arbeit schleppen, andere anstecken und ihre Heilung verzögern, schadet das allen. Aus diesem Grund sollten Sie meines Erachtens nicht mit einer Senkung der Fehlzeitenquote locken.

Nicht mit einem fertigen Konzept kommen

Und wenn es Sie noch so sehr juckt: Gehen Sie bitte nie mit einem perfekt ausgearbeiteten wasserdichten wunderschön aussehenden Konzept in ein Gespräch mit Ihrem Vorstand. Fertige Konzepte frustrieren den Gesprächspartner. Er möchte und muss etwas entweder selber oder höchstens mit Ihnen gemeinsam entwickeln, wenn er voll und ganz dahinter stehen soll. Und das wollen Sie doch. Ich möchte Sie gern vor einer Enttäuschung bewahren.

Wenn Sie sich hinsetzen und tage- oder wochenlang am Konzept feilen, bis es fertig ist, kostet Sie das viel Zeit und Mühe. Und Sie geben unglaublich viel Herzblut darein. Das Konzept wird so sehr zu Ihrem, dass Sie sich stark damit identifizieren. Wenn dann jemand auf die Idee kommt, Ihr Konzept abzulehnen, fühlen Sie sich leicht als Person abgelehnt – so sehr ist es zu einem Teil von Ihnen geworden.

> *Ein perfekt ausgefeiltes Konzept, das ohne einen Auftrag erstellt wurde, wird nie das Licht der Wirklichkeit erblicken.*

Ich weiß, wie viel Freude es macht, ein Konzept für mehr Wohlbefinden im Betrieb zu erarbeiten – und ich weiß auch, wie leer man sich fühlt, wenn das Konzept abgeschmettert wurde. Das würde ich Ihnen gern ersparen. Also, auch wenn es Ihnen zuwider ist: Gehen Sie mit vorbereiteten Erfahrungsberichten und Problemschilderungen ins Gespräch (hinten in Ihrer Notizenmappe haben Sie vielleicht auch schon Lösungsvorschläge skizziert, aber die zeigen Sie nicht).

Und dann lassen Sie Ihr Gegenüber selber die gedankliche Arbeit verrichten; daher bitte nicht im Staccato tausend Klagen schildern, sondern lieber zwei oder drei Fälle mit Zeit zum Einfühlen präsentieren. Der andere muss selber das Problem verstehen, selber die Zusammenfassung liefern, selber Vorschläge ableiten. Ganz wichtig: Bitte halten Sie sich mit Ihren Lösungsvorschlägen so lange zurück, bis von Ihrem Gegenüber wirklich keine Ideen mehr kommen. Sie müssen also die Pause aushalten.

Das verlangt Ihnen sagenhaft viel ab, ich weiß. Es führt aber gesprächsführungstechnisch kein Weg daran vorbei. Hier müssen Sie erstmal die Klappe halten. Nicht vorpreschen: „Und deshalb habe ich diese tausend Ideen hier für Sie schon mal vorbereitet." Nein, bitte nicht. Natürlich demonstrieren Sie damit, wie fleißig Sie sind. Das sollte aber nicht Ihr Hauptmotiv sein – Ihr Hauptmotiv ist hoffentlich mehr Wohlbefinden im Job für alle. Und das erreichen Sie nur, indem Sie die Geschäftsleitung ihre (Ihre ...) Ideen formulieren lassen.

Vielleicht bekommen Sie ja dann den Auftrag: „Erstellen Sie mal ein Konzept!" Dann dürfen Sie sich freuen und tatsächlich loslegen. Sollten aber – schon wieder ein Dämpfer – trotzdem keine Perfektion anstreben, sondern auch in Ihrem fertigen Konzept entweder Lücken lassen und als solche kenntlich machen („Da wusste ich nicht weiter – vielleicht haben Sie eine Idee") oder wenigstens Optionen zur Auswahl vorschlagen.

Warum? Der Grund ist immer derselbe: Ihre Geschäftsleitung muss Ihr Konzept zu ihrem machen (ja, auch die Lorbeeren gehen damit an die Geschäftsleitung, nicht an Sie – das ist der Preis, den wahrhaft erfolgreiche Aktive im BGM regelmäßig zahlen müssen).

Und das geht nur, indem sie darauf Einfluss nimmt, Schwerpunkte setzt, eigene Vorschläge integriert oder Ihre verbessert. Dann erst wird sie voll und ganz dahinter stehen. Und nicht, wenn der perfekte Gesundheitsberater das perfekte Konzept vorgelegt hat. Bedauerlich (und ein bisschen unlogisch), aber wahr (eben psycho-logisch).

Falls Ihnen dieses Vorgehen komplett zuwider ist, sollten Sie sich selbstkritisch fragen: „Geht es mir eigentlich um mehr Gesundheit und Wohlbefinden für alle – oder geht es mir um die Durchsetzung meines Konzepts? Und wenn letzteres: Warum?"

Keine kurzfristigen Erfolge ankündigen

Widerstehen Sie der Versuchung, den Vorstand mit der Aussicht auf kurzfristige Erfolge ins Boot zu locken. So etwas ist nicht realistisch. Es gibt keine Knopfdruck-Techniken. Wenn ein Vorgesetzter sich dank einer Seminarveranstaltung daran erinnert, dass er mal ein Konfliktklärungsgespräch mit einem Mitarbeiter führen sollte, dann wird sich die Stimmung im betroffenen Team vielleicht wirklich ab diesem Zeitpunkt verbessern. Aber in der Regel handelt es sich um langwierigere Veränderungen. Zum Beispiel, Vertrauen aufzubauen geht nicht auf Knopfdruck. Die Zeit muss man den Leuten geben.

TIPPS FÜR SIE:

- Arbeiten Sie nie gegen den Vorstand! Wenn das Vertrauensverhältnis einmal zerstört ist, bleibt es das für immer.
- Unterlassen Sie Vorwürfe! Bei Vorwürfen machen Gesprächspartner zu.
- Gehen Sie zu Beginn als Vertreter zweier Firmeninstanzen ins Gespräch! Weitere (auch externe) holen Sie erst später.
- Vermeiden Sie es, selber Vorschläge zu machen! Ihr Vorstand muss selber nachdenken, dann steht er auch dahinter.
- Schüren Sie nicht zu hohe Erwartungen, indem Sie kurzfristige Erfolge ankündigen. Realitätssinn spricht für Sie.

Wie Sie die Geschäftsleitung sachte zum Glück zwingen

Natürlich sollten Sie für das Gespräch, in dem Sie Ihrem Vorstand eine Förderung der psychosozialen Gesundheit ans Herz legen wollen, einen Termin ausmachen. Selbst wenn es möglich sein sollte, einfach so anzuklopfen: Es wird der Bedeutung des Themas nicht gerecht, wenn das Gespräch zwischen Tür und Angel stattfindet. Aber vermutlich ist Ihr Chef ohnehin niemand, mit dem man ohne Termin reden kann. Wenn so kurze Kommunikationswege möglich wären, wären Ihre Augen nicht gerade bei diesem Kapitel hängen geblieben.

Es ist Ausdruck von Respekt, wenn Sie Ihr Anliegen bereits bei der Terminvereinbarung kurz umschreiben, etwa derart: „In letzter Zeit häufen sich Klagen über das Klima in der Nachtschicht. Ich dachte, Sie haben vielleicht eine Idee, was wir da tun könnten." Das klingt nur scheinbar devot. Durch das „wir" machen Sie klar, dass Sie zwar zum Mit-Handeln bereit sind, aber dass letztlich der Chef der Chef bleibt. Sie appellieren unterschwellig an seinen guten Willen und machen klar, dass Sie sich der Hierarchien bewusst sind. Das tut ihm beides gut. Achten Sie also schon bei der Terminabsprache auf diese Andeutung der Rollenverteilung, und sorgen Sie hinsichtlich des Themas für Transparenz.

Gewinnen statt überzeugen

Es muss darum gehen, die Geschäftsleitung nicht zu überreden, sondern mindestens zu überzeugen. Noch besser wäre aber, Sie könnten sie für Ihre Sache gewinnen. Dann nämlich steht die Geschäftsführung voll und ganz hinter dem Projekt. Statt gegen den Vorstand anzureden (und ihn zum Beispiel plakativ mit immer weiteren Missständen in seinem Betrieb zu konfrontierten), müssen Sie es schaffen, dass er selbst das Zepter in die Hand nimmt und nicht bloß Mitstreiter sondern Vorreiter für die gute Sache wird.

Zu diesem Zweck müssen Sie sich selber zurücknehmen. Das tut mir auch leid. Es ist nicht schön für Ihr Ego. Aber es dient der guten Sache. Wie oben bei den Don'ts schon deutlich wurde, muss der Vorstand eigene Vorstellungen entwickeln, und Sie dürfen ihm eben gerade nicht mit dem fertigen Konzept die Zauberlösung präsentieren. Dadurch dauert das Gespräch länger (mindestens 90 Minuten sollten Sie, Ihr Gesprächspartner und der Vorstand einplanen), aber es hat mehr Aussicht auf Erfolg.

Ausgangslage sachlich schildern

Am Anfang sollten Sie wie immer in wichtigen Gesprächen für eine entspannte Atmosphäre sorgen. Danken Sie für die Gesprächsbereitschaft. Wenn Sie sich ein Glas Wasser einschenken, können Sie zum Beispiel scherzhaft darauf hinweisen, dass Sie schon mal gesund ins Gespräch starten wollen. Und dann schildern Sie sachlich (!) die Klagen, die Ihnen zu Ohren gekommen sind. Zeigen Sie ruhig durch Blick auf Ihre Schreibmappe, dass Sie sich sogar (hand-)schriftlich auf das Gespräch vorbereitet haben. Berichten Sie, worunter die Leute leiden. Falls Sie das Okay der Betroffenen haben, nennen Sie auch die Abteilung.

Beenden Sie Ihre Schilderung bitte auf keinen Fall mit Äußerungen (womöglich noch emotional engagiert) wie: „Da muss was passieren, so kann das nicht weitergehen!" Diesen Schluss muss Ihr Vorstand unbedingt selber ziehen. Die emotionale Bewertung und das Fazit des Handlungsdrucks muss von ihm kommen. Unbedingt. Wenn er Sie fragt: „Und wozu erzählen Sie mir das?", sollten Sie bitte nicht beleidigt zurückzucken. Erwidern Sie in ruhigem Tonfall: „Naja, ich dachte, Sie fühlen sich (nicht sind!) ja auch bestimmt verantwortlich für die Gesundheit der Leute. Und vielleicht haben Sie eine Idee."

119

Mehr nicht. Bitte kein Auflisten: „Sie haben 1. die Fürsorgepflicht, 2. die Verpflichtung zur Durchführung der Gefährdungsbeurteilung, 3. ... 11. ...". Das führt zu nichts, sondern höchstens dazu, dass Ihr Gegenüber sich überfordert fühlt oder motzig wird. Wer fühlt sich schon wohl, wenn man ihm vor Augen führt, in welchen gesetzlichen Schraubzwingen er steckt?! Nicht vergessen: Ein Gespräch verläuft umso konstruktiver, je wohler sich die Gesprächspartner fühlen. Wecken Sie also Betroffenheit statt Rechtfertigungsreaktionen.

Wenn sich ein Gesprächspartner unwohl fühlt, wird eine konstruktive Lösung, die von allen mitgetragen wird, unwahrscheinlich.

Anonymisierte Erfahrungsberichte können Ihnen dabei gute Dienste leisten. Natürlich müssen Sie vor der Präsentation alle Hinweise maskieren, die Rückschlüsse auf die Person erlauben. Die Befürchtung, aufgrund der Anonymisierung seien die Berichte wertlos in den Ohren des Vorstands, ist meines Erachtens unbegründet. Sie präsentieren ja die Berichte (ca. 1 A4-Seite mit Schilderung der Symptome und wörtlichen Zitaten) nicht als Vorwurf, sondern mit dem Ziel, Betroffenheit zu wecken. Auch im härtesten Kerl steckt ein Mensch ... Und wenn er Ihnen wirklich unterstellt, Sie hätten die Fallbeispiele erfunden, dann hat Ihre Beziehung noch ganz andere Baustellen.

Psychologisch sinnvoll ist übrigens, wenn Sie und Ihr Gesprächspartner nur zwei Exemplare dabei haben. Reichen Sie das Blatt dem Vorstand nicht sofort bereitwillig, sondern halten Sie auf halbem Wege inne. Dann muss Ihr Vorstand selber aktiv werden, wenn er es annehmen möchte. Und damit macht er den Fall zu seiner Sache. Natürlich sollten Sie sich nicht verstellen in so einem Gespräch, das Wichtigste ist, dass Sie authentisch Sie selber bleiben. Aber ich finde, es schadet nicht, wenn Sie den einen oder anderen psychologischen Trick schon einmal gehört haben. Es dient schließlich einer guten Sache.

Den Menschen im Vorstand erreichen Sie am ehesten, wenn Ihre Erfahrungsberichte viele Anknüpfungspunkte zur Erlebniswelt des Vorstands aufweisen. So ist vermutlich die Tätigkeit Ihres Klienten, dessen Überlastung Sie im Bericht beschreiben, eine andere. Aber der Ärger, den er mit der Familie bekommt, weil er so selten zu Hause ist, der ähnelt vielleicht dem des Vorstands. Oder zufällig haben beide Töchter im selben Alter? Lassen Sie das einfließen. Menschen identifizieren sich stärker mit anderen, wenn sie Ähnlichkeiten entdecken. Ähnlichkeit schafft Sympathie. Das ist eine alte Psychologenweisheit.

Den anderen selber auf die Idee kommen lassen

So, das haben Sie in diesem Kapitel tausendmal gehört, aber weil es das oberste Gebot fürs Gespräch mit der Geschäftsleitung ist, kommt hier noch einmal die Empfehlung: Lassen Sie den Chef selber auf die Idee kommen, dass es sinnvoll sein könnte, die psychosoziale Gesundheit im Betrieb zu fördern! Wenn er fragt: „Ja, und was können wir da tun?", freuen Sie sich über das Wörtchen „wir" (immerhin ist er da inclusive), und delegieren Sie die Frage an ihn zurück. Das machen alle cleveren Führungskräfte so. Falls es zu Ihnen passt, können Sie kokettieren: „Sie sind der Boss. Wir dachten uns nur, Sie sollten davon wissen."

Grundsätzlich gilt: Je stärker Sie Ihren Gesprächspartner (hier jetzt: den Vorstand) mit einbeziehen und an der Gestaltung der Arbeit (hier jetzt: Konzeptentwicklung zur Förderung der psychosozialen Gesundheit) direkt beteiligen, desto größer wird auch Ihre Akzeptanz. Und desto mehr nimmt man Ihnen auch Ihren Sachverstand ab. Das gilt nicht nur für Unterweisungen, sondern auch für jede Form von Beratung: Man muss den Klienten dabei unterstützen, selber eine Lösung zu finden und eigenverantwortlich umzusetzen. Selbst wenn Sie die perfekte Lösung parat haben.

> *Eine Beratung ist immer dann gut,*
> *wenn der Klient die Lösung selber findet.*
> *(Anmerkung: In diesem Gespräch ist der Vorstand Ihr Klient)*

Falls er wirklich keine eigenen Vorstellungen hat, können Sie natürlich (aber erst dann!) erzählen, was andere Unternehmen oder Filialen unternommen haben, um das Betriebsklima zu verbessern oder Führungskräfte zu schu-

121

len. Wichtig dabei: Schwärmen Sie nicht von den Heilsmaßnahmen, die die anderen ergriffen haben. Verwenden Sie stattdessen deutlich mehr Zeit auf das Beschreiben des Leidensdrucks der anderen Firma oder Filiale. Und dann bringen Sie in einem knappen Satz, was die anderen getan haben.

Erfahrungen anderer einfließen lassen, aber nicht empfehlen

Das widerspricht Ihren Wünschen schon wieder, stimmt's? Eigentlich sind wir Menschen so gepolt, dass wir andere gern bekehren möchten (aber niemand will bekehrt werden). Deshalb wollen wir gern mit strahlenden Augen berichten, dass wir den Heilsbringer schlechthin im Trainer XY gefunden haben.
Das können Sie gern unter Kollegen tun. Aber wenn Sie Ihren Vorstand dafür gewinnen wollen, den Trainer einzukaufen, sollten Sie geizig sein mit Informationen und lieber nüchtern als emotional. Zu viele Emotionen an dieser Stelle schrecken ab.

Lassen Sie ihn kommen, indem Sie schweigen. Er muss Ihnen Fragen stellen. Dann wird er auch irgendwann anbeißen, allein schon weil es so mühsam war, die ganzen Infos aus Ihnen herauszukitzeln. Und die ganze Mühe soll sich ja schließlich gelohnt haben. Probieren Sie's aus! Ist auch wieder ein Trick aus der Psychokiste, der verblüffend gut wirkt.

Den Vorstand die (gedankliche) Arbeit machen lassen

Also noch einmal: Bitte empfehlen Sie nicht das Ergreifen bestimmter Maßnahmen. Den Schluss „Vielleicht wäre dieser Trainer auch etwas für uns" sollte Ihr Vorstand selber ziehen. Sie werden darauf abwägend-zustimmend mit dem Kopf nicken. Und sich dann über den Auftrag freuen, dass Sie doch mal die Konditionen in Erfahrung bringen sollen. Und noch ein letztes Mal: Selbst wenn Sie die Konditionen seit fünf Monaten nachts herbeten können, tun Sie so, als würden Sie sich erst jetzt darum kümmern.

Vergessen Sie das, was man Ihnen früher als „proaktiv" empfohlen hat. Vorauseilender Gehorsam ist prima, aber nicht, wenn Sie jemandem ein Konzept verkaufen wollen, das der eigentlich (noch) gar nicht will. Dann müssen Sie den anderen ackern lassen, damit er sein Herz an dieses Projekt hängt. Dazu braucht er das Gefühl, er selbst hätte jeden Schritt in die Wege geleitet, und nur die (zeitaufwändige) Ausführung hätte er an andere delegiert. Gönnen Sie ihm dieses Machtgefühl, üben Sie selbst sich in Bescheidenheit. Der Zweck heiligt die Mittel: Status-Festiger kommen eher ans Ziel als Status-in-Frage-Steller.

Den Chef Chef sein lassen

Haben Sie keine Hemmungen, in diesem Gespräch wiederholt klar zu machen, dass er oder sie der Boss ist. Die meisten Menschen brauchen das und sind umso stärker zu Zugeständnissen und zu emotionalem Engagement (und letzteres wollen Sie) bereit, je gefestigter ihre hierarchische Position ist. Appellieren Sie auch an seinen Stolz, indem Sie unterschwellig signalisieren, dass er ein guter Mensch ist: „Ihnen ist das ja bestimmt nicht egal, was mit Frau Schmidtke passiert ist – so etwas beschäftigt einen (!) ja schon." Die man-Formulierung (hier: einen) impliziert: Sie wären nicht normal, wenn es bei Ihnen anders wäre.

Rein von der Logik her (Logik imponiert Vorständen meist sehr) macht es mehr Sinn, sich um die 95% Anwesenden zu kümmern als um die 5% Abwesenden. Sie könnten daher zum Beispiel fragen: „Vielleicht haben Sie eine Idee, wie wir die Gesunden bei der Stange halten?" Auch den Satz „Was meinen Sie denn? Sie sind der Boss" finde ich häufig passend – Sie glauben gar nicht, wie die Leute grinsen. Und geschmeichelt fühlen sie sich trotzdem. Aber vielleicht macht es einen Unterschied, ob ich als Externe so etwas sage oder Sie als Betriebsangehöriger. Hören Sie auf Ihren Bauch!

Mit konkreten nächsten Schritten aus dem Gespräch herausgehen

Angenommen, Ihr Vorstand hat Sie explizit aufgefordert, Vorschläge zu machen. Sie haben also in diesem Gespräch mit Ihrem Geschäftsführer und Ihrem Kollegen oder Ihrer Kollegin davon erzählen können, dass sich ein ähnliches Unternehmen als Reaktion auf Klagen über das schlechte Klima (die Sie ausführlich geschildert haben) ein eigenes Leitbild gegeben hätte. Alle Führungskräfte hätten an den so genannten Regeln zum gesunden Miteinander mitformuliert und handschriftlich unterschrieben, und nun fänden zweistündige Mini-Workshops statt, in denen die Beschäftigten sich ihrerseits darüber austauschen würden, welche Aspekte sie selber vertreten würden und wo sie Änderungswünsche hätten. Das Klima sei allein durch diese Maßnahmen schon verbessert.

Sie haben das nüchtern erzählt, ohne jede Schwärmerei. Aber Sie haben durchblicken lassen, dass das andere Unternehmen sehr zufrieden sei mit seinem Vorgehen, das noch dazu kaum Kosten verursacht habe. Ihr Vorstand hat wohlwollend genickt und Fragen zu diesem Vorgehen gestellt. Es entsteht eine Pause, denn Sie sagen bitte nicht: „Das wäre doch auch was für uns". Stattdessen halten Sie das Schweigen aus und lassen diesen Gedanken Ihren Vorstand selber formulieren. Notfalls sagen Sie nüchtern: „Tja, das war das, was die anderen gemacht haben." Mehr nicht. Schweigen. Aushalten. Immer noch.

> *Wer argumentiert,*
> *ist immer in der schwächeren Position.*

Und dann muss Ihr Geschäftsführer sich äußern. Schweigen auszuhalten ist für die meisten Menschen unangenehm und gesprächsführungstechnisch in der Regel ein Gewinn. Vielleicht kommt dann: „Aber ich denke, das ist für uns zu zeitaufwändig, schließlich haben wir noch anderes zu erledigen." Dann tappen Sie bitte nicht in die Falle, sofort zu argumentieren (Sie sollen überhaupt nur sehr wenig argumentieren, wie Sie bestimmt im Laufe des Buches schon mehrfach verwundert zur Kenntnis genommen haben).

Natürlich könnten Sie jetzt erklären, dass das andere Unternehmen ja auch ein Produktionsbetrieb (eine Verwaltung oder was auch immer Sie sind) sei und dass deren Chef dennoch das Okay gegeben habe. Aber es ist besser, Sie lassen das und lenken die Verantwortung sofort nüchtern an Ihren Geschäftsführer zurück: „Tja, ... (Pause) ..., vielleicht haben Sie eine andere Idee, was wir tun könnten?" Lassen Sie ihn da nicht raus. Er muss die Vorschläge machen. Falls noch Fragen offen sind, soll er Sie mit der Klärung beauftragen. Falls er einen externen Berater, eine Krankenkasse oder die BG hinzuziehen möchte, soll er Sie damit beauftragen.

Hauptsache, Sie gehen mit einem konkreten Handlungsplan für die nächsten Schritte aus dem Gespräch heraus. Und – zweite Hauptsache – diese Schritte haben nicht Sie vorgeschlagen, sondern der Geschäftsführer. Dann fixieren Sie noch den nächsten Termin, bedanken und verabschieden sich. Sie gehen in Ihr Büro und lassen die Korken knallen (nur mit Apfelschorle, versteht sich) ...

Immer wieder über psychosoziale Gesundheit reden

Wichtig ist, dass in Ihrem Betrieb die Tabuisierung psychosozialer Belastungen abgebaut wird. Das lässt sich am besten bewerkstelligen, wenn es unkompliziert möglich ist, immer wieder auch im Alltag über das Thema Gesundheit zu reden. Sie haben viele Möglichkeiten, das anzuregen. Willkommensgespräche und Eingliederungsgespräche sind Anlässe für Gespräche über Gesundheit, in denen man Ideen für eine bessere Gestaltung von Arbeitsbedingen erfragen kann. Gesundheitszirkel oder Fokusgruppen (Problemlösegruppen) beteiligen Mitarbeiterinnen und Mitarbeiter direkt an der Gestaltung von Arbeitsbedingungen und bieten daher auch gute Möglichkeiten, über psychosoziale Gesundheit zu reden.

Oft ist der Betriebs- oder Personalrat das einzige Kontrollorgan für den Vorstand. Er ist ganz nah dran an den Beschäftigten. Er kann zum Beispiel – anders als die Geschäftsführung – die Leute fragen: „Arbeitet ihr außerhalb unseres Zeiterfassungssystems?" (weil sie in der regulären Arbeitszeit ihre Arbeit nicht schaffen). Der Betriebsrat wird in der Regel ehrliche Antworten erhalten, ebenso die Sozialberater. Solche Informationen können Sie immer wieder in Gesprächen mit der Geschäftsleitung platzieren und somit zum Beispiel für die Ent-Tabuisierung von Überlastungsanzeigen sorgen. Nüchterner und sachlicher, als Ihnen vermutlich zumute ist. Sie dürfen schon engagiert sein und Ihr Engagement auch zeigen. Aber wenn Sie förmlich brennen vor Begeisterung, besteht die Gefahr, dass Sie im Geschäftsleben als naiver Spinner abgetan werden. Tut mir auch leid, ist aber ein Erfahrungswert.

Extrem-Programm für besonders harte Fälle

Und wenn überhaupt rein gar nichts hilft und Ihr Vorstand ein uneinsichtiger gefühlloser Klotz bleibt, den auch Ihre gesammelten Erfahrungsberichte vollkommen kalt lassen, dann – aber wirklich erst dann – können Sie auch anders: Wenn der Vorstand behauptet „wir haben kein Problem", dann drehen Sie die Argumentationskette um nach dem Motto „Mit der Gefährdungsbeurteilung können Sie dem Betriebsrat den Boden wegziehen und ihn entkräften. Zeigen Sie dem, dass hier alles in Ordnung ist!" Also nicht Sie sollen anklagen, sondern die Vorstände sollen sich reinwaschen. Nutzen Sie die Beweislastumkehr als politisches Argument. Als erste Maßnahmen empfehlen sich Vorgehensweisen, die vom Gesetzgeber ohnehin gefordert werden, bei denen also der Vorstand quasi nicht drum herumkommt, sich mit ihnen auseinanderzusetzen; ebenso können für den weiteren Verlauf hier erworbene Wissenshäppchen dem Vorstand systematisch präsentiert werden. Es eignen sich beispielsweise wie in Kapitel 5 beschrieben: das Betriebliche Eingliederungsmanagement (BEM), die Gefährdungsbeurteilung, die ASA-Sitzung (Arbeitsschutz-Ausschuss-Sitzung) oder auch eine Betriebsvereinbarung Sucht.

Es muss verdammt viel passieren, bis Sie sich guten Gewissens zurückziehen dürfen mit der Einstellung „Bei dem Chef haben wir eh keine Chance!" Bis dahin sollten Sie nichts unversucht lassen, um ihn doch irgendwie zu erreichen. Strahlen Sie ihn an, machen Sie im Komplimente für die neue Krawatte, bedanken Sie sich für frühzeitige Informationen, schreiben Sie zu Weihnachten eine handgeschriebene Karte, verkaufen Sie Ihre Erfolge vor seinen Ohren als seine, bewundern Sie seine Selbstfürsorge-Aktivitäten, sprechen Sie Anerkennung aus für konstruktiv verlaufene Gespräche – alles mindestens dreimal und möglichst ohne zu schleimen.

Und wenn er dann immer noch ein kalter Kotzbrocken ist, dann sollten Sie immer noch den Anspruch haben, es selber besser zu machen. Bis dahin wünsche ich Ihnen von Herzen ganz viel Durchhaltevermögen. Und dann, aber erst dann, dürfen Sie sich zurücklehnen und Ihren Chef in sein Unglück rennen lassen ...

> **TIPPS FÜR SIE:**
>
> - Achten Sie bei anonymisierten Erfahrungsberichten auf Ähnlichkeiten zwischen dem Betroffenen und dem Chef!
> - Geben Sie dem Vorstand das Gefühl, er wäre selber auf Ihre Idee gekommen! Dann steht er hinter der Umsetzung.
> - Bleiben Sie in diesem Gespräch nüchtern und eher wenig emotional. Zu viel Begeisterung schadet Ihnen hier nur.
> - Reden Sie immer wieder über psychosoziale Gesundheit! So holen Sie das Thema in den Normalbereich.
> - Geben Sie Ihrer Geschäftsführung mindestens drei Chancen! Erst dann dürfen Sie aufgeben.

7 Führungskräfte für das Thema gewinnen

> *„Als hätte ich nicht genug zu tun*
> *– jetzt auch noch gesund führen!"*

Weil Anprangern nichts bringt: Locken und Verführen

Wie erleben Führungskräfte das Thema Gesundheit? Sie reagieren selten hoch erfreut. Gesundheitsgerechte Mitarbeiterführung wird als zusätzliche Anforderung empfunden („und jetzt auch noch das!"), bei deren Umsetzung sie sich allein gelassen und nur sehr selten von der Geschäftsleitung aktiv unterstützt fühlen („das Thema ist denen da oben doch egal – schließlich führen die uns auch nicht gesund – die da oben müssten hier sitzen"). Im Umgang mit belasteten Beschäftigten fühlen sie sich überfordert, und obwohl sie sich selber als gestresst erleben, sprechen sie im Zusammenhang mit dem Betrieblichen Gesundheitsmanagement nur selten über ihre eigene Gesundheit.

> Was soll ICH hier?!
> Meine CHEFS sollten hier sitzen!

Ohne die Beteiligung der Führungskräfte ist es kaum möglich, Arbeitsbedingungen in Richtung Wohlbefinden zu verändern. „So wird an zentraler Stelle im Betrieblichen Gesundheitsmanagement eine Mitarbeiterführung stehen, die dafür sorgt, dass Mitarbeiter in einem offenen und konstruktiven Vertrauensklima arbeiten können." [18] Dennoch gilt: „Führungskräfteseminare zu Themen, die auf die Gesundheitsorientierung hinleiten, sind nach wie vor selten (vgl. Pfaff u.a. 2007: 91, 95). Angesichts des eingangs geschilderten rasanten Anstiegs psychischer Fehlbeanspruchungen besteht hierfür auch ein aktueller, aus meiner Sicht aufzugreifender Anlass." [19]

7 Führungskräfte für das Thema gewinnen

Führungskräfte stöhnen, sie haben genug zu tun. Sie reagieren so abweisend, wenn es um das Thema geht, denn sie haben es nicht auf der Agenda. Ihr Schreibtisch ist ohnehin schon voll. Die körperliche Gesundheit macht ihnen schon genug Arbeit. Da würden sie am liebsten sagen: „Dafür ist doch jeder selbst verantwortlich; und wenn ich dem Schmidtke das Rauchen abgewöhnen will, macht der eh dicht und unser Verhältnis ist schlechter als vorher!" – Und jetzt sollen sie sich auch noch um psychosoziale Gesundheit kümmern?!

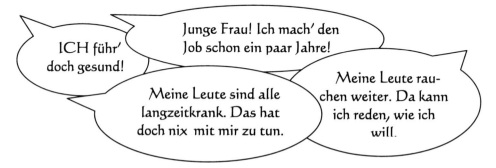

Die Leute beim eigenen Erleben packen

Mein Plädoyer lautet also wieder einmal: Sie müssen die Leute locken, dann gewinnen Sie sie für das Thema. Genau wie Geschäftsleitungen machen auch Führungskräfte dicht, wenn sie den erhobenen Zeigefinger spüren. Anprangern bringt nichts. Nach meiner Erfahrung gibt es nur einen einzigen Weg, um Führungskräfte für das Thema „Führung und Gesundheit" zu gewinnen: Man muss sie bei ihrem eigenen gesundheitlichen Erleben packen. Dabei darf der Fokus zumindest zu Beginn gern auf der körperlichen Gesundheit liegen. Dieser Aspekt ist für viele Führungskräfte leichter zu fassen als diffuse und negativ besetzte psychische oder zwischenmenschliche Aspekte.

Führungskräfte neigen dazu, körperliche Warnsignale zu ignorieren. Das gilt insbesondere für Männer. Männer gehen ohnehin seltener und später zum Arzt als Frauen mit der Folge, dass der Genesungsverlauf langwieriger und komplizierter sein kann. Über die Gründe kann man meines Erachtens nur spekulieren. Man möchte vielleicht vor Kollegen nicht als Schwächling dastehen, man fürchtet Karrierehindernisse, man nimmt sich keine Zeit für Schwachheiten. Der Körper hat zu funktionieren.

Krankheit hat bei vielen Führungskräften das Image von Schwäche. Man ist nicht krank als Führungskraft. Schließlich will man ja mit gutem Beispiel vorangehen. Was zum Beispiel dazu führt, dass Vorgesetzte sich krank zur Arbeit schleppen, um ja nicht ihrerseits die Fehlzeitenquote in die Höhe zu treiben. In einem besonders krassen Fall flog eine Frau nach dem Tod ihrer Mutter nach Asien, um dort Geschäfte zu tätigen, und dann schnell zur Beerdigung zurück zu eilen. Ich kann mir nicht vorstellen, dass die Mitarbeiterinnen dieses Verhalten vorbildlich fanden – einmal ganz abgesehen davon, dass die Frau sich selber schadete, indem sie ihre Trauerphase so brachial verkürzte. Es zeigten sich tatsächlich Spätfolgen in Form eines langfristigen Leistungsabfalls, weil sie das Ereignis nicht richtig verarbeitet hatte.

Wenn man Führungskräfte – zum Beispiel in Seminaren oder in den Einladungen dazu – für das Thema „Gesund führen" gewinnen möchte, sollte man als erstes deutlich machen, dass man versteht, in welchen Zwangsjacken sie stecken. Dass sie von oben und von unten Druck bekommen. Und dass es daher kein Wunder ist, wenn sie mit Überlastungssymptomen reagieren. Solche Gedankengänge holen das Thema Stress für die Führungskräfte aus der Tabuzone. Man gibt ihnen das wohltuende Signal „das ist normal, was du erlebst".

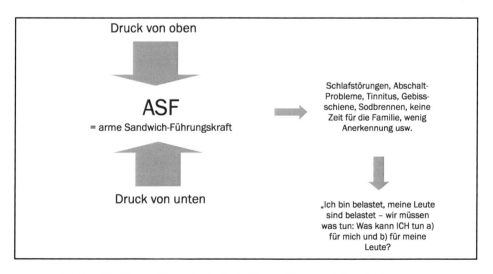

Abbildung 17: Wie man Führungskräfte für das Thema „Führung und Gesundheit" gewinnt

Damit beantwortet sich die Frage der Führungskräfte „was bringt mir so eine Veranstaltung?" fast von selbst. Die Teilnehmerinnen und Teilnehmer erfahren eine Entlastung, von der sie auch ganz persönlich „als Mensch" (Ausdruck eines Teilnehmers) profitieren. Sie glauben gar nicht, wie überrascht Führungskräfte reagieren, wenn es in einem Seminar einmal nur um sie als Mensch und nicht um sie als Rollenträger geht. Wenn also die Person statt der Funktion im Vordergrund steht. Sich als Mensch gesehen fühlen, tut allen Menschen gut. Das gilt auch für Führungskräfte ...

> *Menschen fragen sich bei allen Angeboten: Was habe ich davon?*

Anprangern und Vorwürfe führen selten zum Erfolg. Daher sollten Sie auch nicht sofort mit so harten Kalibern wie einem 360-Grad-Feedback oder einem Selbstbild-Fremdbild-Abgleich aufwarten! Natürlich wäre es schön, wenn Ihre Führungskräfte sich auf so etwas einließen (erfahrungsgemäß tun dies freiwillig nur die besten!), aber mit Druck bewirkt man im Betrieblichen Gesundheitsmanagement meiner Erfahrung nach nichts – weder nach oben noch nach unten.

Wenn die Führungskräfte vor Angst drei Nächte nicht schlafen, ist niemandem geholfen. Warten Sie, bis das Klima offener ist und jemand aus dem Kreis der Führungskräfte von sich aus den Vorschlag macht (beispielsweise lässt sich der in Kapitel 4 enthaltene Fragebogen zu einem Selbstbild-Fremdbild-Abgleich verwenden).

Manche Führungskräfte kann man über den „Umweg Arbeitsschutz" gewinnen. Arbeitsschutz ist auch so ein Thema, bei dem viele (leider) erst mal die Augenbrauen hochziehen. Aber immerhin ist die gesetzliche Verpflichtung hier eindeutig, und das macht es einigen leichter, sich überhaupt mit Gesundheit auseinander zu setzen.

Aber zuvor würde ich Ihnen empfehlen, den Weg über das Erleben des eigenen Wohlbefindens zu beschreiten. Dadurch sind die Führungskräfte näher dran am Einfühlen ins Befinden der Beschäftigten. Und das ist ja letztlich Ihr Ziel. Wer das Thema aus der Perspektive des klassischen Arbeitsschutzes angeht, sieht den Mitarbeiter eher als reagierendes denn als empfindsames Objekt.

> **TIPPS FÜR SIE:**
>
> - Packen Sie die Führungskräfte bei ihrem eigenen Wohlbefinden! Nur so können Sie sie gewinnen.
> - Bieten Sie Veranstaltungen an, die „nur" zur Entlastung der Führungskräfte dienen! Sie werden es Ihnen danken.
> - Erleichtern Sie den Führungskräften das Sprechen über Gesundheit! Erklären Sie z.B. Stresssymptome für „normal".

Pflichtseminare – ja oder nein?

Führungskräfte stehen dem Thema Gesundheit also bei weitem nicht immer so offen gegenüber, wie man meinen sollte. Als Zielgruppe für Seminare machen sie es einem auch nicht leicht: Auf Freiwilligen-Seminaren trifft man immer die üblichen Verdächtigen, von denen es heißt „die haben es sowieso nicht nötig". Und die, die man eigentlich erreichen möchte, weil sie kränkend führen oder weil sie sich zu viel zumuten und geradewegs ins Burnout hineinarbeiten, melden sich nicht freiwillig an. Dennoch bin ich kein Fan von Pflichtseminaren zu diesem Thema – auch wenn das zunächst geschäftsschädigend klingt.

> *Pflichtseminare sind immer ein Symbol dafür,*
> *dass die Kultur eines Unternehmens noch nicht so weit ist ...*

Pflichtseminare zum Thema „Gesund führen" widersprechen dem Ziel. Man kann ja die Seminare ins Ausbildungskonzept aufnehmen. Das finde ich durchaus angemessen. Aber man kann nicht zu Führungskräften sagen: „So, und ab morgen wird hier gefälligst einfühlsam geführt!" Das kann nicht funktionieren. Verpflichtung, das ist immer ein Zeichen für: Die Kultur ist noch nicht so weit, wie irgendjemand im Betrieb es gerne hätte. Man muss die Leute zwingen. Erwachsene! Ich persönlich finde, Pflichtseminare – zumindest zum Thema „Gesund führen" – sind Ausdruck mangelnden Respekts.

Ich durfte mal ein ganz krasses Beispiel dieser Art am eigenen Leib erleben (seitdem schreibe ich in jedes Angebot: „Diese Veranstaltung eignet sich nicht zum Pflichtseminar"). Ich kam im Hochsommer in einen winzigen, heißen und muffigen Raum ohne Getränke. Dort empfingen mich dreizehn Teamleiter mit vor der Brust verschränkten Armen und verkniffenen Mienen. Ihre Körpersprache signalisierte noch vor der Begrüßung: Hier ist kein Arbeiten möglich. Als ich meine Beobachtungen (und Befürchtungen) ansprach, erhielt ich zur Antwort „Unser Chef meint, unsere Fehlzeitenquote wär' zu hoch. Und jetzt sollen Sie uns wohl den Marsch blasen."

Da ich für das Unternehmen schon häufiger tätig war, hatte ich keine besonderen Konstellationen hinsichtlich des Seminars erwartet. Ich dachte, ich sollte wie immer meinen Beitrag zur Prävention leisten, indem ich aufgeschlossenen motivierten Führungskräften meine Bausteine für mehr Selbst- und Fremdwertschätzung nahebrachte. Doch bei dieser Seminargruppe lag die Sache ganz anders. Nachdem ich klar gestellt hatte, dass mein Arbeitsansatz ein grundsätzlich harmloser wäre und ich niemandem den Marsch blasen wollte, rückte einer der Männer mit der Sprache heraus.

Sie fühlten sich von ihrem Chef wie kleine Kinder behandelt, als könnten sie nie etwas richtig machen. Fürsorglichkeit sei ein Fremdwort für ihn. Er würde sich einen feuchten Kehricht um sie kümmern (die Raum- und Getränke-Situation schien diesen Eindruck zu unterstreichen) und ständig nur negative Kritik äußern. Aufgrund seiner eigenen Zielvereinbarung sei ihm die Fehlzeitenquote ein Dorn im Auge, die wolle er nun mit Gewalt senken. Dabei läge deren Hauptgrund ganz woanders: Vor kurzem seien für die Service-Techniker neue PKWs bestellt worden, und zwar willentlich ohne Klimaanlage.

> *Wer seinen Chef hasst, wird selten einen guten Job machen.*

Das muss man sich einmal vorstellen: Für die Leute ist ihr PKW im Grunde ein Arbeitsort. Einen großen Teil ihrer Arbeitszeit verbringen sie in ihren Wagen, die vielerlei technische Geräte beinhalteten, Messwerkzeuge und dergleichen mehr. Dass alte Autos keine Klimaanlage hatten, haben die Männer still erduldet und in der warmen Jahreszeit eben gelitten. Aber als neue bestellt wurden, war eigentlich klar, dass diese mit einer Klimaanlage ausgestattet würden. Der Vorgesetzte hatte sich trotz der intensiven Klagen und Wünsche seiner Führungskräfte aber dagegen ausgesprochen – natürlich aus Kostengründen.

Die Folge war ein drastischer Anstieg der Fehlzeitenquote. Selbst schuld, kann ich da nur sagen. Ich kann die Teamleiter und ihre Mitarbeiter verstehen, wenn sie sich gekränkt und wenig wertgeschätzt fühlten durch diese Aktion ihres obersten Vorgesetzten. Sie taten sich schwer, ihren Mitarbeitern gegenüber die Entscheidung des obersten Chefs neutral zu vertreten. Ihre Loyalität war zumindest stark angekratzt. Einige haben mit ihren Leuten gemeinsam geschimpft. Die reagierten auf die mangelnde Wertschätzung mit häufigeren Krankmeldungen.

Verstehen Sie mich nicht falsch: Das waren keine eingebildeten Kranken, und es war auch nicht unbedingt Böswilligkeit, wenn die Männer sich öfter mal arbeitsunfähig meldeten. Man kann vermuten, dass sie sich durch die Kränkung tatsächlich so aufgeregt haben, dass körperliche Symptome wie Verspannungen oder Magenkrämpfe verstärkt auftraten und außerdem ihr psychisches Wohlbefinden so stark beeinträchtigt war, dass ihnen ein normales Erledigen ihrer Arbeit nicht mehr möglich war.

Meines Erachtens hatte es sich der oberste Vorgesetzte selber zuzuschreiben, wenn die Fehlzeitenquote in seinem Bereich die Erfüllung seiner Zielvereinbarung gefährdete. Er hatte ganz bewusst den Interessen seiner Untergebenen zuwider gehandelt. Statt seinen Leuten die Arbeitsbedingungen zu erleichtern, hat er sie erschwert. Und statt sich zu entschuldigen, kaufte er nun mich ein. Ich sollte seinen Fehler wettmachen. Seine eigene mangelnde Fürsorglichkeit mit meinem Seminar kompensieren zu wollen, ist eigentlich eine Unverschämtheit. Man kann Wertschätzung nicht einkaufen.

Fürsorglichkeit und Wertschätzung lassen sich nicht von außen einkaufen.
Die muss der Vorstand schon selber vorleben,
wenn er sich wünscht, dass seine Leute gut führen.

Fachlich hui – menschlich pfui?

Die Kriterien, nach denen Menschen zu Führungskräften befördert werden, haben sich in den letzten Jahren erfreulicherweise gewandelt. Inzwischen wird nicht mehr nur auf die fachliche sondern auch auf die soziale Kompetenz geschaut, und auch Führungskräfte-Entwicklungsprogramme haben – nach Meinung der Betriebe, für die ich tätig sein konnte – an Häufigkeit und Qualität zugenommen. Leider werden die Führungsspannen und auch die räumliche Distanz aber wieder größer.

> *Man kann nicht durch Pflichtseminare wettmachen,*
> *was bei der Auswahl der Führungskräfte verbockt wurde.*

Führungskräfte mit Anwesenheitsverbesserungszwang

Häufig werden Seminarveranstaltungen für Führungskräfte eingekauft, weil die Niederlassungsleitung in ihrer Zielvereinbarung stehen hat: „Senkung der Krankenquote um 1%". Natürlich nehmen Führungskräfte Einfluss auf die Anwesenheitsquote, das bestreitet ja niemand. Aber die Führungskraft ist doch nicht alleine für Anwesenheitsquote verantwortlich. Es ist wichtig, dass jede Führungskraft sich selbstkritisch fragt, wie sie dazu beitragen kann, dass Menschen gern zur Arbeit kommen; aber genauso wichtig finde ich es, Führungskräfte zu entlasten statt ihnen mit dem Satz zu drohen „Jede Führungskraft hat die Fehlzeitenquote, die sie verdient".

Es gibt immer auch Aspekte der Quote, die außerhalb des Einflussbereichs der Vorgesetzten liegen (in der Grafik mit der Waage auf der nächsten Seite hell dargestellt: individuelle Einflüsse und Außeneinflüsse). Nach meiner Beobachtung fragen sich in der Praxis immer die Falschen „Könnte ich nicht noch mehr tun?" – die kränkenden Chefs stellen sich diese Frage nicht. Letztlich sollten das Klima und die Produktivität (als eigentliches Unternehmensziel) immer wichtiger sein als die Quote.

Pflichtseminare – ja oder nein?

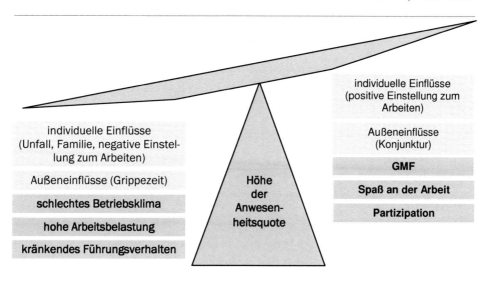

Abbildung 18: Einflussfaktoren (Auswahl) der Anwesenheitsquote

Zielvereinbarungen zu Gesundheit?

Sollte das Thema Gesundheit in Zielvereinbarungen der Führungskräfte aufgenommen werden? Eine heikle Frage, die mir immer wieder gestellt wird. Hier muss man Pro und Contra sorgsam abwägen. Natürlich ist es grundsätzlich eine gute Idee, dass Führungskräfte ihr Augenmerk auf das Gesundheits- und Krankheitsgeschehen in ihrem Verantwortungsbereich richten. Das wird durch die Zielvereinbarung ganz sicher erreicht.

In der Praxis heißt „Gesundheit" in der Zielvereinbarung aber leider „Fehlzeitenquote". Hier ist die Gefahr groß (und die erlebe ich in der Praxis immer wieder), dass die Führungskräfte Druck ausüben in Richtung Anwesenheit. Jede Erkrankung von Beschäftigten erleben sie als persönliches Versagen. Bisweilen wurden tatsächlich schon Mitarbeiter in der Krankheit angerufen und gefragt, ob sie nicht wenigstens für ein paar Stunden ins Büro kommen könnten, denn dann würde der Tag nicht unter den Geltungsbereich der Zielvereinbarung fallen. Dabei ging es der treibenden Führungskraft weniger um die Prämie, sondern sie wollte „nicht schon wieder die rote Laterne" im Vergleich mit den anderen Niederlassungen haben.

> *Wer die Höhe der Fehlzeitenquote in die Zielvereinbarungen der Führungskräfte mit aufnimmt, fördert damit eher Druck als ein gesünderes Miteinander.*

Aus diesen Gründen ist meine persönliche Meinung: Lassen Sie das mit den Zielvereinbarungen zur Anwesenheitsquote. Sie finden in diesem Buch etliche andere menschenfreundlichere Möglichkeiten, um die psychosoziale Gesundheit der Beschäftigten zu verbessern.

Gemeinschaftsaktivitäten mit Nebeneffekten

Unternehmen Sie gemeinsam gesunde Aktivitäten. Aber bitte keinen Hochleistungssport, der die meisten von vornherein ausschließen würde! Wenn zehn Leute aus Ihrem Betrieb Marathon laufen, ist das wunderbar für die Läufer, sofern sie sich nicht übernehmen. Aber die große Masse wird sich klein, dick und unsportlich vorkommen, weil sie ihre sportlichen Leistungen mit denen der Läufer vergleicht. Das Resultat ist Frust für die Menge. Das wollen Sie nicht.

Machen Sie Wanderungen oder Radtouren, gehen Sie ins Spaßbad (das für die Topsportler idealerweise auch ein Bahnenbecken bietet), Klettern oder ins Skigebiet mit Idiotenhügel. Kurz: Planen Sie Aktivitäten, an denen alle – vielleicht sogar die Familienmitglieder – ohne Schamgefühle und unabhängig von ihrem sportlichen Leistungsvermögen teilnehmen können. „Lust auf Vitalität" ist die Devise, nicht „Bewegungszwang durch Gruppendruck". Sie werden merken: Wenn Sie auf diese Weise die Offenheit für körperliche Aspekte der Gesundheit gefördert haben, wird sich quasi en passant auch das Miteinander verbessern. Nebenher wird auch das Vertrauen wachsen, sich über psychosoziale Gesundheitsaspekte auszutauschen.

Das Thema zur Selbstverständlichkeit machen

Gesundheit muss als Thema selbstverständlich werden. Das fängt bei ganz harmlosen Dingen an wie etwa dem Lüften in Besprechungen. Ich bin schon zu Akquisegesprächen zum Thema Gesundheit eingeladen worden in Räume, deren Luft null Sauerstoff enthielt. Da saßen zehn Leute in einem kleinen Raum bei geschlossenem Fenster. Wasser gab es nicht, stattdessen standen nur zwei Kaffeekannen auf dem Tisch. Die Leute wirkten bei meinem Eintritt in das Zimmer apathisch, sediert, fast wie unter Drogeneinfluss. Wo sollen in so einem Klima freie Gedanken entstehen?

Wichtig ist, dass Führungskräfte und Mitarbeiter überhaupt mehr ins Gespräch kommen – nicht nur über das Thema Gesundheit, aber eben auch darüber. Wenn die Geschäftsleitung Gesundheit regelmäßig zum Thema in Besprechungen macht, werden die untergebenen Führungskräfte dies irgendwann genauso handhaben. Nichts prägt Menschen mehr als Vorbilder. Und die Geschäftsleitung ist Vorbild, ob sie will oder nicht. Also: Machen Sie Gesundheit zum Thema. Gesundheit. Nicht die aktuelle Fehlzeitenquote. Das wäre Krankheit – oder Motivationsmangel – als Thema.

Wenn Sie über Gesundheit sprechen, reden Sie über Arbeitsbedingungen (neue Stühle, Persönliche Schutzausrüstung, Wasserspender), aber auch über Verbesserungsvorschläge, Maßnahmen zur verhaltensorientierten Gesundheitsförderung, Pausenverhalten und überzogene Arbeitszeitkonten. Manchmal hilft die Frage, die angesichts des demographischen Wandels ohnehin sinnvoll ist: „Was muss passieren, damit diese Mannschaft unseren Betrieb für die nächsten 20 Jahre am Laufen halten kann?"

Bitte nicht missionieren

Mit-Tragen und Vorbild-Sein, das finde ich wichtig. Verbal und nonverbal hinter Aktionen des Betrieblichen Gesundheitsmanagements stehen. Gesundheit immer wieder zum Thema machen. Gesundheit propagieren. Gern auch empfehlen. Aber nicht mehr. Um deutlich zu machen, wie ich das meine, möchte ich Ihnen eine kleine wahre Geschichte erzählen. Sie zeigt, dass gerade die Menschen, die für das Thema Gesundheit brennen, schon mal übers Ziel hinaus schießen und dabei jeden Respekt vor der Individualität anderer vergessen.

Ich hatte mal eine männliche Führungskraft im Seminar, hoch motiviert, ein regelrechter Gesundheitsapostel. Er hatte im Marathonlaufen sein Glück gefunden. Und er hatte einen Mitarbeiter im Team, der an Übergewicht und Bluthochdruck litt. Der Vorgesetzte war der Meinung: „Wenn der 10 Kilo abnehmen würde und dreimal pro Woche 45' Ausdauertraining macht, dann wäre er beide Probleme bald los." Da mag er ja vielleicht sogar recht haben.

Bestimmt hätte es dem Mitarbeiter gut getan. Aber: Er ließ den Mitarbeiter eine Art Zielvereinbarung unterschreiben, in der dieser sich zum Abnehmen und zum Ausdauertraining verpflichtete ... Ich denke, Sie stimmen mir zu, wenn ich sage: Das war definitiv nicht seine Aufgabe als Führungskraft. Ich als Mitarbeiterin würde mir ein solches Eingreifen in meine Privatsphäre verbitten.

Etwas anders sieht es aus, wenn die Übernahme in ein festes Anstellungsverhältnis schon vor Beginn der Probezeit an bestimmte gesundheitliche Kriterien gebunden ist (z.B. die simple Frage: „Passt der Mann mit seinem Bauch überhaupt auf unseren Lokführerstuhl?"). Hier geht es um die Frage, ob jemand grundsätzlich geeignet ist, einen bestimmten Job auszuüben. Die Antwort kann durchaus von gesundheitlichen Kriterien abhängig gemacht werden, was in der Regel in enger Absprache mit der Personalabteilung und dem Betriebsarzt erfolgt, also nicht im Alleingang der Führungskraft. Das Vorgehen der Führungskraft im oben geschilderten Beispiel war respektlos und ging weit über die Funktion des Vorgesetzten hinaus.

> Ich hab hier Ihre neue Zielvereinbarung.
> Also, Sie joggen 3x pro Woche 45 Minuten
> und nehmen 15 Kilo ab!

Mir geht es in diesem Buch um Führungskräfte und ihren Einfluss auf die psychischen und sozialen Aspekte von Gesundheit. Mein Thema ist nicht der Einfluss der Führungskraft auf die körperliche Gesundheit. Das haben Sie sicherlich schon gemerkt. Natürlich habe ich dennoch eine Meinung zur Aufgabe der Vorgesetzten in puncto körperliche Gesundheit. Die „Rolle der Führungskraft in der (körperlichen!) Gesundheitsprävention" ist in erster Linie eine Vorbildrolle! Bei allen Bemühungen um das Thema Gesundheit sollte Respekt vor dem Verhalten anderer walten.

Meine Meinung umfasst folgende Statements: „Jeder Jeck ist anders!" d.h. Respekt auch vor dem, der anders tickt. Man kann niemanden, beispielsweise vom Rauchen, abhalten. Aber man kann immer wieder gesundes Leben vorleben. Vorbild sein ist das A und O. Und dranbleiben! Immer wieder signalisieren: „Mir ist Gesundheit wichtig! Ich werde immer wieder solche Aktionen

(Bewegungsübungen, Augenwalking etc.) vorschlagen!" Man sollte explizit loben, wenn man jemanden zum Beispiel bei Bewegungsübungen beobachtet. Gesundes Verhalten kann man auf diese Weise positiv verstärken. Aber ich warne davor, Menschen dezidiert zum Abnehmen oder zu mehr Bewegung zu raten. Das steht meines Erachtens einer Führungskraft einfach nicht zu.

Und wenn der oberste Chef Marathonläufer ist? Sie meinen, dann haben Sie leichtes Spiel für Ihr Anliegen, auch die zwischenmenschliche Gesundheit zu verbessern? Mitnichten. Wenn Führungskräfte viel Sport machen, dann führen in dem Unternehmen gesunde Führungskräfte. Aber gesunde Führungskräfte führen nicht unbedingt gesund.

Vorsicht vor dieser gedanklichen Abkürzung. Mir sind schon mehrere Unternehmen untergekommen, in denen die leitenden Führungskräfte sich intensiv sportlich betätigten, aber leider keinen Blick für psychosoziale Bedürfnisse hatten. Die waren zahlenfixiert ohne Ende – beim Joggen wie als Chefs.

> *Gesunde Führungskräfte
> sind nicht automatisch
> gesund führende Führungskräfte.*

Ich persönlich finde es problematisch, wenn zum Beispiel Gesundheitschecks (hier jetzt bezogen auf körperliche Aspekte der Gesundheit) nur für die Top-Führungskräfte angeboten werden. (Die niederrangigen Führungskräfte erhalten oft ein abgespecktes Körper-Check-Programm und die Mitarbeiter Massenveranstaltungen zur Stressbewältigung). Als Einstieg und zur Sensibilisierung ist das ja eigentlich gut gedacht, man signalisiert damit aber zugleich: „Einige Menschen in unserem Unternehmen sind uns mehr wert als andere". Das macht sich doch eigentlich schon im unterschiedlichen Gehalt bemerkbar.

Für mich heißt das so viel wie: „Wir wollen, dass unsere Top-Pferde lange laufen, also hegen und pflegen wir sie." – Natürlich kann man das mit der Vorbildfunktion der Führungskräfte rechtfertigen. Aber ich als „normale Mitarbeiterin" würde mich diskriminiert fühlen. Die Führungskräfte berichten dann voller Stolz: „Ich wurde gemessen mit einem Gerät, das sonst für NASA-

Astronauten verwendet wird." Ja prima. Eben diese hochsensible und wertschätzende Aufmerksamkeit für sein Wohlergehen wünscht sich vermutlich auch Klaus Kasuppke aus dem Kreis der Facility Management-Assistenten.

Anforderungen an Veranstaltungen zum Thema „Gesund führen"

Veranstaltungen für Vorgesetzte zur gesundheitsgerechten Mitarbeiterführung sind nach wie vor Mangelware [19]. Das Ziel solcher Veranstaltungen: sensibilisieren, informieren, bestätigen. Vieles machen die Führungskräfte aus dem Bauch heraus schon richtig. Aber zum Beispiel im Umgang mit belasteten Beschäftigten sind sie trotzdem häufig verunsichert. Sie tauschen sich im betrieblichen Alltag kaum aus über zwischenmenschliche Aspekte des Führungslebens. Da tut es gut, wenn sie eine Möglichkeit bekommen, sich ihr Prozedere – zum Beispiel im Umgang mit schwierigen Mitarbeitern – bestätigen zu lassen oder andere Perspektiven kennen zu lernen. Das erweitert ihre Sicht um neue Aspekte, stärkt ihnen den Rücken und entlastet sie.

Ich persönlich finde es sinnvoll, wenn zwischen den Teilnehmern einer Veranstaltung keine direkten Führungsbeziehungen herrschen. Sinnvoll ist vor dem Hintergrund einer Perspektivenerweiterung durchaus, dass unterschiedliche Hierarchiestufen vertreten sind, aber eben keine direkten Führungsverantwortungen. Also kann zum Beispiel Bereichsleiter A mit den Teamleitern von Bereichsleiter B im selben Seminar sitzen. Andernfalls hemmen Führungskräfte und ihre Chefs sich gegenseitig. Selbst wenn das Verhältnis noch so gut ist: Menschen verhalten sich nun einmal anders, wenn der Chef im Raum ist.

Führungskräfte müssen sich als Mensch gesehen fühlen und auch als Privatperson von der Veranstaltung profitieren. Das ist zum Beispiel der Fall, wenn sie Handlungshilfen zum abendlichen Abschalten erhalten. Von einer besseren Erholungsfähigkeit der Führungskräfte profitiert letztlich auch der Betrieb. Die wenigsten rechnen damit, aus einer betriebsinternen Fortbildung auch etwas für sich persönlich mitnehmen zu können. Tatsächlich wird häufig rückgemeldet: „Dass es hier auch mal um mich selber ging, das finde ich toll. Ich hätte nicht gedacht, dass ich meinem Unternehmen so viel wert bin." Dazu muss die Veranstaltung noch nicht einmal in landschaftlicher reizvoller Umgebung in einem schönen Hotel stattgefunden haben ...

Körper-Psyche-Zusammenhänge verstehen

Die Zusammenhänge zwischen körperlichem und psychischem Wohlbefinden sind für manche Führungskraft ein Buch mit sieben Siegeln. Sie sind in meinen Augen aber unverzichtbarer Bestandteil von Seminaren zum Thema „Gesund führen", denn damit können Führungskräfte leichter Verbindungen herstellen zwischen ihrem Führungsverhalten und dem Erleben der Beschäftigten. Um nur ein Beispiel zu nennen: Das Immunsystem wird gestärkt durch Kuscheln, Genuss, Liebe, Lachen. Es wird geschwächt durch Gefühle von Einsamkeit, Hilflosigkeit, Resignation. Diese (etwas zu linear dargestellten) Ursache-Wirkungs-Verhältnisse finden Führungskräfte meist spannend.

Viele Führungskräfte haben im Kopf: krank ist krank, gesund ist gesund. Dass dieses Denken in Absoluten nicht realitätsangemessen ist – und erst recht nicht zielführend –, müssen viele erst lernen. Sinnvoll ist auch hiefür wieder der Verweis auf die Erlebenswirklichkeit der Führungskräfte selber: Wenn die Schwiegermutter vor der Tür steht, werden die Kopfschmerzen stärker. Läuft hingegen ein Champions-League-Spiel, dann verschwinden die Kopfschmerzen fast wie von selbst. Das heißt nicht, dass die Kopfschmerzen eingebildet waren. Stattdessen ist es eine Erkenntnis der Schmerztherapie, dass unsere Schmerzwahrnehmung mal mehr und mal weniger Aufmerksamkeit bekommt, was sich auf das Schmerzempfinden auswirkt (so genannte Gate-Control-Theorie).

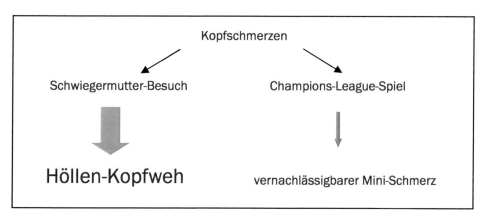

Abbildung 19: Krank = krank? – Zusammenhang zwischen Aufmerksamkeitsfilter und Schmerzstärke

Solche Zusammenhänge müssen Führungskräfte an sich selber erkennen können, bevor sie mit psychosozialen Beschwerden von Beschäftigten offen umgehen können. Auch in anderer Hinsicht ist das Gesundheits- bzw. Krankheitsverständnis von Führungskräften oft überarbeitungsbedürftig. Letztlich sollen sie ja Verständnis und Einfühlungsvermögen für ihre Mitarbeiter aufbringen. Dazu lohnt sich eine Abkehr von der klassischen Schwarz-Weiß-Denke. Sie werden gleich sehen, was ich damit meine.

Gesund ist gesund, und krank ist krank?

Ich will Sie nicht verwirren, aber: Ist der Mensch mit den Kopfschmerzen nun gesund oder krank? Sie sehen, so einfach ist es nicht. Vor dem Hintergrund unseres Themas hier macht es Sinn, Gesundheit und Krankheit nicht als Gegensätze zu begreifen, sondern als zwei von einander unabhängige Dimensionen. Das ist ein schwieriges Gedankenspiel, ich geb's zu. Wir haben alle das Konstrukt im Kopf: Man ist gesund oder krank. Beide Zustände als Endpunkte einer Skala zu begreifen, ist demgegenüber schon ein Fortschritt. Aber ideal wäre eben das Konzept der beiden unabhängigen Dimensionen. Ich zeige Ihnen mal, was ich meine.

Ganz klassisch ist diese Annahme:

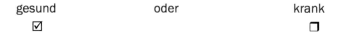

Nur ein Kreuzchen ist möglich oder „richtig" – diese Meinung herrscht in vielen Führungskräfte-Köpfen vor. Führungskräfte, die so denken, bekommen häufig die Quittung von Mitarbeitern, die sich beispielsweise in den Finger geschnitten haben. Die sagen dann: „Ich kann nicht arbeiten, ich bin ja krank." Die Mitarbeiter denken genauso in der Entweder-Oder-Kategorie. So einfach ist es aber in der Realität nicht, wie das oben gezeigte Beispiel mit den Kopfschmerzen zeigt.

Etwas fortschrittlicher ist dieses Konzept der beiden Pole auf einer Skala:

Das heißt, ein Mensch ist tendenziell eher gesund oder eher krank. Die Ganz-oder-gar-nicht-Denke ist damit bereits überwunden. Es wäre schon prima, wenn wir alle uns dieses Konzept aneignen könnten. Das würde zum Beispiel heißen: „Dein linker Daumen ist zwar nicht einsatzfähig, aber da du ansonsten fit bist, könntest du ja …". Und glauben Sie mir: engagierte Beschäftigte, die sich wertgeschätzt fühlen, machen schon von sich aus diesen Vorschlag!

Ganz modern – und in unserem Kontext sinnvoll – wäre dieses Modell:

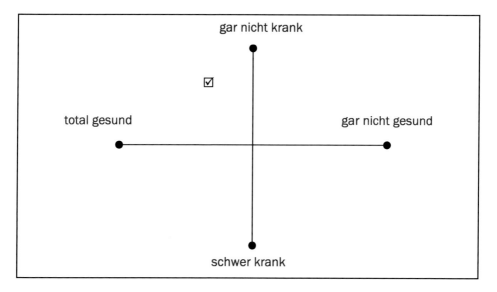

Abbildung 20: Gesundheit und Krankheit als von einander unabhängige Dimensionen

Der Vorteil dieses Modells liegt auf der Hand: Es erlaubt, auch bei unheilbar Kranken oder dauerhaft Beeinträchtigten (zum Beispiel Krebspatienten, Rollstuhlfahrern) die Gesundheit zu fördern. Die Erkrankung selbst können wir vielleicht nicht ändern, aber wir können die Gesundheit der Betroffenen stärken. Und wenn man Überlastungen reduziert, werden die Menschen dadurch vielleicht nicht grundsätzlich gesund, aber sie fühlen sich weniger krank. Auch damit hätten alle etwas gewonnen.

Damit die Führungskräfte nicht frustriert sind, sollten in den Seminaren beide möglichen Wege zur psychosozialen Gesundheit beschrieben werden.

Der rechte Weg (Aufbau von Ressourcen) ist nämlich deutlich leichter zu beschreiben als der linke (Abbau von Belastungen). Auf der Ressourcenseite können sogar diejenigen Führungskräfte ansetzen, die den Eindruck haben, dass ihnen auf der Belastungsseite die Hände gebunden sind.

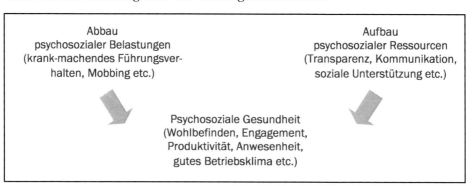

Abbildung 21: Zwei Wege zur Förderung der psychosozialen Gesundheit

Keine Feld-, Wald- und Wiesen-Trainer

Ein solcher – für viele Führungskräfte anstrengender – Perspektivenwechsel sollte auch in Ihrem Führungskräfteseminar angestrebt werden. In jedem Fall ist es wichtig, den Begriff Gesundheit im Sinne der WHO-Definition zu verwenden, also auch psychische und soziale Aspekte als Teil der Gesundheit zu begreifen. „Wohlbefinden" ist daher ein sehr angemessener Ausdruck. Eine reine Fokussierung auf körperliche Gesundheitsaspekte sollte vermieden werden.

Suchen Sie Spezialisten für die Durchführung der Veranstaltungen. Die Führungskräfte sind schließlich selber Spezialisten, die lassen sich nicht durch Bauchladentrainer abfertigen, die heute Nichtraucher-Trainings, morgen Vertriebs-Trainings und übermorgen „Persönlichkeitsentwicklung" anbieten. Die Trainer sollten Einfühlungsvermögen, Wertschätzung, Menschenfreundlichkeit und Herzlichkeit authentisch vorleben können.

Und Sie müssen (ich möchte Ihnen nicht Ihren Job erklären, aber es sind vermutlich auch Nicht-Personaler unter den Lesern) ein gutes Gefühl haben, wenn Sie jemanden einkaufen. Dazu müssen Sie ihn meines Erachtens nicht unbedingt live kennen gelernt haben. Machen Sie sich ein Bild (Erscheinungsbild im Internet und anderen Materialien, Referenzen, Kernthesen, Mund-Propaganda) und hören Sie auf Ihren Bauch.

Inhalte der Veranstaltung

In der Veranstaltung sollte mehrfach der Zusammenhang zwischen dem Wohlbefinden und Empfinden der Führungskraft und dem der Beschäftigten hergestellt werden. Basis gesunder Führung ist der gesunde Umgang mit sich selbst. Aus diesem Grund halte ich eine Reflexionsanregung zum Thema „wie geht's mir eigentlich?" für unverzichtbar. Natürlich brauchen die Führungskräfte auch Input zum Einfluss von Führungsverhalten auf Wohlbefinden und Gesundheit. Und sie sind erfahrungsgemäß dankbar für handfeste Tools (Vorschläge für Verhaltensweisen: „Was kann ich konkret tun"), zum Beispiel in Form von Fragebögen, wie Sie in Kapitel 4 einen finden. Und Transfersicherung ist selbstverständlich unverzichtbar.

Bewährt hat sich die folgende Reihenfolge: Nach einer Bilanz („was tun Sie schon") zur Standortbestimmung – kombiniert mit einer Erwartungsabfrage inclusive leichter Erwartungsdämpfung – folgt ein Inputblock über Zusammenhänge zwischen Führung und Gesundheit zum „Ankommen" in der Veranstaltung. Es schließen sich Fallbeispiele zum kränkenden Führungsverhalten an und eine strukturierte Darstellung von „psychosozial gesundem" Führungsverhalten. Am Nachmittag des ersten Tages steht ausschließlich das Thema „Self-Care" auf dem Plan (wie gehe ich mit mir um? wie verändere ich mich im Stress? wie kann ich anders mit Stress umgehen? wie kann ich abschalten nach Feierabend?). Wichtig ist, dass die Teilnehmer als Mensch „satt" werden.

Danach sind sie – am zweiten Tag – auch offen für eine kritische Hinterfragung ihres eigenen Führungsverhaltens und widmen sich den 6 in der Baum-Übersicht genannten Dimensionen, die Sie oben schon kennen gelernt haben. Thema sind an dem Tag auch die Grenzen der Führungskraft, professionelle Hilfen und – als Highlight vor der Transfersicherung – die unten näher beschriebene Kollegiale Beratung (strukturierte Lösung zwischenmenschlicher Probleme des Führungsalltags in 6 Phasen, durchgeführt in Kleingruppen).

Gesund führen, das ist primär eine Frage der Haltung und nicht des Verhaltens. Ich behaupte: Bei einer menschenfeindlichen Grundhaltung hilft auch ein noch so häufiges Üben von Verhalten nichts. Da können Sie Rollenspiele machen ohne Ende. Der Mitarbeiter der nicht-wertschätzenden Führungskraft wird sich nie wirklich wertgeschätzt fühlen sondern denken: „Der war wieder auf'm Seminar, der lobt wieder." Aus diesem Grund verzichte ich bewusst auf Rollenspiele. Die sind wichtig in anderen Kontexten, aber nicht, wenn man authentische gesunde Führung vermitteln möchte.

> *Wenn die Haltung nicht stimmt,*
> *braucht man auch kein Verhalten zu üben.*

Erfolgsaussichten

Sie gehen mit der falschen Einstellung (und Erwartung) an Veranstaltungen heran, wenn Sie – oder die Geschäftsleitung – mit "Ergebnissen auf Knopfdruck" rechnen, z.B. hinsichtlich der Anwesenheitsquote. Ich bin schon lange in diesem Geschäft, und ich kenne keine Knopfdrucktechniken. Die Veränderung einer Unternehmenskultur braucht Zeit, Herzblut und Geduld. Ungünstig ist auch, zu glauben, dass Ihre Leute primär durch Geld motiviert werden. Natürlich ist Geld wichtig. Aber wollen Sie mit Menschen zu tun haben, die nur für Geld arbeiten? Und es ist ungünstig, wenn man Sie bzw. Ihre Geschäftsleitung erst von der Bedeutung der "soft factors" für die Produktivität überzeugen muss.

Demgegenüber sind die Voraussetzungen für erfolgreiche Seminare gegeben, wenn: die Geschäftsleitung voll hinter der Idee steht, dass der zwischenmenschliche Umgang in Ihrer Firma "gesund gestaltet" werden soll (der Fisch duftet vom Kopf ...); Sie und die teilnehmenden Führungskräfte bereit sind, Ihr eigenes Verhalten zu hinterfragen - und wenn Sie offen sind für Neues und für Bestätigung; und wenn Sie wissen, dass Geld nicht alles ist, dass aber gute Leistung von Experten ihren Preis hat.

Erwartungen der Führungskräfte dämpfen

Es gibt noch eine weitere Gefahr: Wenn man es einmal geschafft hat, Führungskräfte für das Thema zu gewinnen, so haben sie häufig überzogene Erwartungen hinsichtlich schneller Erfolge. Zwischenmenschliche Gesundheit funktioniert aber noch viel weniger als körperliche Gesundheit nach dem klassischen Ursache-Wirkungs-Prinzip. Im medizinischen Bereich führt das Einwerfen einer Pille zur baldigen Schmerzreduktion. Eine Beziehung zwischen zwei Menschen lässt sich aber nach einem Streit nicht einfach durch ein Lächeln kitten. Jahrelanges Misstrauen wird nicht durch einmaliges Übertragen von Selbständigkeit wieder gut gemacht. Und wer in der Vergangenheit einen Mangel an Anerkennung erlebte, wird nicht aufgrund eines Lobes aufblühen.

Es ist wichtig, Führungskräfte vor zu hohen Erwartungen zu warnen. Vor allem kurzfristig wird sich vielleicht gar nichts ändern. Psychosoziale Gesundheitsförderung braucht einen noch längeren Atem als alle anderen Maßnahmen des Betrieblichen Gesundheitsmanagements. Dass man den Führungskräften Zeit gibt und keine Hau-Ruck-Erfolge erwartet, sollte auch von Seiten des Vorstands signalisiert werden.

> **TIPPS FÜR SIE:**
>
> - Verzichten Sie auf Pflichtseminare zum „Gesund führen"! Man kann Menschen nicht zur Wertschätzung verpflichten.
> - Sprechen Sie sich gegen die Aufnahme der Fehlzeitenquote in die Zielvereinbarungen aus! Das macht nur Druck.
> - Verzichten Sie auf das Üben von Verhalten! Die Haltung zu stärken, dass sollte das Ziel dieser Veranstaltungen sein.

Ein Herz für Chefs!

Tatsächlich leiden Führungskräfte unter vielen Arbeitsbelastungen: hohes Tempo, hohes Volumen, zahlreiche Unterbrechungen, geringe Planbarkeit, kaum Zeit für Pausen, flotter Wechsel zwischen Wichtigem und Banalem, Kapazitätsengpässe, Unklarheit hinsichtlich Zielen und Strategien, Konflikte (mit Mitarbeitern, Kollegen, Vorgesetzten), mangelnde Rückmeldung (damit auch Anerkennungsmangel) und fehlende Rückendeckung, mentale Beschäftigung mit dem Job nach der Arbeit, dadurch bedingt Belastungen des Familienlebens.

Hinzukommt, dass sie sich häufig wie zahnlose Tiger fühlen – ohne jegliche Befugnisse verkommen sie zur Witzfigur. Frage an die obersten Chefs unter den Leserinnen und Lesern: Sind Ihre Führungskräfte wirklich Führungskräfte? Dürfen sie Anweisungen geben, selber Entscheidungen treffen, Verantwortung übernehmen? Oder sind sie nur machtlose Marionetten, die Ihre Entscheidungen umzusetzen haben, so dass die Mitarbeiter sich bei Fragen direkt lieber an Sie wenden?

Die Einsamkeit der Vorgesetzten

Ein weiterer typischer Belastungsfaktor für Führungskräfte ist die schon sprichwörtliche Einsamkeit des Vorgesetzten: Je höher man in der Hierarchie nach oben steigt, desto weniger echte Offenheit gibt es. Austauschmöglichkeiten über Belastungssituationen gibt es – aus Sicht der Betroffenen – nur außerhalb des Unternehmens, also in der Partnerschaft oder bei einem Coach. Innerbetrieblich wird ein Pokerface gezeigt, Verletztheiten werden möglichst kaschiert. Man glaubt, man müsse Stärke zeigen in jeder Situation. Das Verbergen von Ängsten erfordert viel Kraft. Suchtmittelmissbrauch ist eine mögliche Folge.

Anerkennung oder negative Kritik, also jede Form von Feedback, ist selten – wer traut sich schon, einer Führungskraft zu sagen, was er von ihren Verlautbarungen hält? Dazu braucht es schon Menschen mit starkem Rückgrat (ermutigen Sie bitte diejenigen, die diesen Mut aufbringen!). Oder ein anderes Klima, in dem kollegialer Austausch als Ausdruck von Professionalität statt von Versagen („die Lusche schafft es nicht alleine") gesehen wird. Das gibt Orientierung, Halt und damit Sicherheit.

Ein Weg dorthin ist die Einführung der so genannten Kollegialen Beratung[20]. Hierbei unterstützen sich die Führungskräfte nach einem strukturierten Ablauf (6 Phasen in ca. 60 Minuten) gegenseitig bei zwischenmenschlichen Problemen ihres Führungsalltags. In Kleingruppen werden dabei Fälle bearbeitet, die für einen der Teilnehmenden mit Belastungen verbunden sind. Zum Beispiel „ich habe einen Mitarbeiter, der spaltet mir das Team" oder „eine ehemals engagierte Kraft hat sich total zurückgezogen" oder „mein Team besteht aus zwei gegeneinander arbeitenden Gruppen".

Zur Problemlösung wird das Erfahrungswissen der anderen Führungskräfte angezapft. Von dem Vorgehen profitieren letztlich alle: Die Führungskraft, die den Fall vorgestellt hat, erhält Handlungsideen (oder auch Bestätigung, was ebenfalls wertvoll ist); die anderen professionalisieren ihr Führungsverhalten, auch für den Fall, dass sie einmal selber in ähnliche Situationen geraten, und letztlich profitieren auch die Beschäftigten von handlungssicheren

Führungskräften. Alle machen Erfahrungen wie: Problematische Fälle gibt es in jedem Team, die anderen kochen auch nur mit Wasser, ich bin nicht allein. Nebenher wird die Vernetzung der teilnehmenden Abteilungen verbessert, was dem Betrieb insgesamt zugute kommt.

Die Denke der Führungskräfte verstehen

Die wenigsten Führungskräfte haben eine Ausbildung im sozialen Bereich genossen. Die Folge: Die Leute ticken anders als Sie. Es gibt zum Beispiel keinen Grenzwert für psychische Belastungen. Das verunsichert insbesondere technisch orientierte Menschen, die es gewohnt sind, in Maßeinheiten zu denken. Viele Arbeitsschützer wurden so ausgebildet, dass sie anhand von Zahlenwerten ermitteln konnten, ob eine Gesundheitsgefährdung vorliegt oder nicht.

Psychische Belastungen aber entziehen sich der direkten Messbarkeit. Man kann sie nur indirekt erfassen, indem man die Beschäftigten befragt. Und dann sind die ermittelten Werte auch noch von Mensch zu Mensch verschieden – ein weiteres Ärgernis für Ingenieure und andere technik-affine Menschen. Angesichts identischer Noxen (Schadstoffe, also hier zum Beispiel: unter demselben Chef) reagiert der eine mit einem Schulterzucken, während der andere Magengeschwüre bekommt.

> Jetzt hab ich Sie schon 3mal pro Stunde gelobt, insgesamt 18mal. Wieso fühlen Sie sich denn immer noch belastet?

Ursache-Wirkungs-Verhältnisse verlaufen im zwischenmenschlichen und im psychischen Bereich nicht linear. Bislang hat man es sogar mit Zirkelreaktionen zu tun (A findet B unsympathisch und grüßt ihn nicht, B fühlt sich beleidigt und sabotiert daraufhin ein aktuelles Projekt von A, A katapultiert daraufhin B aufs berufliche Abstellgleis).

Solche Reaktionsketten lassen sich nicht in naturwissenschaftlichen Formeln abbilden. Das erschwert ihr Verständnis noch einmal. Und dann fehlen auch noch, wie angesprochen, die Grenzwerte. Auch das ist ungewöhnlich …

Führungskräften das Gesund-Führen erleichtern

Sie möchten den Führungskräften in Ihrem Unternehmen das „Gesund führen" erleichtern? Preschen Sie vor! Ein Einstieg: Das Zugeben von Schwächen. Es macht nicht nur sympathisch, es verbessert auch das Betriebsklima. Wenn man gemeinsam über Missgeschicke lachen kann, schweißt das zusammen. Seine Schwächen zu verbergen, das hat eigentlich nur derjenige nötig, der sich insgeheim selbstunsicher fühlt. Wahrlich souveräne Menschen können mit ihren Schwächen sogar kokettieren. Damit erleichtern Sie Führungskräften in Ihrem Unternehmen ein bisschen das Gesund-Führen.

Jeder kann dazu beitragen, die Offenheit zu vergrößern, indem er ab und zu eine – kleine – Schwäche zugibt („typisch ich: übersehe den Parkplatz vor meiner Nase" oder „und wie ich das immer so mache, schütte ich mir prompt eine Tasse Kaffee über die neue weiße Hose"). Damit vergibt man sich nichts, und man signalisiert: Ich bin ein Mensch, und mir ist nichts Menschliches fremd. Das taut auch die anderen auf. Sie können so zum Beispiel als Personaler oder Betriebsrat ein bisschen für Auflockerung sorgen.

Wertschätzung für Führungskräfte und ihre Teams

Weisen Sie immer wieder darauf hin, wie toll es ist, dass die Führungskräfte ihre Ziele mit ihrem Team (!) gemeinsam erreicht haben. Sie machen damit deutlich: „Chefs, ohne eure Leute seid ihr nix – und das könntet ihr denen auch mal sagen!" Das fördert im Idealfall die Wertschätzung, die die Vorgesetzten für ihre Mitarbeiter empfinden. Auch Sätze wie „Sie können echt stolz sein auf sich (!) und Ihr Team!" erleichtern es Führungskräften, ihren Leuten mit Respekt zu begegnen: Wenn sie stolz auf sich sind, werden sie auch großzügiger mit der Anerkennung für andere.

Zeigen Sie sich selbst als Mensch – mit Fehlern, Schwächen und Humor. Machen Sie kein Hehl aus Ihren Gefühlen. Daniel Goleman[21] plädiert für „Emotionale Führung". Er meint, es sei motivierend und gesund, seine Emotionen nicht zu verstecken, sondern sein Team damit anzustecken und mitzureißen. Notfalls sogar mal mit schlechter Laune. Hauptsache Gefühle. Diese Signale sind wichtig vor allem dann, wenn Sie es mit pokerface-tragenden Führungskräften zu tun haben. Tauen Sie sie auf mit Ihrer Emotionalität! Strahlen Sie sie an, wenn Sie sich freuen.

Letztlich tut es jeder Führungskraft gut, wenn sie so behandelt wird, wie sie eigentlich die anderen behandeln sollte: mit Respekt, Interesse am Individuum, Freundlichkeit, Achtung ihrer Bedürfnisse, Feedback (ja, trauen Sie sich!). Meine Empfehlung lautet also: Machen Sie es vor! Egal in welcher Funktion Sie tätig sind: Sie prägen damit das Befinden der Führungskraft mindestens für die nächsten fünf Minuten. Und langfristig beeinflussen Sie vielleicht sogar ihr Verhalten.

Ich habe ein Unternehmen kennen gelernt, in denen tatsächlich die Sicherheitsfachkraft der eigentliche „starke Mann" im Unternehmen war: Der Mann pflegte einen so wertschätzenden achtungsvollen Umgang mit allen Führungskräften, dass er damit sogar einen seitens der Konzernleitung eingesetzten kaltherzigen Eisklotz über die Jahre „vermenschlicht" hatte. Er hatte es geschafft, mit seinem Verhalten das seines Vorgesetzten zu prägen. Dabei hatte er sich nie verbogen oder gar die Funktion des Chefs in Frage gestellt, nein, er zeigte einfach konsequent Respekt und Wertschätzung und ließ sich darin nicht beirren oder „erkälten", um in dem Bild zu bleiben.

Bitte keine Samstags-Veranstaltungen

Aus Respekt vor Ihren Führungskräften sollten Sie auch keine Samstags-Seminare oder -Gesundheitstage durchführen. Leider hat es sich eingebürgert, Veranstaltungen zum Thema Gesundheit zur Hälfte aufs Wochenende zu legen. Das ist nicht nur trainerfeindlich (saftige Zuschläge sind die Quittung dafür, bis zum 5fachen des normalen Honorarsatzes), es gibt auch den Führungskräften das falsche Signal. Die Begründung von Seiten der Firmenleitung lautet „Gesundheit ist ja auch Privatsache". Das stimmt schon. Aber das Signal, das ankommt, lautet: „Gesundheit geht auf Kosten Eurer Freizeit!"

Und beim Thema „Gesund führen" ist das Signal noch fataler, denn es bedeutet: „Gesunde Führung ist mit Mehraufwand verbunden – du musst privat in deiner spärlichen Freizeit draufzahlen, wenn du deine Leute gesund führen willst; Gesundheit kostet dich also Lebensqualität." Ganz ehrlich, wer hätte dann noch Lust auf das Thema? Ich nicht. Abgesehen davon, dass sich in einem einigermaßen normal gestrickten Betrieb gesunde Führung quasi en passant erledigen lässt und nicht mit wesentlich mehr Zeitaufwand verbunden ist.

> Kommen Sie doch bitte am Samstag und Sonntag um 8.00 Uhr in die Firma. Das Seminar dient schließlich Ihrer Gesundheit. Oder wollen Sie dafür nicht Urlaub nehmen?

Ich halte das Signal daher für fahrlässig. Die Maßnahmen sind zum Misserfolg verdammt. Gesundheit sollte nichts sein, das noch obendrauf, also zusätzlich, erledigt werden muss. Stattdessen sollen die Führungskräfte erkennen, dass sie alles, was sie tun, gesundheitsbewusst angehen können – also mit einem salutogenen Selbstverständnis, ohne dass dies zusätzliche Aufgaben bedeuten würde.

Und noch ein wichtiger Punkt: Die Teilnehmerinnen und Teilnehmer sollen Ihre Gesundheitsförderungsaktionen als Ausdruck von Wertschätzung empfinden, als Ausdruck Ihrer „do care!"-Kultur. Dieser Effekt geht verloren, wenn Sie die Maßnahmen in die Freizeit legen. Auch von einer anteiligen finanziellen Beteiligung (um zu zeigen: „Gesundheit ist auch Aufgabe des einzelnen") würde ich Ihnen abraten. Psychologisch wirkt hier nicht das Dissonanzprinzip („ich habe ja dafür bezahlt, also steh ich auch dahinter"), sondern der finanzielle Beitrag des Betriebs geht unter angesichts des Gedanken „Ich hab das selber bezahlt". Das Wertschätzungssignal kommt also nicht an.

TIPPS FÜR SIE:

- Wertschätzen Sie, was die Führungskräfte mit ihren Teams geschafft haben. Das zeigt: Ihr seid aufeinander angewiesen.
- Haben Sie Verständnis für technisch-denkende Menschen! Die haben es so gelernt. Leben Sie die Vorbildfunktion!
- Verzichten Sie auf Wochenend-Veranstaltungen! Sie würden damit das Signal geben, gesunde Führung koste Freizeit.

8 Selber gesund bleiben unter ungesunden Rahmenbedingungen

„Diesen Job bis 67 machen?! Da werd' ich bekloppt!"

Wie Sie Ihre eigene Psyche stärken

Fast jeder zweite EU-Bürger leidet einmal im Leben an einer psychischen Erkrankung. Psychische Erkrankungen sind inzwischen die häufigste Ursache, wenn jemand aus gesundheitlichen Gründen frühzeitig aus dem Erwerbsleben ausscheidet. Stress im Job gilt dabei als wichtiger Risikofaktor. Wer den gestiegenen Anforderungen im Job gewachsen sein will, braucht neben einem fitten Körper auch eine starke Psyche. Die lässt sich trainieren [12], genau wie der Körper – ein Gedanke, der allerdings vielen noch fremd ist. Angesichts der veränderten Arbeitswelt wird es höchste Zeit, dass wir begreifen, wie wir unsere seelische Gesundheit stärken können. Das ist kein Garant für psychische Gesundheit, aber eine kostenlose und sinnvolle Präventionsmaßnahme.

Es ist schwieriger geworden, gesund zu bleiben

Der Düsseldorfer Medizinsoziologe Professor Johannes Siegrist (ChangeX-Newsletter vom 05.05.09) beschreibt in seiner Schrift „Der Homo oeconomicus bekommt Konkurrenz": Arbeitsbedingungen, die unter der Maxime der Nutzenmaximierung gestaltet werden, machen krank – und zwar systematisch und nicht nur diejenigen, denen man mangelhaftes Selbstmanagement vorwerfen könnte. Und wenn 47% der Deutschen in einer Befragung (forsa-Umfrage im Auftrag von brigitte-balance im Herbst 2008) angeben, rund um die Uhr für den Arbeitgeber erreichbar zu sein, sind die nicht einfach alle arbeitswütig oder blöd. Es sind die Arbeitsbedingungen, die sie dazu treiben.

Die Erschöpfungsdepression als Folge von Dauerstress ist auf dem besten Wege, salonfähig zu werden wie früher der Herzinfarkt: Sie wird quasi als

Auszeichnung für besonders engagierten Arbeitseinsatz verstanden (27). Doping am Arbeitsplatz greift um sich. Männer schlucken Pillen, um sich aufzuputschen und noch mehr Leistung zu erbringen. Frauen schlucken Pillen, um sich runterzuholen, zu beruhigen und dadurch ihre Leistungsfähigkeit zu verbessern. Fünf Prozent aller 20- bis 50jährigen Erwerbstätigen putschen sich laut DAK-Gesundheitsreport 2009 mit leistungssteigernden Mitteln auf.

Soziale Unterstützung, die als Belastungspuffer dienen könnte, wird weniger. Die Entsolidarisierung in der Arbeitswelt schreitet weiter voran. Statt sich gemeinsam für bessere Arbeitsbedingungen einzusetzen, kämpft jeder für sich. Zielvereinbarungssysteme tragen dazu ebenso bei wie die Zunahme befristeter Arbeitsverhältnisse. Die Zeitarbeiter sind neidisch auf die Festangestellten und erwarten von diesen – meist ohne es zu artikulieren – einen Einsatz für bessere Arbeitsbedingungen. Von diesen Erwartungen fühlen sich die meisten Festangestellten überfordert. Man kontrolliert sich gegenseitig dahingehend, dass der andere auch ja nicht zu wenig arbeitet. Eine Solidarisierung wird durch solche Mechanismen weiter erschwert – häufig im Sinne des Arbeitgebers.

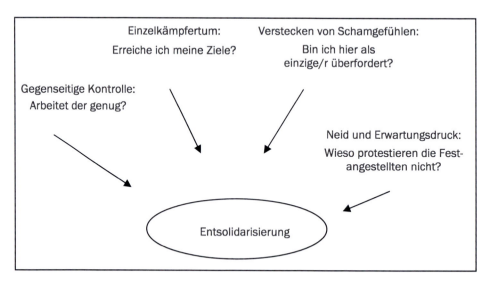

Abbildung 22: Facetten von Entsolidarisierung im Arbeitsleben

Brisanterweise kommt es oft gerade dann zu einer Entsolidarisierung, wenn zunächst fitte Kollegen versuchen, die reduzierten Leistungen der anderen –

meist ohne es auszusprechen – zu kompensieren. Wenn sie dann merken, dass sie damit das Leistungsgefüge nur vorübergehend stabilisieren konnten und ihre eigene Leistungsfähigkeit damit langfristig gefährdet haben, entsteht Ärger über die schwächeren Kollegen, und von Solidarität ist nichts mehr zu sehen.

Versuchen Sie bitte nicht, über einen längeren Zeitraum (sagen wir: zwei Wochen) die reduzierte Leistungsfähigkeit von Kolleginnen oder Kollegen durch eigene Mehrarbeit aufzufangen. Wenn Sie sich stark genug fühlen, dies über längere Zeit (maximal drei Monate, selbst wenn Sie sich noch so fit fühlen) durchzuhalten, sollten Sie eben dies mit Ihrer Führungskraft und den anderen im Team besprechen. Was gar nicht geht – vor dem Hintergrund von Selbstfürsorge –, ist monatelanges Kompensieren der Schwächen anderer. Das macht Sie vielleicht zum christlichen Helden, bringt Sie aber ganz schnell ins Grab.

Kein Grund zum Schämen

Die meisten Menschen empfinden es als beschämend, nicht mithalten zu können. Daher behalten sie ihr Belastungserleben lieber für sich. Die Arbeit ist ein wichtiger Teil unserer Selbstdefinition. Aus ihr schöpfen wir einen großen Teil unseres Selbstwertgefühls. Und wenn sie wegfällt, fühlen wir uns wertlos. Wir müssen uns dann neu definieren. Deshalb haben wir Hemmungen, uns gegen unsere Arbeit (ein Zuviel davon) zu wehren. Manche verlassen sich auch darauf, dass der Arbeitgeber schon seiner Fürsorgepflicht nachkommen wird.

Falsch gedacht! Warten Sie nicht, bis Ihr Betrieb sich um Ihre Gesundheit kümmert und sagt: „Stopp, jetzt hör mal langsam auf, du überforderst dich!" – Es kann sein, dass Sie auf dieses Signal ewig warten müssen. Zumindest sollten Sie sich nicht darauf verlassen, dass Ihre Führungskraft so tickt, wie in diesem Buch empfohlen. Die Verantwortung für die eigene Gesundheit dürfen Sie nicht delegieren. Die liegt zunächst einmal bei Ihnen. Sie sollten es sich wert sein. Austausch mit Kollegen über dieses Thema stärkt Ihnen den Rücken.

Selbstfürsorge in Form von Nein-Sagen-Können wird zur Schlüsselqualifikation der Zukunft.

Selbstfürsorge wird zur Schlüsselqualifikation der Zukunft. Männer müssen lernen, sich von der Illusion unbegrenzter Belastbarkeit zu verabschieden. Frauen müssen lernen, öfter und bestimmter „Nein" zu sagen gegen Arbeitswünsche ihrer Umgebung. Wer diese grundlegende Fähigkeit zum Schutz der eigenen Gesundheit nicht schon zu Beginn seiner Berufstätigkeit ausbildet, wird irgendwann vor die Hunde gehen, denn die Zahl der fürsorglichen aufmerksamen Führungskräfte ist rückläufig. Der Grund: Auch viele Führungskräfte verfügen nicht über diese Selbstfürsorgefähigkeit. Also protestieren Sie bitte gegen den Erreichbarkeitswahn (24 Stunden täglich im Dienst der Firma) – im Namen der Gesundheit aller. Und stärken Sie die anderen Mutigen!

> *Überforderungen anzusprechen, ist Ausdruck von Verantwortung – nämlich einerseits sich selbst gegenüber, zum anderen aber auch dem Betrieb gegenüber.*

Sie müssen also selber die Notbremse ziehen, wenn Sie merken „Es geht nicht mehr". Denken Sie bitte nicht: „Das muss doch zu schaffen sein, sonst hätte mein fürsorglicher Chef doch nicht diese Ziele mit mir vereinbart." Der Gradmesser, für welche Belastungen Sie geschaffen sind, liegt allein in Ihnen selber. Dies wird immer wichtiger, gerade jetzt, wo die Arbeit immer mehr Entgrenzung erfährt: So genannte Vertrauensarbeitszeit, Heimarbeit, Leistungsmessung allein an den Ergebnissen – diese Strukturen bürden Ihnen als Arbeitskraft die Verantwortung für Ihre Gesundheit auf. Wenn Sie nicht „Stopp!" schreien: Woher soll Ihre Führungskraft wissen, dass Sie schon am Limit sind? Wenn Sie einfach nur sagen „ich bin im Stress", könnte sie dies missverstehen, denn bei vielen Leuten heißt der Satz einfach nur „ich bin wichtig".

Es ist ein bisschen wie in der Liebesbeziehung: Wir (insbesondere Frauen, ich geb's ja zu) wünschen uns, dass unser Partner uns die Wünsche von den Augen abliest – und sind bitterlich enttäuscht, wenn er das nicht kann. Dabei könnten wir unsere Partnerschaft viel konstruktiver gestalten, wenn wir unsere Wünsche klar artikulieren würden. Je mehr Sie sich reinhängen, desto größer wird der Effizienzdruck. Die Spirale schraubt sich nach oben. Was Sie heute –

vielleicht unter Aufbietung aller Kräfte – leisten, wird zum Standard für das nächste Jahr. Sie müssen also fortan mindestens dieselbe Leistung abliefern.

Gerade die modernen Arbeitsbedingungen mit dem Arbeiten in Projektteams und den vermeintlichen Freiräumen (schließlich ist nur die Zielerreichung bis zum Tag X vorgeschrieben, nicht aber das wo und wie und wann) verlangen vom mündigen Beschäftigten, dass er selber den Mut aufbringt, Nein zu sagen, sobald es ihm zu viel wird. Sich abgrenzen – das nimmt einem auch der fürsorglichste Arbeitgeber nicht ab. Das muss man schon selber. Leider wurden die wenigsten von uns in ihrer Sozialisation darauf vorbereitet. Aber zum Glück wissen wir ja inzwischen, dass die Plastizität des Hirns mitnichten abnimmt und Lernen noch bis ins hohe Alter möglich ist ...

Prinzipien für eine starke Psyche

Fangen Sie also am besten gleich damit an. Die Verhaltenstherapie liefert einige Regeln, mit deren Hilfe jeder Mensch seine Psyche stärken kann. Neben dem richtigen Abschalten und dem natürlichen Rhythmus von Anspannung und Entspannung tut zum Beispiel Ordnung der Seele gut. Sie kennen den Effekt auf die Psyche, der sich nach einer ausgiebigen Reinigung der Wohnung einstellt. Positiv wirkt alles, wovon wir ein Ergebnis sehen. Das Aufräumen gehört hier ebenso her wie das Arbeiten im Garten oder kreative Tätigkeiten.

Bewegung wirkt zwar auf den ersten Blick nur auf den Körper, hat aber auch salutogene Effekte auf die Psyche. Es sind nicht nur die Endorphine, die manche bei längeren Läufen ausschütten, sondern wir alle sind zum Beispiel nach dem Joggen stolz, dass wir etwas geschafft haben. Ein Ziel in die Tat umsetzen, das macht uns Menschen glücklich. Es gibt uns das Gefühl, Herr im eigenen Leben zu sein. Einen ähnlichen Effekt erzielen Sie, wenn Sie Pläne fassen (schriftlich! im Kopf das reicht nicht) und Schritt für Schritt umsetzen. Wir denken dann, wir hätten das Leben im Griff und nicht umgekehrt.

Auch soziale Kontakte, die uns gut tun, stärken die Psyche. Sie fungieren zugleich als Haltgeber für Krisenzeiten. Gehen Sie dem Stress nicht aus dem Weg! Überwundener Stress macht uns fitter als vorher. Aber hegen und pflegen Sie alles, was für Sie ein Gegengewicht zum Stress bedeutet, wo Sie Ihren Akku wieder aufladen können. Alles, was Sie stärkt, sollten Sie häufiger tun. Und alles, was Sie schwächt (zu viel TV, zu viel Alk, Pillen etc.) sollten Sie sein lassen.

Besonders empfehlenswert für alle – aber insbesondere für die, die ein dickes Fell brauchen – ist das Erlernen eines Entspannungstrainings. Damit schlagen Sie viele Fliegen mit einer Klappe: Sie erholen sich; Sie bekommen Kontrollgefühle, denn Sie setzen einen Vorsatz (Plan) regelmäßig (Ritual) um; Sie lernen sich wieder zu konzentrieren, Ihr Blutdruck sinkt, und Sie gewinnen an Stärke.

> TIPPS FÜR SIE:
>
> - Wehren Sie sich gegen den Erreichbarkeitswahn! Ihre Gesundheit und die weniger mutigen Kollegen danken es Ihnen.
> - Definieren Sie sich nicht nur über die Arbeit! Das dient auch Ihrer Enttäuschungsprophylaxe. Netzwerke fangen Sie auf!
> - Warten Sie nicht, bis sich Ihr Arbeitgeber um Sie sorgt! Nein-Sagen müssen Sie selber.

Basiskompetenz: Abschalten

Die Unfähigkeit abzuschalten ist eines der Hauptsymptome für beginnenden Burnout. Hinzu gesellen sich häufig weitere Anzeichen: man bewegt sich weniger, man trifft sich weniger mit Freunden, man isst unkontrolliert. Diese Reaktionen auf chronischen Stress tragen ihrerseits dazu bei, die Belastbarkeit noch weiter zu reduzieren. Die Erholungsfähigkeit schwindet mehr und mehr. Der Akku lässt sich nicht mehr aufladen. Man fühlt sich am Ende seiner Kräfte. Dr. Wolfgang Panter, der Präsident des Verbandes deutscher Betriebs- und Werksärzte, sieht eine Hauptursache für die schlechte psychische Gesundheit der Beschäftigten in der Unfähigkeit abzuschalten.

Abschalten ist Arbeit

Abschalten ist – entgegen der landläufigen Meinung – nichts Passives, das quasi von allein über einen kommt. Es ist im Gegenteil ein **aktiver und bewusster Akt**, für den es Disziplin und Einsatz braucht. Auch die Erholung kommt nicht mehr von selbst. Früher mussten Sie sich vielleicht einfach nur auf die Couch legen oder mit den Kindern spielen, und schwupps war der Job mental beiseite geschoben und blieb es auch bis zum nächsten Morgen. Diese Fähigkeit geht im Laufe der Jahre verloren, wenn man das Abschalten nicht übt. Klingt schrecklich, ist es aber nicht – wenn man ein paar Grundregeln beherrscht [4].

Erholung kommt also, zumindest ab dem mittleren Lebensalter – nicht von automatisch. Bloß weil Sie nichts tun, ist das noch nicht gleich erholsam. Erholung bedeutet einen bewussten Schnitt zu machen, eine Zäsur. Für die meisten Menschen gilt: Erholung ist ein Kontrasterlebnis. Das heißt, Sie müssen in der Pause etwas anderes tun, sehen, hören als während der Arbeitszeit. Nach Feierabend etwas anderes als tagsüber. Und während des Urlaubs etwas anderes als während ihrer beruflichen Tätigkeit. Und Pause heißt Pause!

> *Erholung ist ein Kontrasterlebnis. Oder sie ist keine.*

Wenn Sie tagsüber viel reden und sich ständig auf andere Menschen einstellen müssen, dann wollen Sie abends – wenigstens für eine bestimmte Zeit – Ihre Ruhe. Das müssen Sie unter Umständen mit der Familie abstimmen, damit sie Ihnen ein Ruhe-Intervall gönnt, und seien es nur zehn Minuten, in denen Sie ganz für sich sind. Das Starren auf einen Bildschirm unter gleichzeitiger Betätigung der Fernbedienung empfinden Menschen, die tagsüber am PC gearbeitet haben, meist nicht als wirklich erholsam. Da ist eher Bewegung angesagt, und sei es, im Mini-Format (50 Hüpfer auf dem Trampolin).

Unser Körper ist durchaus darauf angelegt, mit Stress fertig zu werden. Solange wir uns nach der Anspannungsphase eine Phase der Entspannung gönnen, ist alles in Ordnung. So lange ist der Stress quasi ein Ausnahmezustand. Wenn er aber zur Regel wird und wir permanent in der Anspannung bleiben, dann wird's gefährlich. Es ist durchaus möglich, dass wir eine Zeit lang quasi auf Reserve fahren. Wir verausgaben uns vorübergehend über unsere Verhältnisse. Aber wir müssen diesen Reservetank wieder aufladen, sonst geht irgendwann gar nichts mehr und der Weg fürs Burnout ist geebnet.

Rituale sorgen für Ordnung im Kopf

Wenn Sie nicht gerade an einer Zwangserkrankung leiden, dann geben ritualisierte Verhaltensweisen Ihnen Stabilität. Ritual meint hier nicht Kaffeesatz-Lesen sondern einfach eine Handlung, die Sie an jedem Tag zur selben Zeit ausüben. Auch dann, wenn es kriselt oder Sie im Stress sind. Zum Beispiel die Tasse Espresso, die Sie täglich nach dem Heimkommen trinken. Man weiß, dass Menschen, die solche Rituale in guten Zeiten pflegen, die schlechten Zeiten gesünder überstehen. Die Rituale wirken wie Festhaltepunkte.

Fürs Abschalten bedeutet dies: Fangen Sie damit nicht erst daheim an. Überlegen Sie stattdessen noch im Büro, was heute gut war und was morgen sein wird (Plan!). Und dann räumen Sie den Schreibtisch auf (Ritual) oder Sie spülen die Teetasse (Ritual!). Oder Sie fahren den PC runter und denken täglich bei dieser Handlung „puuuh, Feierabend!". Das ist ein Mini-Baustein, der für Klarheit im Kopf sorgt und uns damit das Gefühl gibt, dass wir die Dinge geregelt kriegen. Dieses Gefühl brauchen wir zur Stärkung unserer Psyche.

Dann werden trotzdem während des Feierabends immer mal wieder Gedanken an die Arbeit in Ihrem Hirn dazwischenfunken. Die können Sie liebevoll begrüßen und dann sachte beiseite schieben. Falls es wirklich wichtig sein sollte, schreiben Sie es halt kurz auf. Dann ist es raus aus Ihrem Kopf. Ärgern Sie sich nicht. Abschalten-Können ist Trainingssache. Das funktioniert nicht von heute auf morgen. Und so kleine Gedankenblitze an die Arbeit sind ganz normal, so lange Sie nicht Ihr ganzes Denken beherrschen.

Achtsamkeit statt Ablenkung

Eine Mini-Abschalt-Übung gefällig? Konzentrieren Sie sich 10 Sekunden lang auf Ihren Atem. Man kann sagen, wir leben, wie wir atmen, oder auch: Wir atmen, wie wir leben. Wer im Stress ist, hat eine hastige, verkürzte, oberflächliche Atmung. In der Ruhe hingegen sind auch Brust- und Bauchmuskeln an der so genannten Vollatmung beteiligt. In den 10 Sekunden nehmen Sie einfach Ihre Atmung wahr, möglichst ohne diese zu steuern, und schon lösen sich Verspannungen, der Atem wird tiefer, die Psyche ruhiger, der ganze Menschen entspannter. Ausprobieren!

Im Grunde tut uns Achtsamkeit immer gut. Das Wort ist zur Zeit im Trend, aber schon zu Buddhas Zeiten gab es das Wissen darum, dass es gut tut, im Hier und Jetzt zu leben und aufmerksam still zu werden – zumindest für ein paar Minuten. Wenn wir dabei auf den eigenen Atemrhythmus achten, fällt es uns leichter, die Aufmerksamkeit nicht wild schweifen zu lassen. Konzentration auf eine Sache (für Fortgeschrittene: aufs Nichts) hilft uns, Gedanken zu ordnen. Dieses Gefühl wiederum, Herr im eigenen Hirn zu sein, gibt uns Stabilität.

> *Wer abschalten will, muss abschalten.*
> *(Fernsehen, Radio, Handy, Lärm, Ablenkung)*

Einen ähnlichen Effekt erzielen Sie, wenn Sie sich einfach auf eine Sinneswahrnehmung konzentrieren: Nach der Arbeit zehn Minuten lang nur das Tomatenbrot und Sie. Kein Radio, kein Fernseher, kein Handy, keine Zeitung nebenher. Das klärt die Gedanken und lässt innerlich zur Ruhe kommen. Also: Ablenkungen ausschalten (abschalten!), dann Konzentration einschalten. Das holt Sie runter und sorgt für innere Ausgeglichenheit.

Die Stunde vor dem Schlafengehen („Blaue Stunde")

Insbesondere die Stunde vor dem Zubettgehen sollten Sie selbstwertfreundlich gestalten, wenn Sie sich einen erholsamen Schlaf wünschen. Keine sechs Leichen im TV oder sinkenden Aktienkurse oder Kriegsgeschichten in dieser Stunde. Stattdessen bildlich gesprochen Rosamunde Pilcher ... Irgendwas, das Ihre Seele beruhigt. Eine Stunde vor dem Schlafengehen sollten Sie außerhalb des Schlafzimmers noch einmal in Gedanken – besser mit Papier und Stift – den Tag durchgehen. Am Schluss legen Sie den Zettel beiseite und gönnen Sie sich ein Einschlafritual wie die heiße Milch oder ein Fußbad.

Und wenn Sie nachts aufwachen, sagen Sie sich – statt in Grübelgedanken zu verfallen –, dass das ganz normal ist (passiert bis zu 30mal pro Nacht, sagt Deutschlands Schlafpapst Professor Zulley). Normalerweise merken wir es bloß nicht, weil wir innerhalb von drei Minuten wieder einschlafen und uns dann später nicht mehr daran erinnern können. Also drehen Sie sich einfach wieder um auf die andere Seite und kuscheln sich richtig schön in die Kissen.

> **TIPPS FÜR SIE:**
>
> - Pflegen Sie ein Feierabend-Ritual, das Sie noch am Arbeitsplatz ausüben! Es bekommt Symbolcharakter.
> - Sorgen Sie nach Feierabend für Kontrasterlebnisse. Nur so kommt wirklich ein Erholungseffekt.
> - Gönnen Sie sich gute blaue Stunden! Angenehme Erlebnisse in den 60 Minuten vorm Einschlafen verbessern den Schlaf.
> - Drehen Sie sich einfach um, wenn Sie nachts aufwachen! Das ist ganz normal – und schon schlafen Sie weiter.

Jetzt die Grundlage für gesundes Alter(n) legen

Wie geht's Ihnen bei dem Gedanken, noch bis zur Rente in Ihrem jetzigen Job zu arbeiten? Viele Menschen finden die Vorstellung gruselig, dass sie ihre aktuelle Arbeitstätigkeit vielleicht noch zehn, zwanzig, dreißig Jahre ausüben sollen. Einmal ganz abgesehen davon, dass unsere Arbeitsplätze sich ohnehin noch wandeln werden in diesen langen Zeiträumen, führt diese Vorstellung zu der sinnvollen Frage: Was bräuchten Sie denn, um bis zur Rente durchzuhalten? Die Antworten liefern wichtige Hinweise auf notwendige Veränderungen der Arbeitsbedingungen (daher macht es Sinn, dass sich auch Ihre Kollegen mit dieser Frage auseinandersetzen).

Ideen gegen die Furcht vorm Altern

Es ist normalerweise auch nicht das Alter(n), das uns Angst macht, sondern die Befürchtung, im Alter nicht mehr fit zu sein und schon bald so auszusehen wie unsere Großeltern. Da kann ich Sie beruhigen: Wir werden aller Erfahrung nach anders alt werden als unsere Vorfahren. Wir haben Arbeitsbedingungen, die in der Regel weit weniger körperlich belastend sind. Und wir leben gesünder. Unsere Ernährung ist fettärmer und ausgewogener (naja, in der Regel), und moderates Ausdauertraining gehört für die meisten von uns zum Alltag. Das Gesundheitsverhalten hat sich eindeutig verbessert in den letzen Jahren und Jahrzehnten. Gut so.

> *Wer alt werden will,*
> *muss jung damit beginnen.*

Orientieren Sie sich statt an Ihren Vorfahren lieber an Menschen, die als Vorbild für gesundes Altern herhalten können. Prominente wie Katja Ebstein oder Udo Jürgens liefern uns ganz andere Bilder der grauen Generation. Eben ganz und gar nicht grau, sondern noch immer voll im Saft. Vermutlich sind die schon mit guten Genen gesegnet. Aber wenn wir ehrlich sind, müssen wir vermuten: Die haben auch etwas dafür getan, heute noch so auszusehen. Und es hindert uns niemand daran, davon ein kleines bisschen abzugucken.

Mentale Vorbereitung

Meine Empfehlung lautet: Sehen Sie Ihr Leben als kontinuierlichen Prozess – und nicht als zwei Hälften (vor der Rente versus in Rente). Führen Sie sich immer wieder vor Augen, wie viele Veränderungen Sie in Ihrem Leben schon vollzogen haben. Und viele zum Besseren. Als 20jähriger dachten Sie, Menschen mit 50 stünden mit einem Bein schon fast im Grab. Heute hat sich Ihre Vorstellung von „richtig alt" vermutlich schon weit nach hinten geschoben. Das kann uns beruhigen und darauf hoffen lassen, dass unsere Psyche uns auch weiterhin das Leben attraktiv finden lässt.

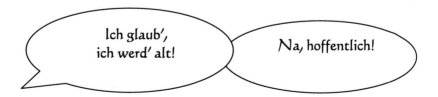

Fragen Sie sich heute schon, wie Sie denn alt werden wollen. Am besten nehmen Sie sich für diese Vorstellungsübung ein bestimmtes Datum, zum Beispiel Ihren 70. Geburtstag. Mit wem möchten Sie ihn verbringen? Wie wird Ihre körperliche Verfassung sein? Welche Hobbies werden Sie dann haben? Womit werden Sie Ihre Zeit verbringen? Wo wollen Sie dann wohnen? Und wie?

Aktive Vorbereitung

Lassen Sie das Alter(n) nicht einfach auf sich zukommen. Wenn Sie sich mit den gerade genannten Fragen beschäftigt haben, können Sie daraus leicht Handlungsempfehlungen für eine aktive Vorbereitung aufs Altern ableiten. Denn so viel ist klar: Eine gute Gesundheit im Alter fällt nicht (nur) vom Himmel; sie ist auch abhängig davon, wie wir sie in früheren Jahren pflegen und fördern.

Ein intaktes Sozialleben mit Freunden, Bekannten, vielleicht Vereinen oder anderen Gruppen will ebenfalls in frühen Jahren angelegt sein. Natürlich kann man auch später noch Bekanntschaften knüpfen, aber gute Freunde werden naturgemäß eher weniger als mehr. Und auch Hobbies wie Musizieren, Sprachenlernen oder kreative Aktivitäten machen mehr Spaß und bringen mehr Erfolge, wenn man nie aus dem Training gekommen ist.

Vielleicht ist Ihnen ja dieser Gedanke eine Hilfe dabei, öfter Nein zu sagen zu betrieblichen Anforderungen: Jeder Sporttermin, den Sie wahrnehmen, und jedes Vereinstreffen, an dem Sie teilnehmen, ist ein Baustein für ein gesundes, glückliches Leben im Alter.

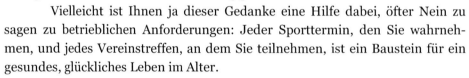

TIPPS FÜR SIE:

- Fragen Sie sich mindestens 2x pro Jahr, ob Sie Ihr derzeitiges Leben bis zur Rente durchhalten! Das klärt Prioritäten.
- Beobachten Sie „jung gebliebene Alte"! Vielleicht möchten Sie etwas von deren Lebensstil übernehmen.
- Legen Sie heute den Grundstein für ein glückliches gesundes Altern – körperlich, psychisch und zwischenmenschlich.

9   Maßnahmen mit Langzeitwirkung

> *„Die Fehlzeitenquote muss runter - sofort!"*

Sofortwirkungen – und wieso die Fehlzeitenquote nicht alles ist

In vielen Betrieben wird Gesundheit immer noch gleichgesetzt mit einer niedrigen Quote krankheitsbedingter Fehlzeiten. Dementsprechend wird der Erfolg des Betrieblichen Gesundheitsmanagements gemessen an den Kosteneinsparungen durch die Reduzierung von Ausfallzeiten. Diese liefern quasi die wirtschaftliche Rechtfertigung für BGM-Maßnahmen. Controller denken so. Daraus ist ihnen kein Vorwurf zu machen. Aber von Geschäftsleitungen sollte man eine andere Denke erwarten können. Gesundheit ist mehr.

Fehlzeiten sind laut Professor Ulich [22] ein Indiz für fehlende Gesundheit – was aber sind Indizien für vorhandene Gesundheit? Krankheitssymptome sind leichter zu erkennen als Gesundheitssymptome. Eben diese Nicht-Sichtbarkeit von Gesundheit ist ein Hauptproblem des BGM, so Ulich. Die Fehlzeitenquote ist sichtbar. Ich spreche hier deshalb von "Fehlzeitenquote", weil das Wort noch immer weit verbreitet ist. Die Betrachtung der „Anwesenheitsquote" hat sich nicht durchgesetzt, die betriebliche Akzeptanz dieses Ausdrucks ist geringer, weshalb ich hier die konservative Terminologie verwende. Die Perspektive anders zu wählen, also die Anwesenden in den Fokus zu rücken, ist aus salutogenetischer Sicht aber sinnvoll und empfehlenswert (s.u.).

Auch Fehlzeiten im Normbereich können ein Problem sein

Und wenn alle anwesend sind? Ist dann automatisch alles in Butter und die Produktivität gesichert? Mitnichten. Dann ist zwar dem äußeren Anschein gedient, aber wenn die Leute ihre Zeit in innerer Kündigung stumpf absitzen, ist niemandem geholfen. Der Grund für eine Fehlzeitenquote im Normbereich kann auch im repressiven Vorgehen liegen. Wenn Menschen Angst haben, daheim zu bleiben, stimmt die Quote – die Leistung aber darum noch lange nicht.

Inzwischen wird diskutiert – und es gibt entsprechende Studien –, dass die Kosten, die durch Präsentismus entstehen (also dadurch, dass sich Menschen krank an den Arbeitsplatz schleppen, statt sich ordentlich auszukurieren), deutlich über denen durch Absentismus (platt gesagt: „Blaumachen") liegen. Eine Studie der Bertelsmann-Stiftung ergab: 71 Prozent der Deutschen sind in den zwölf Monaten vor dem Untersuchungszeitpunkt mindestens einmal zur Arbeit gegangen, obwohl sie sich richtig krank gefühlt haben [23]. Angst ist ein Krankheitstreiber, zumindest langfristig. Diese Kosten sind aber nicht so leicht erfassbar wie die Ausfallkosten. Deshalb kümmert sich kein Mensch darum.

> *Gesundheit im Betrieb – das ist mehr als eine niedrige Fehlzeitenquote. Es geht um körperliches, psychisches und zwischenmenschliches Wohlbefinden im Job.*

Woran kann man denn den Erfolg des Betrieblichen Gesundheitsmanagements messen? Wenn Sie mich als Frau und als Psychologin fragen: Ich finde, man muss gar nicht alles messen können. Mir persönlich würde es reichen, wenn man die Effekte spüren kann. Und das geht manchmal sofort – zum Beispiel nach einem gelungenen Impulsvortrag. Aber die Entscheider in den meisten der mir bekannten Betriebe sind der Devise verpflichtet „Was man nicht zählen kann, kann man auch nicht managen". Selbst wenn ich der Meinung bin „Nicht alles, was man zählen kann, zählt": Ein Grundelement des Betrieblichen Gesundheitsmanagements sollte sein, die Bedürfnisse der Menschen ernst zu nehmen. Also auch die Bedürfnisse der zahlenhungrigen Entscheider.

Was man nicht zählen kann, kann man auch nicht managen.

Aber nicht alles, was man zählen kann, zählt.

Und das geht. Das Wohlbefinden am Arbeitsplatz lässt sich quantifizieren – man muss nur entsprechende Messmöglichkeiten installieren, zum Beispiel in Form einer Mitarbeiterbefragung oder – informeller und schneller – in Form eines Betriebsklimabarometers. Dazu lassen Sie die Leute einfach anonym auf Zetteln mit 10 cm langen Strichen ankreuzen, wie wohl sie sich fühlen hinsichtlich xy Variablen. Das wiederholen Sie in vorher (!) definierten Abständen und erhalten so – anonym und zu einem Index aggregiert – Hinweise auf Veränderungen im zeitlichen Verlauf. Und alles hübsch in Zahlen.

Natürlich wäre es schön, wenn Sie statt der reinen Zahlenwerte auch offene Formulierungen sammeln könnten, aber die Hemmschwelle der Mitarbeiter und unter Umständen auch der organisatorische Aufwand beim Einbeziehen des Betriebsrates (je nach dem, wie der so tickt) sind größer als bei einer reinen Zahlenerfassung. Mit einer richtigen Mitarbeiterbefragung, die frei nach Verbesserungsvorschlägen fragt, können Sie später, wenn das Vertrauen gewachsen ist, immer noch kommen. Für den Start sind geschlossene Fragen oder eben Striche, auf denen man eine Stelle markiert, unverfänglicher.

> Meine Arbeitsbedingungen werden immer krasser!

> Na, wenn du gesund bleiben willst: Dann lass dich doch krank schreiben!

Viele Menschen haben den Eindruck, sie müssten sich krankschreiben lassen, um gesund bleiben zu können. Das wirkt nur auf den ersten Blick paradox. Aus der Perspektive des Mitarbeiters kann es durchaus Sinn machen, schon bei leichten Beschwerden daheim zu bleiben, zum Beispiel, wenn er den Eindruck hat, dass die Führungskraft sich ohnehin nicht für Anwesenheit oder Fernbleiben interessiert (oder beides nicht einmal bemerkt). Auch Beschäftigte, die kaum Feedback zu ihrer Arbeit bekommen, gelangen manchmal zu der Einstellung „ich mache hier seit Jahren einen guten Job – die zwei freien Tage habe ich mir verdient".

Und in Stresszeiten fürchten viele Mitarbeiter: „Jetzt arbeiten wir schon so lange am Limit – ich brauche zwei freie Tage, sonst klappe ich noch zusammen." Vor diesem Hintergrund sind kurze Ausfallzeiten sogar betriebswirtschaftlich langfristig sinnvoll. Denn ein Unfall oder ein Zusammenbruch des Beschäftigten am Arbeitsplatz hätte langfristig gravierendere Folgen. Leider können Sie das nicht gut nachweisen.

Ich reite so auf dem Thema Anwesenheit herum, weil viele Betriebe BGM-Erfolg allein auf die Quote reduzieren – man kann sicher langfristig (!) durch ein ganzheitliches BGM eine Erhöhung der Anwesenheit erreichen. Aber erstens braucht es dafür viel Geduld (ich würde mal sagen: unter 5 Jahren ist da nichts zu wollen), und zweitens hat BGM noch viel mehr positive Effekte, auch wenn die sich nicht so simpel in Zahlen fassen lassen. Dass Führungskräfte Einfluss nehmen auf die Anwesenheit, bestreite ich ja gar nicht (siehe Kapitel 7).

Anwesenheitsfördernde Führung

Anwesenheitsfördernde Führung ist etwas anderes als fehlzeitenreduzierende Führung. Das ist mehr als Wortklauberei. Wer primär Fehlzeiten reduzieren möchte, geht mit einer defizitorientierten Brille an das Problem heran. Er schaut auf die 2% der Belegschaft, die es sich mit dem Krankfeiern ein bisschen leicht machen, insbesondere bei den Kurzerkrankungen. Darüber vernachlässigt er in der Regel die 98% seiner Mitarbeiter und Mitarbeiterinnen, die ihre Bettkanten-Entscheidungen („reicht mein Kater für eine Krankmeldung?") verantwortungsbewusst im Sinne des Unternehmens und der Kollegen treffen. Genau die aber werden durch repressive Maßnahmen vergrault.

Anwesenheitsfördernde Führung legt den Fokus darauf, dass die anwesenden Beschäftigten auch weiterhin gern zur Arbeit kommen. Wie man das schafft? Indem man im ersten Schritt seine menschenfreundliche Haltung kultiviert (vielen hilft die Einstellung: „ohne meine Leute wäre ich nichts") und im täglichen Kontakt Wertschätzung ausstrahlt – übrigens nicht nur gegenüber Älteren. In einigen Betrieben heißt es ja schon: „Wie, der kriegt Wertschätzung?! Ist der schon so alt?"

Natürlich ist Wertschätzung für die Erhaltung der Arbeitsfähigkeit von großer Bedeutung, wie Ilmarinen [17] in der bekannten finnischen Langzeitstudie über einen Zeitraum von elf Jahren zeigen konnte: Bei Arbeitern, die sich von ihrem Vorgesetzten wertgeschätzt fühlten, ließ sich die Arbeitsfähigkeit nicht nur erhalten, sondern sogar verbessern! Aber letztlich ist sie für das Wohlbefinden von Menschen aller Altersgruppen unabdingbar. Echte Anwesenheit erfordert Wertschätzung, in welcher Form auch immer.

Also, auch wenn es für Zahlen- und Messbarkeitsfreaks schwer zu verstehen ist: Wenn Menschen sich krank zur Arbeit schleppen, besteht die Gefahr, dass sie andere anstecken oder den eigenen Heilungsprozess verzögern und dann womöglich langfristig ausfallen. Daher gilt: Schielen Sie nicht auf die Quote! Achten Sie auf die Produktivität und aufs Klima!

Kleiner Exkurs: Bitte keine Anwesenheitsprämien

Wie Sie oben schon sehen konnten, ist meine Erfahrung: Schwarze Schafe in Sachen Kurzerkrankungen bzw. Blaumachen sind die Minderheit. Die absolute Mehrzahl erledigt ihre Arbeit pflichtbewusst und tut sich eher schwer mit der Entscheidung, krankheitsbedingt daheim zu bleiben. Und bei denen führen Anwesenheitsanreizsysteme höchstens dazu, dass sie sich krank zur Arbeit schleppen. Die schwarzen Schafe werden ganz sicher nicht erreicht durch Maßnahmen wie Anwesenheitsprämien (Geld oder Gutscheine für geringe Fehltage).

Ein Beispiel aus der Praxis, das sehr gut ankam: Frühstücken mit dem Niederlassungsleiter als Belohnung für maximal zwei Krankheitstage in den vergangenen 12 Monaten – das wurde deshalb als Auszeichnung empfunden, weil dieser Chef hoch angesehen war bei der Belegschaft und einen wertschätzenden Umgang pflegte. Man freute sich, wenn man teilnehmen durfte. Aber wer tatsächlich krank war, ist dennoch daheim geblieben, wo er hingehörte. Das Klima in dieser Niederlassung war „gesund".

Überprüfen Sie die Grundmotivation Ihres Betrieblichen Gesundheitsmanagements: Sollen die Beschäftigten sich wohl fühlen bei der Arbeit? Oder sollen sie „bloß" einfach nicht krank sein? Die Beschäftigten spüren, welche Motivation den BGM-Maßnahmen zugrunde liegt. Und sie fühlen sich wertgeschätzt oder auf ihre Arbeitskraft reduziert. Dementsprechend wird auch die Akzeptanz der Maßnahmen unterschiedlich ausfallen.

Gute Vorgesetzte können einen Teil des Belastungserlebens der Leute puffern und damit die Quote beeinflussen. Aber ich möchte vor Missbrauch warnen: Man kann nicht die Schrauben immer fester anziehen und glauben, die Überlastung der Leute durch gesunde Führung zu kompensieren. Kürzlich sagte ein Seminarteilnehmer in zynischem Tonfall: „Die Leute werden durch Stressbewältigungsseminare fit gemacht für noch mehr Belastungen." Das ist in meinen Augen ein Missbrauch von Ressourcen. Vielleicht war es auch Ausdruck von Misstrauen seitens des Teilnehmers. Aber auch das ist ein ungutes Symptom.

Sofortwirkungen

Zu den Langzeitwirkungen von Maßnahmen zur Förderung der psychosozialen Gesundheit zählen meiner Meinung nach: nachlassende Fluktuation, besseres Betriebsklima und höhere Arbeitszufriedenheit laut Mitarbeiterbefragungen und Klimabarometer, niedrigere Unfallzahlen, längere Erhaltung der Arbeitsfähigkeit, steigende Arbeitgeberattraktivität (wird im demographischen Wandel mit seiner „Jagd nach Talenten" zunehmend wichtiger), geringerer Anteil psychischer Erkrankungen und irgendwann eine geringere Fehlzeitenquote.

Zu den Sofortwirkungen eines gelungenen Kick-Offs, eines mitreißenden Impulsvortrags oder ähnlichem gehören: entspannte Körperhaltung („die meinen es hier gut mit mir"), eine Stärkung des Zugehörigkeitsgefühls („wir wollen alle dasselbe"), mehr Mut und Lust auf Neues („ich kann schon viel, also kann ich auch mal was anderes ausprobieren, Fehler sind erlaubt"), lockereres Aufeinander-Zugehen („den anderen geht's genauso wie mir"), Abbau von Kommunikationsblockaden („der lacht ja so – den spreche ich später mal auf den Vortrag an"), Reduzierung von Wertschätzungshindernissen („wie, der hat Gefühle? – so wie der vorhin gelächelt hat"), Stärkung des Selbstwertgefühls („ich kann was und ich bin was"), Zuwachs moralischen Empfindens („ich bin ein guter Mensch"), Stolz („ich bin ein wichtiger Teil eines guten Unternehmens"), Vergrößerung von Offenheit („ich kann Vertrauen haben").

Nicht zu vergessen das Lächeln auf den Gesichtern. Jetzt müssen Sie nur noch dafür sorgen, dass diese wunderbaren Sofortwirkungen erhalten bleiben und gepflegt werden ...

> **TIPPS FÜR SIE:**
>
> - Versprechen Sie keine Kurzfristerfolge und verzichten Sie auf Anwesenheitsprämien. Das macht nicht gesund.
> - Sprechen Sie sich gegen die Aufnahme von Fehlzeiten in Zielvereinbarungen aus! Langer Atem ist nötig.
> - Wirken Sie darauf hin, dass Wertschätzung zur Grundmotivation aller BGM-Maßnahmen wird – do care!

Kick-Off, Vorträge, Workshops
– Und was darin behandelt werden sollte

Sie wollen die psychosoziale Gesundheitsförderung in Ihrem Betrieb voranbringen. Was können Sie tun? In Ihrer Eigenschaft als Kulturträger prägen Sie das Miteinander allein schon durch die Art und Weise, wie Sie kommunizieren. Ja, das klingt immer langweilig, ist aber nach meiner Erfahrung in den letzten sieben Jahren das A und O bei der Förderung der psychosozialen Gesundheit, nämlich die Frage, wie die Schlüsselpersonen sich im Einzelkontakt verhalten. Das klingt nach so wenig und bewirkt so viel. Aber vermutlich möchten Sie mehr tun und am liebsten das ganze Unternehmen für das Thema gewinnen.

Meine Empfehlung: Machen Sie eine gemeinsame Informationsveranstaltung für alle! Das Ziel: Man muss ins Gespräch kommen zum Thema Gesundheit. Was darin behandelt wird, ist schon fast egal – Hauptsache, die Beschäftigten merken, dass ihr Wohlbefinden den Schlüsselpersonen im Unternehmen wichtig ist. Gestalten Sie als offiziellen Startschuss eine Kick-Off-Veranstaltung, am besten in schönen Räumlichkeiten, gespickt mit Wohlfühlelementen wie Obst, Säften (ja gut, natürlich auch Kaffee und Tee), gesunden Snacks, frischen Blumen, die am Schluss verteilt werden.

Oder Sie stellen Ihre Personalveranstaltung unter das Thema „Psychische Gesundheit" oder „Burnout" oder vielleicht „Stress und seine Folgen". Hat es schon gegeben. Laden Sie einen Vortragsredner ein, der die Leute mitreißen kann. Integrieren Sie einen Selbstcheck in die Veranstaltung, wo jede/r testen kann, wie es um ihn/sie steht. Sorgen Sie für kleine Erinnerungshilfen (Ansteckbutton, CareCards, Apfel, Postkarte). Der Saal ist voll, und die Leute gehen begeistert raus und nehmen neben Wissen konkrete Umsetzungshilfen mit.

Leitbild statt Leidbild oder Protzbild

Initiieren Sie einen Leitbildfindungsprozess. Das Leitbild ist gut geeignet, um den Vorstand ins Boot zu holen, denn das ist schick, modern, das machen andere auch. Sie können dabei zum Beispiel die im Anhang abgedruckte „Charta" als Basis nehmen und von dieser ausgehend ein Leitbild erarbeiten lassen. Wichtig ist, dass sich nicht irgendein Gremium leere Worthülsen am Schreibtisch ausdenkt und als Großfarbdruck in die Eingangshalle hängt, sondern dass am Ende jeder etwas – handschriftlich – unterschreibt, wozu er steht.

> *Der Kunde wird von Ihrem Leitbild profitieren.*
> *Aber es wird nicht für ihn gemacht, sondern für alle Betriebsangehörigen.*

Möglichst viele sollten an dem Prozess beteiligt sein. Gute Großgruppen-Moderatoren machen das mit tausend Leuten in einem Raum. Oder Sie lassen jede Gruppe (Personaler, Betriebsräte, Führungskräfte etc.) ihr eigenes Leitbild verfassen – das macht gar nichts: Sie wollen ja nicht nach außen gegenüber dem Kunden damit protzen. Auch wenn sich das inzwischen eingebürgert hat, ich würde Ihnen davon abraten. Schöner ist, der Kunde spürt den Verpflichtungsgrad Ihrer Leute in der Art, wie sie ihn behandeln, als dass er es an jeder Säule geschrieben sieht. Das Leitbild ist für die Beschäftigten.

Wissensvermittlung, Toleranzentwicklung und Teamgefühl

Bieten Sie in lockerer Abfolge Vorträge an, in denen Aspekte der psychosozialen Gesundheit behandelt werden. Vortragsveranstaltungen zu Stress, Burnout, Erholung bzw. Abschalten nach Feierabend, Sucht und Arbeitssucht oder natürlich zu „Gesund führen" sind sinnvoll. Explizit zu empfehlen sind auch Veranstaltungen zu den Themen Mobbing, Umgang mit Konflikten, sexuelle Belästigung am Arbeitsplatz. Also Themen, bei denen es speziell um das Miteinander im Betrieb geht – und vor allem um die Frage, wie sich dieses gesund gestalten lässt. Jeder einzelne kann etwas tun. Und wichtig ist, dass jede/r einzelne aus den Veranstaltungen heraus geht mit ganz konkreten Handlungshinweisen. Ich weiß, den Personalentwicklern erzähle ich da nichts Neues.

Aufklärung ist angesagt. Etliche Krankheitsbilder werden nach wie vor tabuisiert. Sie müssen aber zum Thema werden dürfen, wenn man sie verhüten möchte. So empfehlen sich Vorträge zu psychischen Erkrankungen wie Depression oder Angststörungen. Das Ziel ist Aufklärung, nicht die Ausbildung von Diagnostikern. Zum Beispiel hat der BKK-Bundesverband ein einzigartiges Seminarangebot: Hier informieren Referenten und Angehörige psychisch kranker Mitarbeiter über psychische Erkrankungen und ihre Erscheinungsformen im Alltag sowie die Folgen am Arbeitsplatz. Solche Veranstaltungen helfen, der Stigmatisierung Betroffener entgegenzuwirken und Verständnis zu fördern.

Die Ziele solcher Veranstaltungen sind neben der Wissensvermittlung und der Entwicklung von Toleranz gegenüber anderen Menschen auch die Stärkung des Zusammengehörigkeitsgefühls und des Gefühls, im und vom Betrieb wertgeschätzt zu werden. Das steht natürlich nicht auf der offiziellen Agenda, passiert bei gut geplanten und durchgeführten Veranstaltungen aber automatisch en passant. Und diese Effekte wirken sich nach meiner Überzeugung noch stärker auf die psychosoziale Gesundheit aus als das vermittelte Fachwissen.

Bitte nie ohne die Geschäftsführung

Wichtig ist, dass an diesen Veranstaltungen auch die oberste Heeresleitung teilnimmt, zumindest aber – bei (sehr gut öffentlich begründetem!) Zeitmangel – ein paar Sätze zur Eröffnung sagt. Damit wird signalisiert, dass sie hinter dem Thema steht und an einer Ent-Tabuisierung interessiert ist. Ganz schnell entsteht sonst der Eindruck, eine Stressveranstaltung und ähnliches sei als Reinwaschungsaktion von Seiten des Vorstands gedacht nach dem Motto „ihr müsst in Zukunft noch ein bisschen höher springen – hier kommt euer Trainer".

Das Entschwinden mit einer Entschuldigung sollten Sie Ihrem Vorstand sehr schwer machen. In der Regel haben Sie lange an der Vorbereitung gesessen. Und durch sein Gehen kann er den Erfolg der Veranstaltung komplett ruinieren. Aus Sicht der Geschäftsleitung ist vermutlich Gesundheit nicht das vorrangige Thema (das wissen auch die Leute: Der Betrieb hat schließlich eine Aufgabe), aber insbesondere bei der Kick-Off-Veranstaltung als Startschuss für weitere Aktionen ist das Verschwinden der obersten Chefs inakzeptabel.

TIPPS FÜR SIE:

- Achten Sie auf das wichtigste Signal bei allen Veranstaltungen, nämlich das „wir kümmern uns"! Das muss stimmen.
- Wählen Sie die Vorträge und Workshops so aus, dass sie zur Ent-Tabuisierung beitragen und jeder etwas mitnimmt.
- Verpflichten Sie die Geschäftsleitung zur Teilnahme! Sonst ist der Erfolg der Veranstaltungen gefährdet.

Wie Sie Maßnahmen vermarkten und Nachhaltigkeit sichern

Ohne Öffentlichkeitsarbeit geht nichts. Die tollste Vortragsveranstaltung bleibt leer, wenn die Beschäftigten nicht frühzeitig oder nicht ansprechend genug eingeladen wurden. Und der schönste Gesundheitstag wird ein Reinfall, wenn vorher unzureichend informiert wurde. Der Erfolg Ihrer Projekte steht und fällt mit der PR, und natürlich mit der Nachhaltigkeit, die ihrerseits durch PR gefördert wird. Das alles ist Mittel zum Zweck: Mit jedem einzelnen, den Sie für ein gesünderes Miteinander gewinnen, verbessern Sie die Kultur ein kleines Stück.

Tue Gutes und rede darüber

Bereits die Einladung zu Ihren Veranstaltungen sollte neugierig machen und zeigen, dass die Teilnehmenden nicht (nur) fachlich, sondern persönlich davon profitieren werden. Dass das Ambiente wichtig ist, wissen Sie schon. Wenn es kostenlos zu essen und zu trinken gibt, haben sie die meisten Menschen schon gewonnen. Kündigen Sie in der Einladung – im Intranet, auf A6-Zetteln, auf Postern und Plakaten – außerdem an, für welche Situationen die Teilnehmenden in der Veranstaltung Tipps erhalten. Der folgende Text hat sich bewährt.

Gesund Führen – sich und andere

Können Sie abends gut abschalten? Die Arbeit einfach hinter sich lassen? Viele Führungskräfte tun sich nicht nur nach Feierabend schwer, angemessen auf sich selbst und die eigene Gesundheit zu achten: Auch tagsüber im Büro ist schon mal Hektik angesagt, werden Pausen durchgearbeitet, vermiesen Kopfschmerzen die Stimmung, sinkt die Laune und damit auch das Wohlbefinden. Dabei geben Führungskräfte durch ihr eigenes Verhalten den Beschäftigten eine Verhaltensorientierung und nehmen Einfluss auf die Arbeitsbedingungen – und damit auf die Leistung.

Der hier angekündigte Impulsvortrag vermittelt die Grundzüge einer gesundheitsgerechten Mitarbeiterführung. Angesprochen werden die folgenden Themen:
- Führungskräfte ohne Kräfte? Was Führungskräfte für sich selbst tun können
- Zusammenhänge zwischen Führungsverhalten und Anwesenheit/ Gesundheit
- Gesundheitsgerechte Mitarbeiterführung – was heißt das konkret?
- Ohne Schleimverdacht: Echte Anerkennung und Wertschätzung ausdrücken
- Stressbewältigung: Bei sich selbst anfangen! Tipps und Ideen hierzu
- Gesprächsleitfaden für den Umgang mit belasteten Mitarbeitern
- Tipps zum abendlichen Abschalten und zur Bewältigung von Schlafstörungen

Die wichtigsten Tipps erhält jede/r am Schluss auf einer CareCard für die Hemdtasche. Für das leibliche Wohl sorgen tolle Snacks, frische Säfte und mehr. Wir freuen uns auf Sie!

Abbildung 23: Muster-Einladungstext für eine Impuls-Veranstaltung

Achten Sie dabei auch auf die Terminologie! Beispielsweise finden Veranstaltungen zu „Business-Yoga" wesentlich mehr Anklang als „Entspannung im Hier und Jetzt" – auch wenn das dahinter stehende Angebot dasselbe ist. Aber die Sprache („das Wording" – der Ausdruck ist selber ein gutes Beispiel) entscheidet verrückterweise über die Akzeptanz und damit über die Inanspruchnahme der angebotenen Maßnahmen. Wenn Sie emotionale Aussagen („Wir bringen Sie zum Lachen, wetten?") integrieren, ist auch das ein wunderbares Lockmittel. Und Sie sollten bereits in der Einladung ankündigen, dass es auch etwas zum Heimnehmen geben wird, also etwas zum Anfassen. Nicht bloß ein Thesenpapier, sondern mindestens einen Selbstcheck oder ein Mini-Präsent mit den wichtigsten Tipps für die Hemdtasche (z.B. eine CareCard) oder ähnliches. So wird signalisiert: Man verpasst etwas, ein Event, ein Happening, wenn man fernbleibt. Und es reicht nicht, sich die Inhalte erzählen zu lassen.

Während der Veranstaltung sollten Sie Fotos machen (auch vom Vorstand, mit dem Mikro in der Hand) oder vielleicht Interviews mit einigen Teilnehmenden, möglichst aus verschiedenen Hierarchieebenen, die sich hinterher im Intranet oder in der Mitarbeiterzeitschrift veröffentlichen lassen, zusammen mit einem schwungvoll geschriebenen Artikel. So lassen sich hoffentlich immer mehr und mehr Leute für die Veranstaltungen gewinnen. Man spricht darüber. Und die, die dabei waren, fühlen sich stärker mit einander verbunden.

Besonders schön bei erfolgreichen Veranstaltungen: Der Vorstand kann sich auf die Schulter klopfen. Selbst wenn Sie 100% der Arbeit hatten und er lediglich das Okay gegeben hat, das Sie ihm vielleicht mühsam abpressen mussten: Der Vorstand soll sich damit schmücken. Lassen Sie ihn mit Ihren Erfolgen Werbung machen. Schließlich dient es der guten Sache (der Gesundheit aller), wenn das BGM in Ihrem Unternehmen vorangetrieben wird – egal durch wen.

Nachhaltigkeit sichern

Manchen Leser wird es erstaunen, aber: Noch immer gibt es zweitägige Seminare für Führungskräfte zum Thema „Gesund führen". Hier wird die Basis gelegt (siehe Kapitel 7). Aber wir alle wissen, wie sinnvoll Auffrischungen sind. Der Trend geht dahin, zu diesem Zweck im Anschluss an eine Kick-Off-Veranstaltung (da darf die Teilnahme auch verpflichtend sein) und das Basis-Seminar (freiwillige Teilnahme) Mini-Workshops à 3 Stunden in lockerer Reihenfolge anzubieten, bevorzugt zu den Themen Wertschätzung und Stressbewältigung.

Sinnvoll ist vor dem Hintergrund der Nachhaltigkeit, auch unabhängig von den Workshops wöchentlich einen eMail-Erinnerer zu versenden, zum Beispiel Sprüche für mehr Wertschätzung (einfach in die Betreffzeile einer ansonsten leeren eMail). Erfahrungsgemäß macht das nicht viel Arbeit, aber bereitet dennoch gute Laune und lässt die Leute lächeln. Eine öffentliche Verwaltung hat damit gute Erfahrungen gemacht.

Oder man druckt Begleitmaterialien zu den Veranstaltungen groß aus und hängt sie in die Gänge. Die Empfehlungen von den im Vortrag oder Seminar verteilten Erinnerungshilfen (z.B. CareCards) lassen sich in vergrößerter Form optisch ansprechend präsentieren. Manche zeigten einander bei Meeting-Beginn die CareCard mit den Worten „Hier ist die gelbe Karte". Hauptsache, die Leute erinnern sich selbst und auch gegenseitig an das, was sie gelernt haben.

Manche Kunden setzten Einzeltage als „Auffrischer" ein (12 bis 24 Monate später). Ein Kunde hat sechs und zwölf Monate nach der Veranstaltung Treffen angesetzt (freiwillig), um den Selbstcheck „Führe ich gesundheitsgerecht" zu bearbeiten und sich über Fortschritte auszutauschen. Wieder andere Unternehmen führten im Anschluss an das Basis-Programm die Kollegiale Beratung ein, und in Eigenregie trafen sich Führungskräfte freiwillig zum Austausch über zwischenmenschliche Führungsthemen.

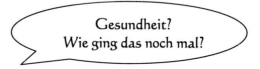

Natürlich können Sie argumentieren, mit solchen Maßnahmen erreicht man eh nur die Besten. Das stimmt auch, meiner Meinung nach. Aber ich bin der festen Überzeugung, dass man Menschen nicht zu Fürsorge und Offenheit zwingen kann. Und dass sich Vorbildverhalten irgendwann ansteckend auswirkt. Es war in der Praxis schon häufiger so, dass nach einem fulminanten Impulsvortrag die Anmeldezahlen zu Seminaren und Workshops in die Höhe schossen, weil das Signal „die wollen uns Gutes tun" angekommen war.

Sinnvoll – und in der Vergangenheit erfolgreich – waren auch Newsletter (per eMail oder als Ausdrucke zum Mitnehmen), Kamingespräche mit dem

Vorstand zu dem Thema (Fragerunden mit Fingerfood an Stehtischen), Quiz-Veranstaltungen (Kreuzworträtsel mit Buchpreisen für den Sieger) und auf den Seminaren aufsetzende Coaching-Angebote. Das alles sind Wege, das Unternehmen mit dem Thema „Förderung der psychosozialen Gesundheit" zu durchdringen, so dass es immer mehr Leute erreicht.

Gesundes Miteinander muss Kommunikationsinhalt sein dürfen, ohne dass die Gesprächspartner einander als „sozialpädagogisch verformt" belächeln. Anlässe gibt es viele. Oft ist es leichter, den Einstieg über körperliche Aspekte der Gesundheit zu finden. Die dicke Luft (wörtlich) im Besprechungsraum kann so ein Thema sein. Sorgen Sie dafür, dass die Geschäftsleitung eine gesunde Lebensweise unterstützt, ohne ungesund lebende Kollegen sozial zu ächten.

Natürlich können Sie auch Angebote Ihrer Krankenkasse oder der BG nutzen. Testen Sie zum Beispiel die Stresskammer der Deutschen Gesetzlichen Unfallversicherung [24]! Machen Sie Werbung für gesundheitsgerechtes Verhalten. Sorgen Sie dafür, dass es als schick gilt, wenn Führungskräfte Veranstaltungen zum Themenkreis „Führung und Gesundheit" besuchen. Und reden Sie über die geplanten Maßnahmen als über einen Ausdruck besonderer Wertschätzung nach dem Motto „heute wollen wir uns / euch mal etwas gönnen".

Externe Unterstützer

Vielleicht möchten Sie sich auch eine Krankenkasse zur Unterstützung holen, die stark in Ihrem Betrieb vertreten ist. Welche das ist, kann Ihnen die Personalabteilung sagen. Die kommt und bringt ein paar Therabänder mit, vermittelt Übungen und zeigt, wie sich Pausenernährung gesund gestalten lässt. Und sie unterstützt Sie bei Veranstaltungen. Aber Sie sollten nicht auf eine großzügige Finanzierung Ihrer Projekte hoffen. Die Verantwortung (ja, und auch die Notwendigkeit, Geld in die Hand zu nehmen) bleibt beim Unternehmen.

Nutzen Sie die vorhandenen Gremien zum Arbeitsschutz, in der Regel also die ASA-Sitzung oder natürlich auch den Arbeitskreis Gesundheit, falls es einen gibt. Da sitzen Sie sowieso drin. Da können Sie auch das Thema „zwischenmenschliches Wohlbefinden" einbringen, auch wenn das für viele leider immer noch ein ungewohntes Gebiet ist. Sie fürchten, Sie müssen noch mehr Druck machen? Auch die Technische Aufsichtsperson (TAP) Ihrer BG oder Unfallkasse kann nachfragen, wo denn die Gefährdungsbeurteilung bleibt.

9 Maßnahmen mit Langzeitwirkung

Für alle Anlaufstellen gilt: Erwarten Sie nicht zu viel! Unterstützer suchen – das heißt: Primär selber die Sache in die Hand nehmen! Unterstützer suchen bedeutet nicht, sämtliche Maßnahmen von Menschen und Institutionen außerhalb des Unternehmens erledigen zu lassen. Natürlich ist es schön, wenn Krankenkassen, Unfallkassen oder Berufsgenossenschaften Ihre Vorhaben finanziell oder auch durch externe Experten unterstützen. Aber wenn Ihr Betrieb nicht bereit ist, einen großen Eigenanteil zu leisten, wird der Erfolg gering sein. Die Beschäftigten spüren es, ob die Geschäftsleitung wirklich hinter dem Thema Gesundheit steht oder ob sie lediglich andere in ihrem Namen Gutes tun lässt.

> *Der Betrieb muss selber die Verantwortung für sein BGM übernehmen.*
> *Dazu gehört auch die Finanzierung, sofern nötig.*
> *Externe können höchstens Unterstützung leisten.*

Wie oft habe ich schon erlebt, dass eine Anfrage aus einem Arbeitskreis Gesundheit reinschneite in der Form: „Sie geben doch auch Seminare für unsere Berufsgenossenschaft. Nun dachte ich mir, ich kann prima Reisekosten sparen, wenn Sie zu uns kommen (ein Mitgliedsunternehmen der BG) und ein Inhouse-Seminar geben, statt dass ich zehn Leute zur BG schicke." Gute Idee im Grunde. Nur leider gingen die Absender selbstredend davon aus, dass die Berufsgenossenschaft die Honorar- und Reisekosten für meinen Einsatz übernehmen würde. Und wenn sich das Missverständnis aufklärte, hieß es: „Oh, tut mir leid, dann sind mir die Hände gebunden." Mit anderen Worten: Das Unternehmen war nicht bereit, selber in das Thema Gesundheit zu investieren.

> Wie?! Ich dachte, die BG trägt die Verantwortung dafür, dass unsere Chefs gesund führen?!

> Ja, und ich dachte, die Polizei wäre dafür verantwortlich, dass ich an der roten Ampel halte.

Mich regt diese Nimm-Struktur auf. Als wäre die Berufsgenossenschaft oder Unfallkasse dafür verantwortlich, dass die Vorgesetzten in den Mitgliedsbetrieben gesund führen. Diese Denke ist so ähnlich, als wäre die Polizei dafür verantwortlich, dass ich nicht zu schnell fahre. Psychotherapeuten machen immer wieder die Erfahrung: Klienten, die einen Teil der Honorargebühren selber bezahlen müssen, sind wesentlich veränderungsbereiter als die, bei denen die Krankenversicherung die gesamten Kosten trägt. Die stehen einfach mehr dahinter. Nach meiner Erfahrung gilt dieses Prinzip auch für Betriebe und BGM.

Verschiedene Formen von Evaluation

Natürlich möchten Sie – vor allem aber die Menschen mit der Hand auf dem Geld – wissen: Was bringt uns das? Ich habe hierzu eine Meldung an die Zahlenwütigen: Die Sozialwissenschaftler (und wer sollte sich besser mit dem Thema auskennen?) unterscheiden verschiedene Formen von Evaluation. Es gibt nicht nur die so genannte Ergebnisqualität, die die meisten Menschen – Sie auch, wetten? – spontan im Kopf haben, sobald sie das Wort Evaluation hören. Es gibt daneben auch die sogenannte Strukturqualität und die Prozessqualität.

Es lohnt sich, die auch im Auge zu haben: Haben Sie die nötigen Strukturen bzw. Voraussetzungen für die Erreichung Ihrer Ziele geschaffen? Gibt's zum Beispiel Arbeitskreise (auch wenn noch nicht viele mitmachen)? Gibt es eMail-Erinnerer? Und konnten Sie Ihre Prozesse – z.B. Trainings, Leitbildentwicklung, Vorträge – reibungslos durchsetzen (wie viele Leute haben mitgemacht? Wie zufrieden waren die?) Falls Sie diese Fragen mit Ja beantworten können, ist auch das ein Erfolg – selbst wenn die Ergebnisqualität (z.B. die Reduzierung der leidigen Fehlzeitenquote) nicht befriedigend war.

> *Man kann sich auch kaputt-evaluieren.*

Aber wertvoller sind meines Erachtens die nicht (oder "nur" in Mitarbeiterbefragungen) messbaren und im Alltag erlebbaren Effekte für die Unternehmenskultur. Die werden sich dann auch in erhöhter Produktivität niederschlagen - aber im Ernst: Wenn Ihr Aktienkurs steigt, würden Sie das dann auf mein tolles Seminar zurückführen …?

Spannend ist nicht die Einmalanalyse. Die frustriert nur. Menschen wollen Erfolge sehen. Spannend sind daher Vergleichsmessungen im zeitlichen Abstand. Und dann die Freude darüber, dass es positive Veränderungen gegeben hat. Meine Empfehlung: Haben Sie ein Auge auf die Produktivität, auf die Fluktuation, auf die Ergebnisse der Mitarbeiterbefragungen und besonders auf Ihr Bauchgefühl. Idealerweise über einen Zeitraum von zehn Jahren. Mindestens aber fünf. Kurzfristerfolge sind auch schön, aber einen echten Wertewandel können Sie nicht mit zwei oder drei Vorträgen erreichen. Und die Idee, die Fehlzeitenquote als (alleiniges) Kontrollinstrument zu verwenden, beeindruckt in ihrer Naivität, aber das Thema hatten wir ja oben schon zur Genüge.

> Jetzt war ich schon 3mal in der Musikschule und kann noch immer nicht Klavier spielen!

Wenn Sie Maßnahmen mit Langzeitwirkung wollen – und natürlich wollen Sie die –, dann brauchen Sie einen „Kümmerer" (z.B. Betriebsrat, Werksarzt, PEler, Personaler, FaSi, idealerweise einen Gesundheitsmanager), der die Dinge in die Hand nimmt und koordiniert, und Sie müssen die Kultur verändern.

TIPPS FÜR SIE:

- Überlegen Sie schon am Start, wie Sie Ihre Maßnahmen vermarkten wollen! Ohne PR ist ein Projekt bald Geschichte.
- Schaffen Sie möglichst viele kreative Erinnerungshelfer für unterschiedliche Medien. BGM wird nie Selbstläufer.
- Bleiben Sie dran! Psychosoziale Gesundheitsförderung ähnelt eher einem Langstreckenlauf als einem Sprint.
- Übertreiben Sie es nicht mit der Evaluation! Abgesehen von den Zahlen sagt Ihnen Ihr Wohlbefinden, ob's genützt hat.

10 Die Kultur verändern

„Ab heute führen Sie gefälligst mit Wertschätzung!"

Basis-Programm: Selbstwertschätzung

Die Kultur verändern – nichts Geringeres als das? Geht's nicht eine Nummer kleiner? Nein. Auf dem DGB-Index Gute Arbeit erreicht der Führungsstil nur einen Wert von durchschnittlich 63 von 100 erreichbaren Punkten, und die Betriebskultur wird sogar nur mit 60 bewertet [25]. Kulturveränderung ist also nötig. Und sie ist möglich, nur nicht von jetzt auf gleich. Spätestens sobald es um Kultur geht, ist klar, dass das Betriebliche Gesundheitsmanagement sich nicht nur ums Verhalten, sondern auch um die Verhältnisse kümmert. Und das braucht Zeit. So weit die schlechten Nachrichten.

Bei sich selbst beginnen

Die gute Nachricht: Kulturträger ist jede/r im Unternehmen. Insbesondere aber diejenigen, die viele Kontakte innerhalb des Betriebs haben. Und die beste Nachricht, mit der Sie bestimmt nicht gerechnet haben: Sie dürfen bei sich selbst anfangen. Menschen, die sich selber nicht schätzen, hocken schlecht gelaunt im Büro, laufen muffelig durch die Gänge, sind ein Hemmschuh in jedem Meeting. Die lächeln wenig. Die kümmern sich nicht. Die sind nicht in der Lage, das zwischenmenschliche Wohlbefinden im Job zu fördern. Da kann der Vorstand zehnmal anordnen: „Ab heute führen Sie gefälligst mit Wertschätzung!"

    Meine Empfehlung lautet: Zeigen Sie sich selbst, dass Sie sich schätzen. Mit sich selbst gut umgehen, das ist eine Kunst, die man lernen kann. Schrauben Sie als erstes Ihre Ansprüche herunter. Holen Sie sich Bestätigung statt Anerkennung, durch Sätze wie „Sehen Sie das auch so?". Ein Mensch, der derselben Ansicht ist wie Sie, stärkt Ihnen den Rücken. Und für Sie hat das den Vorteil: Der andere fühlt sich von Ihnen automatisch wertgeschätzt.

Das Selbstwertgefühl wird vor allem in der frühen Kindheit geprägt. Aber es ist erstaunlicherweise auch davon abhängig, in wie weit der Vorgesetzte soziale Unterstützung gewährt. Es gibt also in jedem Alter Möglichkeiten, es aufzupäppeln. Und ein starkes, gut genährtes Selbstwertgefühl stellt einen wichtigen Schutzfaktor dar: Gegen Kränkungen, aber auch gegen Stress jeder Art, denn es kann unserem Gehirn so beruhigende Gedanken entlocken wie „Ich krieg das schon hin! Ich hab schon ganz andere Sachen geschafft!" Damit ist es ein wichtiger Belastungspuffer und sorgt dafür, dass Sie auch in schwierigen Situationen die Ruhe bewahren und sich kompetent statt überfordert fühlen.

Eigenlob stimmt – und erleichtert das Lob für andere

Befürchten Sie nicht, durch ein „zu starkes" Selbstwertgefühl wohlmöglich arrogant zu werden – das Gegenteil ist der Fall! Innerlich starke Menschen können es sich erlauben, sich ganz auf andere einzulassen. Wer ein wirklich starkes Selbstwertgefühl aufweist, hat es nicht nötig, sich vor anderen zu erhöhen oder andere zu erniedrigen. Das Selbstwertgefühl ist eine wichtige psychische Gesundheitsressource. Das sollten Sie nutzen! Indem Sie täglich Einzahlungen auf Ihr Selbstwertkonto vornehmen. Sich täglich etwas Gutes tun. Täglich in Gedanken nett mit sich umgehen.

Das Prinzip funktioniert in beide Richtungen: Wenn Sie ein starkes Selbstwertgefühl haben, werden Sie gut für sich sorgen. Und wenn Sie gut für sich sorgen, registriert Ihre Psyche das quasi mit Gedanken wie „Ups, muss ich viel wert sein, dass ich mir so etwas gönne!" Die zweite Richtung haben Sie also komplett selbst in der Hand. Probieren Sie's aus, auf diese Weise Ihr Selbstwertgefühl zu päppeln – es macht großzügiger gegenüber anderen.

Insbesondere abends sollten Sie Ihren Blick aufs Positive kultivieren. Erinnern Sie sich an Ihre Erfolge! Überlegen Sie, wofür Sie dankbar sein können! Beschäftigen Sie sich mit lustigen Dingen! Denken Sie an Menschen, die Ihnen lieb und teuer sind! Gönnen Sie sich eine Tasse Tee ganz in Ruhe!

Wer viel ernten will, muss auch viel säen, zum Beispiel im Umgang mit Kollegen. Sätze wie „Gut, dass Sie da sind" oder „Sie sind ein Schatz!" hört jeder gern, aber nur, wenn sie von Herzen kommen, ohne jeden Schleimverdacht. Auch Pünktlichkeit, Freundlichkeit, Höflichkeit, Blickkontakt oder Sauberkeit sind Ausdruck von Wertschätzung (manchmal entdeckt man gerade auf den WCs, ob Kollegen wertschätzend miteinander umgehen). Erzählen Sie etwas von sich, nicht nur Gewinnerstorys: kleine Missgeschicke machen sympathisch, menschlich und liebenswert; Menschen mit perfektem Leben, wo nie etwas schief zu laufen scheint, wirken zu glatt, als dass man sie gern haben könnte.

> **TIPPS FÜR SIE:**
>
> - Machen Sie sich klar, dass Sie ein Kulturträger sind
>   – und als solcher Ihr Selbstwertgefühl päppeln sollten.
> - Zeigen Sie sich im Alltag, dass Sie sich schätzen,
>   indem Sie sich täglich etwas Gutes gönnen.
> - Fragen Sie sich täglich vorm Zubettgehen, was Ihnen
>   heute gut gelungen ist! Das stärkt Sie und tut einfach gut.

Für Fortgeschrittene:
Kultivierung einer wertschätzenden Haltung

Immer wieder höre ich Sätze wie: „Natürlich muss man selber erst einmal gesund geführt werden" oder „Als Erstes müssen die da oben einen gesund führen, sonst hat ja alles keinen Zweck". Ich sehe das anders (siehe Kapitel 4). Nein, Sie müssen nicht so lange warten. Wagen Sie den ersten Schritt. Seien Sie Vorbild als Kulturträger. Wenn es für Sie sooo wichtig ist, dass „da oben" vorangeht, dann schauen Sie eben noch eine Instanz höher und sagen sich: Gott geht voran ... Wer sich selbst wertschätzt, tut sich leichter, auch anderen mit Respekt zu begegnen.

Respekt in jeder Hinsicht

Diese von Respekt geprägte Haltung, die sich – wie jede Haltung – im konkreten Verhalten niederschlägt, sollte sich auf alle Beschäftigten des Unternehmens beziehen. Auch die Reinigungskraft, der Pförtner oder die Kantinenhilfe verdienen zum Beispiel eine freundliche Begrüßung. Respekt beinhaltet auch: Sie sind nicht der Missionar. Wenn Ihre Leute weiter rauchen wollen, sollten Sie sie weder zu bekehren versuchen noch mit Verachtung strafen (und wer weiß: Vielleicht sehen Ihre Leute die Raucher-Ecke als Chance zur Begegnung und sozialen Unterstützung, von der nur Sie noch nichts wissen). Seien Sie Vorbild. Das ist nicht nur der beste, nein es ist der einzige Weg, andere zu beeinflussen, sagt Albert Schweizer.

Sie sind zuständig für gesunde Bedingungen, für das Herstellen von Möglichkeiten zum gesunden Verhalten. Aber das Gesundheitsverhalten des Mitarbeiters ist seine Privatangelegenheit. Aus Respekt sollten Sie das so sehen. Und falls Sie jetzt enttäuscht sind, weil ich Ihren Eifer ausgebremst habe: Sie können diese Einstellung auch als Entlastung begreifen. Es ist gar nicht nötig, dass Sie zusätzlich zu all Ihrer Arbeit auch noch den Gesundheitsmissionar spielen. Das hat doch etwas Beruhigendes.

Machen Sie den Wert eines Menschen nicht an seinen Privilegien oder seinem hierarchischen Status fest. Dann werden auch Phänomene wie Downshifting möglich, und zwar ohne Gesichtsverlust. Darunter versteht man, dass Führungskräfte zurückkehren ins zweite Glied, also in der Regel Status, Privilegien und Führungsverantwortung abgeben und Gehaltseinbußen in Kauf nehmen – freiwillig, der Gesundheit oder dem Privatleben zuliebe, und zwar möglichst bevor der Burnout sie dazu zwingt. Die Zahl der Führungskräfte, die ich in den letzten Jahren bei diesem Schritt begleiten konnte, steigt und steigt.

Dankbarkeit macht großzügig

Eine wertschätzende Haltung fällt dankbaren Menschen besonders leicht. Sie blicken stärker aufs Gute, freuen sich zum Beispiel über erreichte Ziele und bringen diese Freude im Umgang mit den Kollegen und Kolleginnen wie selbstverständlich rüber. Sich klarmachen: Ohne die anderen bin ich nichts. Auch das ist ein Weg zu mehr Dankbarkeit, der insbesondere Führungskräften zum empfehlen ist. Eine Führungskraft ohne Mitarbeiter ist keine Führungskraft.

> *Nicht die Glücklichen sind dankbar, sondern die Dankbaren sind glücklich.*
> (ausnahmsweise nicht von mir – ich weiß leider nicht, von wem der Spruch ist)

Den Blick aufs Gute kann man kultivieren. Zum Beispiel, indem man bei Ärgernissen bewusst Gedankenakrobatik treibt: Welches positive Motiv könnte hinter dem Fehlverhalten des anderen stehen, etwa wenn jemand zu spät kommt und sich ohne Entschuldigung einfach hinsetzt. Oder wenn sich jemand an der Supermarktkasse vorfudelt, ohne um Erlaubnis zu bitten. Oder wenn ein Gespräch verstummt, als Sie den Raum betreten. Oder wenn die Kollegin seit drei Tagen sauertöpfisch guckt. Das muss ja nichts mit Ihnen zu tun haben.

Oder Sie suchen ganz gezielt etwas Positives an jemandem, den Sie nicht riechen können. Wetten: Je länger Sie suchen und je besser Sie den anderen kennenlernen, desto sympathischer wird er Ihnen. Oder wenigstens neutral. Sie gewinnen Verständnis für seine Schwächen. Das erleichtert Ihnen das gemeinsame Arbeiten ungemein.

> **TIPPS FÜR SIE:**
>
> - Zeigen Sie Ihren Respekt bewusst auch gegenüber Menschen, die hierarchisch gesehen unter Ihnen stehen!
> - Fragen Sie sich mindestens einmal pro Woche, wofür Sie dankbar sein können! Das verbessert Ihre Lebensqualität.
> - Suchen Sie gezielt nach positiven Aspekten bei anderen, die Ihnen nicht sympathisch sind! Das trainiert die Haltung.

Der Plan für Profis:
Bausteine zur Kulturveränderung

Das Individuum hat also eine wichtige Funktion beim Bemühen um mehr Wertschätzung. Aber natürlich kann auch das Unternehmen als solches einiges tun, um Wertschätzung zum Ausdruck zu bringen. Ich habe Ihnen Ansätze zusammengestellt, die sich in der Praxis bewährt haben. Durch alle diese Maßnahmen betreiben die Unternehmen psychosoziale Gesundheitsförderung.

Ein Modell für mehr Wertschätzung gegenüber Subgruppen ist die Afrikanische Woche, bekannt geworden durch das NAGU-Projekt (Nachhaltige Arbeits- und Gesundheitspolitik in Unternehmen). In einem Betrieb war insbesondere die Fehlzeitenquote der afrikanischen Beschäftigten enorm hoch. Darauf hin beschloss man, dass diese Gruppe sich im Rahmen einer Kulturwoche dem restlichen Unternehmen vorstellen sollte: es gab afrikanische Musik, Textilien, Küche – und die örtliche Presse war anwesend, es wurde groß drüber berichtet. Die Leute waren – inclusive der Partner, die auch teilnehmen durften – sooo stolz. Und die Auswirkungen auf die Anwesenheit waren entsprechend positiv. Menschen wollen gesehen werden, das sieht man daran wieder.

Das Modell des Anerkennenden Erfahrungsaustauschs [9] ist ein systematisches Konzept für mehr Wertschätzung im Betrieb. Inzwischen liegen auch etliche Erfahrungsberichte vor. Hier geht es unter anderem darum, auch mit den Gesunden und denen, die nur höchstens zwei Tage pro Jahr fehlen, ins Gespräch zu kommen. Die kann man nämlich tabufrei fragen, was man als Unternehmen sonst noch tun kann, um die Gesundheit aller zu fördern. Sie werden nach ihren Erfolgsrezepten gefragt und erfahren so Wertschätzung. Getestet wurde das Vorgehen zum Beispiel bei der Pinneberger Verkehrsgesellschaft, die – unter anderem damit – ihre Fehlzeitenquote stark senken konnte.

Schichtmodelle für alle sind ebenfalls ein systematischer Ausdruck von Wertschätzung: Als Zeichen der Gerechtigkeit nahmen in einem Lebensmittelkonzern auch die obersten Chefs am Schichtmodell bei. Die Geschäftsleitung hat natürlich zunächst nicht begeistert reagiert, inzwischen ist das Modell aber zur Zufriedenheit aller implementiert. Man kommt leichter miteinander ins Gespräch, der Kommunikationsfluss ist besser, und das Betriebsklima auch. Und die Beschäftigten sehen es als Ausdruck von Wertschätzung, dass die Geschäftsleitung sich nicht rausnimmt, sondern dass es eine Gleichbehandlung gibt.

> Unsere Mitarbeiterbefragung zeigt: Die Leute erleben ein Wertschätzungsdefizit. Also, wir müssen Wertschätzung einkaufen Guck doch mal, wer das billig anbietet!

„Partizipation intensiv" gibt es zum Beispiel bei Deutschlands Bestem Arbeitgeber im Sozialbereich 2006: Marcel Ballas, der Leiter der Alten- und Pflegeheime St. Josef im Selfkant, hat einen Masseur für alle seine Angestellten (unabhängig von den Masseuren für die Bewohner!), und er schickt seine Reinigungschefin auf die Messe, wo sie für 100.000 Euro Putzmittel kaufen darf. Sein Motto ist unter anderem: „Die Reinigungskräfte sind meine Schätzchen. Die machen einen harten Job." Ich habe mir von ihm eines seiner Altenheime zeigen lassen und war echt beeindruckt. Er kannte von allen den Namen und die persönliche Lebensgeschichte. Im Treppenhaus stand ein Spiegel mit der Aufschrift: „Heute schon einen Profi gesehen?"

Generationennetzwerke wie zum Beispiel bei Weleda in Schwäbisch Gmünd sind ebenfalls Ausdruck von Wertschätzung – gerade in Zeiten des demographischen Wandels. Da hüten ehemalige Werksangehörige die Kinder der jetzigen Mitarbeiter, sorgen sich um die Haustiere, übernehmen die Schulaufgabenhilfe und vieles mehr. Die älteren fühlen sich gebraucht und wertgeschätzt, die jüngeren erfahren handfeste Unterstützung.

Der ehemalige Personalvorstand der Mediamarkt-Saturn-Holding, Utho Creusen, setzte sich ein für die Förderung der Stärken in seinem Unternehmen. Jeder Mitarbeiter wurde gefragt, was ihm am meisten Spaß macht und welche besonderen Fähigkeiten er hat. Dann wurden die Beschäftigten entsprechend ihren Interessen eingesetzt. Der Anteil der Hoch-Engagierten Mitarbeiter stieg zwischen 2002 und 2006 von 18 auf 43%, der Umsatz des Unternehmens sogar um 46%. Die Mitarbeiter hatten das Signal erhalten: „Wir schätzen euch. Ihr könnt euch hier einbringen."

„Lass dich loben!" – Unter diesem Motto stand eine Veranstaltung eines Pharmaunternehmens zur Veränderung der Unternehmenskultur. Es gab Kaltgetränke, Kaffee, Teilchen und Croissants, für die Gesundheitsfreaks auch Obstsalat mit Quark – und dazu einen Vortrag zum Thema Wertschätzung, bei dem auch die oberste Riege gut vertreten war. Die Akzeptanz war prima, die Atmosphäre danach sehr lebendig und das Zusammengehörigkeitsgefühl gestärkt.

Ein ganz wichtiger Baustein zur Kulturveränderung, der nach meiner Erfahrung in seiner Bedeutung stark unterschätzt wird (weil man sich nicht dem Schleimverdacht aussetzen möchte): Loben Sie Ihre Führungskraft. Sie werden sehen, was für ungeahnte Klimaverbesserungen das zur Folge haben kann. Und zwar in der Regel recht zeitnah.

Mini-Exkurs: Wertschätzend führen im kleinen Unternehmen

Ich kann schon verstehen, wenn Handwerksbetriebe oder kleine Mittelständler meinen, BGM sei primär etwas für Großkonzerne. Natürlich haben Großunternehmen es leichter, zum Beispiel eine Sozialberatung als Anlaufstelle für überlastete Beschäftigte einzurichten. Oft höre ich: „Ja, in großen Unternehmen, da gibt es richtige Strukturen für Betriebliches Gesundheitsmanagement, aber wir in den KMU, wir können uns so etwas nicht leisten." Mag sein. Aber dafür können Sie die Unternehmenskultur und das Klima wesentlich schneller und nachhaltiger verändern.

Wenn der Chef eines kleinen Meisterbetriebs seine Leute zu Weihnachten beschenkt, hat das eine ganz andere, nämlich viel intensivere, Wirkung als eine groß aufgezogene Konzernfeier in einem Luxushotel. Der Hebel ist kürzer, also effektiver. Das können Sie nutzen! Gesunde – und krank-machende – Führung wirkt sich in kleinen und mittleren Unternehmen viel direkter aus. Die Führungsbeziehungen sind in der Regel enger als in Großbetrieben. Jeder Maler und Lackierer hat ruckzuck ein genaues Bild davon, wie sein Meister tickt. Darin liegt eine große Chance.

Anregungen für Impuls-Veranstaltungen als kulturbildende Bausteine

Fragen Sie sich: Was finden wir eigentlich gut an unserem Betrieb (Blick aufs Gute kultivieren – auch hier!)? Wo zeigen wir den Beschäftigten unseres Unternehmens, dass wir sie gut finden? Und wo manifestiert sich, dass wir ihnen misstrauen? So geht es letztlich weg von einer Kontrollkultur hin zu einer Vertrauenskultur. Nach meiner Erfahrung kommt es gut an, wenn Sie zur Einführung eines Kulturwandels Impulsveranstaltungen zum Thema Wertschätzung anbieten, die den folgenden Ablauf haben:

Die Einstiegsfrage – auch bei 120 Teilnehmern – lautet „Wer von Ihnen hat sich heute schon wertschätzend verhalten?" Die Antwort auf die Frage („Sie haben alle schon gelächelt; das tut Ihnen gut, und ebenso Ihrer Umgebung, bleiben Sie so") zeigt: Sie können das! Es folgen ein paar Zahlen, Daten und Fakten für die Zahlenwütigen unter den Teilnehmern. Die Fakten belegen: Wertschätzung ist sowohl ein Produktivitäts- als auch ein Gesundheitsfaktor.

Wichtig ist dann der Schwenk zum Erleben der Teilnehmenden selber: „Was war die größte Anerkennung in Ihrem bisherigen Berufsleben, und wie hat die auf Sie gewirkt?" Durch das Erinnern werden die positiven Emotionen von damals noch einmal nachempfunden. Spätestens ab diesem Augenblick ist die Gruppe sehr guter Stimmung. Es folgt ein Selbsttest über den Anerkennungshaushalt der Teilnehmenden (13 Fragen: Verhältnis Geben-Nehmen von Anerkennung), ganz individuell beantwortbar, ohne dass man sich offenbaren muss.

Sinnvoll ist danach eine Bearbeitung der wahrgenommenen Ursachen von Wertschätzungsdefiziten. Und das Wichtigste von allem: Wie lässt sich Anerkennung (a. Lob für Leistung, b. Wertschätzung für die Person) konkret im Alltag zeigen? Als kleines Danke – danke wird im Betrieb eh viel zu selten gesagt, obwohl es Ausdruck von Wertschätzung ist – wird für jede Antwort ein Stück Schokolade unters Volk geworfen. Es folgt die Vorbereitung des Transfers in die Praxis (Planspiel, Mails, Leitlinien, Artikel: je nach Kundenwunsch und Zeitrahmen) und die Verteilung einer Erinnerungshilfe.

Feedbackbögen ausfüllen lassen und tosenden Applaus ernten ... Sie werden merken: Sie erhalten selten so viel Beifall wie bei Veranstaltungen zum Thema Wertschätzung. Die Leute – selbst die härtesten Kerle – können einfach nicht anders, nachdem sie sich zwei Stunden mit dem Thema beschäftigt haben. Es kommt einem manchmal nach einer gelungenen Veranstaltung so vor, als hätten gerade sie nur darauf gewartet, endlich zeigen zu dürfen, was an Wertschätzungsgefühlen in ihnen steckt. Genießen Sie's!

In Staccato-Form: Verzichten Sie auf Pflichtseminare! Verführen Sie „das Gute im Manne" (z.B. in der Einladung)! Sorgen Sie für ein wertschätzendes Ambiente (Zeit, Raum, Obst etc.)! Holen Sie die Teilnehmenden bei ihrem eigenen Anerkennungsdefiziterleben ab! Verzichten Sie auf den erhobenen Zeigefinger! „Streicheln" Sie Ihre Kolleginnen und Kollegen, äußern Sie Verständnis für ihre Situation! Bauen Sie viele interaktive Elemente ein! Sorgen Sie für eine kleine Erinnerungshilfe zum Mitnehmen in den Alltag! Berichten Sie hinterher in der Mitarbeiterzeitschrift! Machen Sie's publik!

Zusammenarbeit verbessern

Ohne Zusammenarbeit geht es nicht. Es ist viel darüber geschrieben worden, dass Arbeitsschutz und Gesundheitsförderung sich friedlich zum Gesundheitsmanagement vereinen sollen. Auch hier steht und fällt die Umsetzung mit den beteiligten Personen. Informiert man einander tatsächlich? Teilt man sein Wissen großzügig? Schmiedet man – statt dem Einzelkämpfertum zu frönen – auch schon mal Allianzen gegen andere Firmenvertreter, wenn es sein muss (aber bitte nicht verhärten)? Interessiert man sich für die Arbeit der anderen? Spricht man vor Dritten positiv übereinander? An den Antworten auf solche Fragen macht sich fest, wie weit die Zusammenarbeit in der Praxis schon gediehen ist.

Wenn Personal- und Organisationsentwickler, Arbeitsschützer, Betriebsräte, Eingliederungsmanagement, Personaler, Mitarbeiterberatung (wo vorhanden), Gesundheitsberatung (wo vorhanden) und Gesundheitsförderung an einem Strang ziehen, sind alle betrieblichen Strukturen im BGM verwoben. Wenn die sich allesamt wertgeschätzt fühlen, wird das BGM auch erfolgreich sein und aus dem Betrieb einen geschätzten attraktiven Arbeitgeber machen.

Wertschätzung der einzelnen Gruppen und Funktionen

Der Betriebsrat hat im BGM häufig die Rolle des Kümmerers. Er kann zum Beispiel aktiv werden, wenn er sieht, wie viel Urlaub verfällt. Einsicht in die Urlaubslisten ist ihm ja möglich. Verfallener Urlaub kann ein Hinweis darauf sein, dass die Beschäftigten glauben, die Arbeit andernfalls nicht zu schaffen. Das sollte ein starkes Warnsignal sein. Im absoluten Notfall (siehe Kapitel 6, letzter Teil) können Sie auch die Gewerkschaft holen und aufs Unternehmen eindreschen lassen. Wenn dann der Betriebsrat als „good boy" da steht, ist vielleicht etwas gewonnen. Ich persönlich würde Ihnen aber von solchen „Hintenrum-Taktiken" lieber abraten. Eleganter ist in jedem Fall ein direktes Gewinnen der Geschäftsleitung für das Thema.

Natürlich vertritt der Betriebsrat primär die Interessen des Arbeitnehmers. Aber auch die Sandwich-Führungskraft fällt in der Regel darunter. Und bitte nicht vergessen (das vergisst leider auch die Geschäftsleitung manchmal): Auch der Betriebsrat hat ein Interesse daran, dass es dem Unternehmen als ganzem gut geht. Und lebenserfahrene Betriebs- und Personalräte haben in ihrer Laufbahn bestimmt auch schon Menschen kennen gelernt, die ein System nach Strich und Faden ausgenutzt haben – weshalb sie die Geschäftsleitung dann dabei unterstützt haben, sich von diesem Beschäftigten zu trennen. Auch solche Fälle gibt es, und die kennen Sie bestimmt auch selber.

Die Arbeitsschützer sind ebenfalls ein ganz wichtiges Glied in der Kette, wenn BGM-Maßnahmen Erfolg haben sollen. Der Arbeitsschutz bietet viele Ansatzpunkte für Gespräche über Gesundheit, auch unabhängig von der jährlichen Unterweisung. Es spricht nichts dagegen, zu fragen: „Sehen Sie Ihre Gesundheit durch irgendwelche Faktoren am Arbeitsplatz gefährdet?" Auch hierbei kann man einfließen lassen, dass ja auch Zwischenmenschliches das Wohlbefinden beeinflussen kann. Und wenn dann etwas kommt, finde ich es wichtig, dass die Sicherheitsfachkraft oder der Betriebsarzt Flagge zeigen.

Wenn für jeden winzigen Verstoß gegen Sicherheitsregeln ein Safety Observation Report geschrieben werden muss – was ich ja durchaus richtig finde –, ist es für Beschäftigte umso unverständlicher, wenn neue Bürostühle ohne Armlehnen oder neue Service-Autos ohne Klimaanlage bestellt werden (ja, beides Beispiele aus dem wahren Leben!) oder aus Kostengründen Mineralwasser gestrichen wird. Man kann nicht auf der einen Seite immer engere Sicherheitsvorschriften erlassen, und auf der anderen Seite ergonomisch sinnvolle Arbeitsbedingungen wegrationalisieren. Ein Mitarbeiter meinte, als er von der Streichung der Mineralwasser-Zapfquellen hörte: „Jetzt fühlt man sich noch mehr als Nummer." Also bitte laut werden, wenn Wohlbefindenshindernisse den Leuten das Leben schwer machen.

Die ganzen netten Menschen „aus P" (Personal, Personalentwicklung, Organisationsentwicklung) haben ebenfalls eine wichtige Funktion bei der Förderung der psychosozialen Gesundheit. Wo kann der Informationsfluss zwischen Abteilungen verbessert werden? Wo können Abteilungen sich bei der Arbeitsbewältigung in Stoßzeiten gegenseitig unterstützen? Hier haben Sie Einflussmöglichkeiten. Und für den Fall, dass trotz aller Bemühungen um die Kultur Menschen krank geworden sind (das wird es immer geben – schließlich haben die Leute auch ein Privatleben oder leiden genetisch bedingt an Erkrankungen)? Schaffen Sie innerbetriebliche Anlaufstellen für fachliche Unterstützung. Und wo das aus finanziellen oder Kapazitätsgründen nicht geht, sollte es außerbetriebliche Angebote geben, zum Beispiel das in Kapitel 1 erwähnte Employees Assistance Program (stundenweise eingekaufte Sozialberatung).

Zumindest ein Hinweis auf die Telefonseelsorge oder kommunale Beratungsstellen sollte aushängen. Krankheit ist immer Teil des Lebens – Gesundheit zum Glück auch. Je mehr Sie letztere fördern (bspw. durch Weiterbildungsmaßnahmen dazu beitragen), desto größer wird Ihre Akzeptanz auch bei notwendigen sanktionierenden Maßnahmen, denn man glaubt Ihnen eher, dass Sie es „im Grunde gut meinen". Dass man sich nicht missbrauchen lassen sollte in Sachen Krankheitsdaten-Sammelwut, versteht sich von selbst.

BGM und Wertschätzung im Wechselverhältnis

Wo Menschen das Gefühl haben „die kümmern sich" (nicht „die pampern mich") oder „denen liegt etwas an mir und meiner Gesundheit", werden BGM-Projekte langfristig auch mit Erfolg gekrönt sein. Wo aber die wertschätzende Grundeinstellung von Seiten der Unternehmensleitung nicht stimmt, da kann es passieren, dass Mitarbeiter bei der Ankündigung eines Gesundheitstages empört ausrufen: „Die wollen doch bloß, dass ich gesund bleibe!" – Dieser Satz ist übrigens kein Witz sondern tatsächlich so aus dem Munde eines empörten Beschäftigten gekommen, der sich ansonsten wenig wertgeschätzt fühlt ...

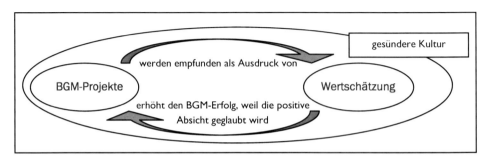

Abbildung 24: Wechselseitige Bedingtheit von BGM-Erfolg und empfundener Wertschätzung

Ein ganzheitlich verstandenes BGM sorgt also im Sinn der alten WHO-Definition für Wohlbefinden in physischer, psychischer und zwischenmenschlicher Hinsicht. Altmodisch gesagt: Es kümmert sich um den ganzen Menschen mit dem Ziel, dass der gern zur Arbeit kommt, seine Leistungsfähigkeit voll einbringt und die Arbeitsfähigkeit erhält.

TIPPS FÜR SIE:

- Schauen Sie auf das, was andere machen. Aber finden Sie als Betrieb dann Ihren eigenen Weg zu mehr Wertschätzung!
- Helfen Sie mit, die Zusammenarbeit im Betrieb durch mehr Wertschätzung zwischen allen Abteilungen zu verbessern!
- Vertrauen Sie auf die gegenseitige Verstärkung von BGM-Erfolg und Wertschätzung! Das hilft beim Durchhalten.

Nachwort
nicht nur für Führungskräfte, sondern für alle,
für alle, die im Betrieblichen Gesundheitsmanagement aktiv sind

Und? Haben Sie noch immer Lust, sich für die Förderung der psychosozialen Gesundheit im Betrieb einzusetzen? Dann gratuliere ich Ihnen noch einmal. Diese Selbstlosigkeit ist nicht selbstverständlich. Es ist schwer, in diesem Bereich zu Ruhm und Reichtum zu gelangen. Und wir sind noch nicht so weit, dass ein Job auf diesem Sektor Sie karrieremäßig nach oben katapultieren könnte.

Gesundheit ist kein Glamour-Thema

Betriebe sind nur selten bereit, für Gesundheit wirklich Geld in die Hand zu nehmen. Dem Thema fehlt der Glanz und angeblich der unmittelbare Bezug zum wirtschaftlichen Erfolg des Unternehmens. So wie oft die Einstellung anzutreffen ist „Gesundheit ist Sache des einzelnen", findet sich auch die Überzeugung „Gesundheitsmanagement ist Sache der Krankenkasse oder der Berufsgenossenschaft". Sprich: Für Vertriebstrainings ist Geld da, und nicht zu knapp, für BGM-Maßnahmen hingegen muss man in der Regel kämpfen.

Für die Veranstaltungen werden Sponsoren außerhalb gesucht, der direkte Zusammenhang mit der Produktivität des Unternehmens wird geleugnet. Und jetzt kommen Sie und fordern Maßnahmen zu einem psychosozialen Gesundheitsmanagement – wo Ihrem Unternehmen wohlmöglich ohnehin schon das Wasser bis zum Hals steht. Aber Sie haben Recht! Nicht nur im Dienstleistungssektor ist insbesondere die psychosoziale Gesundheit der Beschäftigten der Produktivitätsfaktor schlechthin.

Auf der Seite der Guten

Sie sind also auf der „richtigen" Seite, moralisch unanfechtbar, quasi auf der Seite der Guten. Sie helfen mit, die Welt unserer Betriebe ein kleines Stückchen besser zu machen. Das verschafft Befriedigung, das gibt Sinn. Daraus können viele auch Kraft ziehen. Das lässt gut schlafen. Ich wünsche Ihnen jedenfalls von Herzen, dass Sie dran bleiben an diesem Thema der Zukunft! Drücken Sie der Kultur Ihres Unternehmens Ihren Stempel der Wertschätzung auf. Ich wünsche Ihnen viel Erfolg dabei!

Die „do care!®-Charta" für Gesunde Führung

Im Folgenden habe ich exemplarisch die Punkte zusammengestellt, die ich für wichtig halte im Rahmen einer gesunden wertschätzenden Unternehmenskultur. Etwas ambitioniert habe ich mir erlaubt – da vielen unter Ihnen der Begriff aus Gesundheitskontexten bekannt sein dürfte –, diese Auflistung „Charta" zu nennen. Und ich würde mich freuen, wenn sie Sie dabei unterstützt, über das Thema „Führung und Gesundheit" miteinander ins Gespräch zu kommen.

Ich weiß: Diese Charta passt nicht für alle Unternehmen. Manche haben keinen Betriebsrat, manchmal ist der Inhaber zugleich einzige Führungskraft, viele kaufen ihre Arbeitsschützer extern ein. Und vermutlich können Sie auch nicht jeden einzelnen dieser Sätze vollen Herzens unterschreiben. Das macht nichts. Suchen Sie sich die Punkte aus, die auf Ihren Betrieb passen und/ oder die Sie gut finden. Dann sollten Sie die übrig bleibenden allerdings tatsächlich unterschreiben, und zwar möglichst jede/r. Diskutieren Sie die Punkte!

Denkanstöße, um ins Gespräch zu kommen

Die „do care!®-Charta" ist als Denkanstoß gedacht. Sie können die Datei von der Website www.gesund-führen.de kopieren und nach Belieben kürzen, erweitern oder sonst wie verändern (dann sollten Sie fairerweise dazuschreiben, dass das Original einen anderen Wortlaut hat), in Ihrem Betrieb aufhängen, auf Personalversammlungen völlig umstellen oder in Abteilungsmeetings daraus Schiffchen basteln. Aber ich würde mich freuen, wenn diese Charta in Ihrem Betrieb etwas in Bewegung bringt. Vielleicht haben Sie auch Lust, mir davon zu berichten. Das würde mich sehr freuen!

Hauptsache, in Ihrem Unternehmen kommt etwas in Gang. Sobald sich Menschen in Betrieben zusammensetzen, um über das Thema „Führung und Gesundheit" zu sprechen, selektieren sie sich nach meiner Erfahrung ohnehin schon ins „Pöttchen der Guten". Die, bei denen es wirklich krankt, wagen nicht, das Thema auf die Agenda zu setzen. Oder höchstens aggressiv durch Vorwürfe oder Forderungen, wie etwa: „Der macht uns die Leute kaputt, der muss weg!" oder „jetzt müssen Köpfe rollen!" Dass aus solchen Forderungen selten ein wertschätzendes Miteinander resultiert, liegt auf der Hand.

DIE do care!®-CHARTA FÜR GESUNDE FÜHRUNG

Wir alle

- ❖ Wir haben alle dieselben Ziele, nämlich den wirtschaftlichen Erfolg unseres Unternehmens, ein hohes Ansehen bei unseren Kunden und eine Erhaltung unserer Arbeitsfähigkeit bis zum Erreichen des Renteneintrittsalters – all dies ist nur möglich, wenn wir ein gesundes Miteinander pflegen und auf einander und uns selbst gut acht geben (do care!).
- ❖ Wir bemühen uns um ein wertschätzendes Miteinander, das geprägt ist von Toleranz, Respekt und echtem Interesse am anderen Menschen. Wir sind großzügig mit positivem Feedback, weil wir wissen, dass es uns allen gut tut und die Zusammenarbeit erleichtert. Darum richten wir unser Augenmerk primär auf das, was gut läuft.
- ❖ Wir erinnern einander in belastenden Zeiten an Erfolge aus der Vergangenheit. Wir wissen, dass wir gemeinsam schon schwierige Situationen bewältigt haben, und wir sind stolz darauf. Das schweißt uns zusammen und macht uns stark für die Zukunft.
- ❖ Wir unterstellen einander zunächst stets die beste Absicht und vertrauen einander. Frühestens nach drei aufeinander folgenden negativen Erfahrungen dürfen wir dem anderen mit Misstrauen begegnen. Wir wissen, dass wir in jedem Fall besser das direkte Gespräch suchen.
- ❖ Auf negatives Feedback reagieren wir mit Zuhören und Selbstreflexion. Bei Konflikten verpflichten wir uns, uns zu fragen: Wozu macht der andere das, was sind seine Bedürfnisse? Wir wissen: Konfliktlösung fällt leichter, wenn man sich in den anderen hineinversetzt.
- ❖ Wir gehen davon aus, dass unser Unternehmen stolz auf uns ist. Und wir sind stolz auf unser Unternehmen. Das merken auch Außenstehende, wenn wir über unseren Betrieb sprechen.
- ❖ Wir verpflichten uns, einen guten Job zu machen – das ist wichtig für das Unternehmen, aber auch für unser Image bei den Kolleginnen und Kollegen und vor allem für unsere Selbstachtung.
- ❖ Wir sagen zu, dass wir auf unsere Gesundheit achten und sie pflegen. Wir haben das Recht und die Pflicht (um gesund zu bleiben), Überlastungen anzuzeigen, ohne dafür soziale Ächtung fürchten zu müssen.

Wir Geschäftsführende und Vorstände

- Wir verpflichten uns, krankmachende Arbeitsbedingungen und arbeitsbedingte Ursachen krankheitsbedingter Fehlzeiten zu beseitigen.
- Wir verzichten auf die Aufnahme der Fehlzeiten-Reduzierung in die Zielvereinbarungen unserer Führungskräfte.
- Wir unterstellen allen die beste Absicht und den festen Willen, einen guten Job zu machen. Klagen und Überlastungsanzeigen nehmen wir Ernst.
- Wir streben an, die Gemütslage unserer Beschäftigten zu verbessern und damit psychischen Erkrankungen vorzubeugen.

Wir Führungskräfte

- Wir leben die 6 Dimensionen gesunder Führung. Das heißt konkret: Wir sind großzügig mit dem Geben von Anerkennung, wir interessieren uns für den Menschen im anderen und haben ein Auge auf sein Befinden, wir beziehen unsere Mitarbeiterinnen und Mitarbeiter mit ein, wir führen durchschaubar, wir bemühen uns um ein gutes Klima, und wir unterstützen unsere Beschäftigten beim Belastungsabbau und Ressourcenaufbau.
- Wir geben Feedback für gute wie für schlechte Leistung, mindestens im Verhältnis 3:1 und stärken unseren Mitarbeiterinnen und Mitarbeitern den Rücken. Wir stellen uns vor sie und verteidigen sie gegebenenfalls gegenüber der Geschäftsleitung und dem Kunden.
- Wir begrüßen Beschäftigte nach möglichst jeder Abwesenheit. Wir wissen, dass wir bei Krankmeldungen kein Anrecht auf Nennung der Diagnose haben, und versprechen, nicht beleidigt zu reagieren, wenn uns bei Abgabe des gelben Scheins keine Diagnose genannt wird. Im Falle arbeitsbedingter Ursachen der Erkrankung bemühen wir uns um Abhilfe.
- Wir wissen, dass der Krankenstand von vielen verschiedenen Faktoren abhängt – und dass einer davon das Führungsverhalten ist. Wir verpflichten uns daher zur Selbstreflexion hinsichtlich der Gesundheitswertigkeit (bzw. des Kränkungspotenzials) unseres Führungsverhaltens.

Wir Mitarbeiterinnen und Mitarbeiter

- Wir wissen, dass wir die Verantwortung für unsere Gesundheit nicht nur dem Unternehmen übertragen können. Wir bemühen uns auch selbst um Erhaltung und Förderung unserer Gesundheit und Arbeitsfähigkeit.
- Wir haben jederzeit das Recht, Verbesserungsvorschläge zu machen und auch Lob und Kritik anzubringen; ebenso haben wir ein Recht darauf, Feedback für unsere Leistung einzuholen.

Wir Personen in Schlüsselfunktionen

- Wir fühlen uns mitverantwortlich für die psychosoziale Gesundheit aller Beschäftigten unseres Unternehmens. Durch konstruktive Gespräche tragen wir unseren Teil dazu bei, diese zu erhalten und zu fördern.
- Wir haben vor diesem Hintergrund das Recht und die Pflicht, die Geschäftsführung auf Missstände und Verbesserungspotenziale hinzuweisen, die uns aufgefallen oder durch Beschäftigte zu Ohren gekommen sind. Für die Beseitigung der Missstände bieten wir unsere Unterstützung an.
- Wir wissen, dass arbeitsbedingte Erkrankungen auch im psychosozialen Bereich ihre Ursache haben können, und achten darauf.
- Wir ermutigen die Beschäftigten, uns auf psychosoziale Fehlbelastungen hinzuweisen, aber auch positive Entwicklungen zu berichten. Wir wahren bei allen Informationen den Schutz der Anonymität, wenn die Beschäftigten dies wünschen.
- Wir ermöglichen Weiterbildung, denn wir wissen: Je mehr wir in unsere Beschäftigten investieren, desto wertvoller werden sie für uns.
- Wir bieten Weiterentwicklungsmöglichkeiten auch mit dem Ziel der psychosozialen Gesunderhaltung und Gesundheitsförderung an.
- Wir verpflichten uns, Aufträge abzulehnen, die auf eine systematische Erfassung sensibler Krankendaten von Beschäftigten hinauslaufen.

Checkliste „Überlastungssignale bei Beschäftigten"
(Beispiele ohne Anspruch auf Vollständigkeit!)

Veränderungen des Körpers
- roter Kopf (oder starke Blässe)
- Schwitzen (erhöhter Blutdruck, vermehrte Durchblutung)
- schneller, flacher Atem
- Zittern
- offensichtliche Müdigkeit (Ringe unter den Augen)
- Appetitlosigkeit, Magenschmerzen
- Anspannungen (z.B. Schultern hochziehen, Faust ballen)
- hektische, "zackige" Bewegungen
- ungepflegtes Aussehen
- gebückte, spannungslose Haltung

Veränderungen im Denken und Fühlen
- Wut, Aggressität
- Stimmungslosigkeit (kann nicht mehr lachen, wirkt emotional leer)
- zynische Bemerkungen
- Äußern von "Miesmacher"-Gedanken ("kann ich nicht, andere sind besser")
- geistige "Abwesenheit" im Gespräch
- Konzentrationsstörungen (verwechseln, vergessen, doppelt erledigen etc.)

Veränderungen auf der Verhaltensebene
- Krankheitsverhalten (Kopf halten, Rücken stützen, Gesicht verziehen)
- Flüchtigkeitsfehler
- laut werden
- häufige Pausen (erkennbar z.B. an häufigen WC-Besuchen)
- Unzuverlässigkeit
- Ungeduld (Türen knallen, "genervt" reagieren etc.)
- Rückzug (Gespräche meiden, knappe Antworten, Pausen allein verbringen)
- vermehrtes Risikoverhalten (mehr Rauchen, Alkoholfahne, Tabletten)

Leider sind Überlastungssymptome bei anderen (die eigenen kann man oft deutlicher erkennen) nicht immer eindeutig zu interpretieren. Eine möglichst eindeutige Interpretation erfordert, dass zuvor genau beobachtet wurde, wie ein Mensch im "Normalzustand" aussieht, wie er sich bewegt, wie er arbeitet. Nur dann können Veränderungen rechtzeitig bemerkt werden.

Übrigens: Diese Anzeichen bei sich selber zu erkennen, das ist der erste Schritt zur Bewältigung! Daher ist es sehr empfehlenswert, einmal für zwei Wochen eine Art Selbstbeobachtungsbogen zu führen.

Gesprächsleitfaden zum Umgang mit überlasteten Beschäftigten

1. Sie sollten Symptome nicht ignorieren, sondern kurz ansprechen („Ihr Spannungskopfschmerz ist wieder da? Sie Ärmste! Na, gucken Sie mal, wie es mit dem Arbeiten klappt! Und sonst gehen Sie heim."). Bei häufigem Auftreten führen Sie ein Gespräch nach einer Terminvereinbarung.
2. Sorgen Sie für ruhige, entspannte Atmosphäre, so dass sich beide Gesprächspartner so wohl fühlen wie möglich. Verabschieden Sie sich aber von dem Anspruch, selber total entspannt zu sein. Das ist unrealistisch.
3. Beschreiben Sie wertfrei, was Ihnen aufgefallen ist (bitte keine Diagnose!), etwa „Ich sehe gerade, Sie haben so einen roten Kopf" (falls ungewöhnlich).
4. Fassen Sie in Worte, dass dies eine Veränderung darstellt („So etwas kenne ich gar nicht von Ihnen."). Das setzt voraus, dass Sie vorher immer schon einen fürsorglichen Blick auf Ihre Beschäftigten oder Kollegen hatten.
5. Fragen Sie: „Was ist los?" (und nicht, ob er oder sie ein Problem hat). Die Frage ist offen, wertfrei und angenehm personfern. Seien Sie nicht beleidigt, falls Sie als Antwort ein „Nix" hören. Vielleicht ist es wirklich zu intim oder er / sie möchte jetzt noch nicht mit Ihnen sprechen. Wichtig ist, dass Sie ein Gesprächsangebot gemacht haben. Es ist ein Angebot, nicht mehr.
6. Formulieren Sie Ihre Anteilnahme: „Ich mache mir Sorgen und möchte Sie unterstützen." (Unterstützen impliziert im Gegensatz zu Helfen: Sie sind schon selbst aktiv, und nun bekommen Sie von mir noch etwas dabei.)
7. Fragen Sie, welche Ideen der Beschäftigte hat: „Was muss passieren, damit Sie sich am Arbeitsplatz wieder wohler (entspannter, stärker eingebunden, entlasteter) fühlen können?" Fragen Sie ruhig auch, was Sie dazu beitragen können. Warten Sie auf die Antworten, die können dauern. Überschütten Sie den anderen bitte nicht mit Ihren Ideen („Ich hab mir überlegt, Sie ...").
8. Fassen Sie eigenes Unbehagen ruhig in Worte („Ich führe so ein Gespräch auch nicht alle Tage, ist mir auch ein bisschen unangenehm").
9. Fixieren Sie einen Termin zum Austausch über Veränderungen („Mein Vorschlag wäre, wir setzen uns in zwei Wochen noch mal zusammen.")
10. Ruhig Erleichterung äußern, nicht nachkarten („Ich bin froh, dass wir darüber geredet haben und Sie das jetzt angehen wollen").
11. Auswirkungen auf den Betrieb sollten Sie als Führungskraft frühestens im 2. Gespräch ansprechen, spätestens im 3.! Dauerhafte Leistungseinbrüche können Sie – auch den anderen zuliebe – nicht hinnehmen. Aber das erste Gespräch sollte rein unter der Überschrift „Fürsorglichkeit" stehen.

Leitfaden zur Förderung der psychosozialen Gesundheit im Betrieb

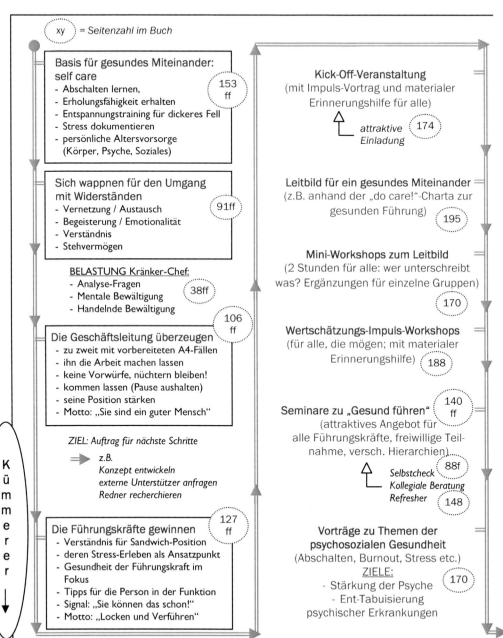

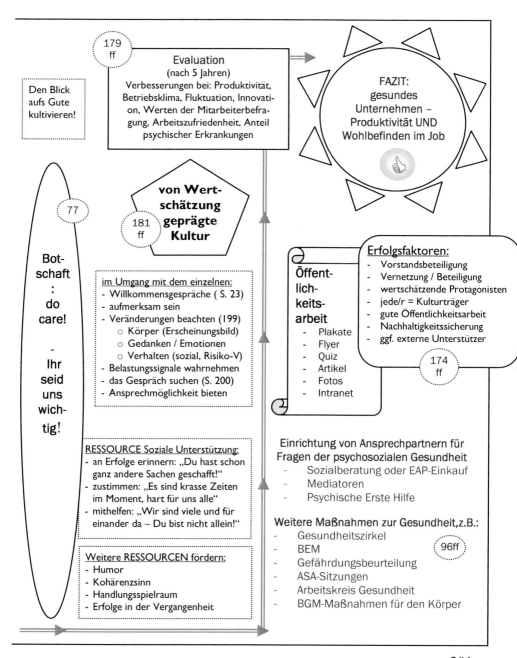

Literaturverzeichnis

1 nachzulesen unter:
http://wido.de/meldungakt+M5a0166e22cd.html

2 Burisch, M. (2005). Das Burnout-Syndrom: Theorie der inneren Erschöpfung. Zahlreiche Fallbeispiele. Hilfen zur Selbsthilfe. Berlin: Springer.

3 Wissenschaftliches Institut der AOK (WidO) (2000): Gesundheit am Arbeitsplatz. Bonn: WiDO.

4 Matyssek, A.K. (2008): Abschalten lernen in 3 Wochen. Wie Sie Ihre Erholungsfähigkeit erhalten oder wiedergewinnen (CD plus Heft).

5 Handelsblatt Nr. 020 vom 27.01.2006. Untersuchung von Brad Gilbreath (Indian University, Fort Wayne)

6 Handelsblatt Nr. 020 vom 27.01.2006. Untersuchung von Nadia Wagner (Buckinghamshire Chilterns College, GB)

7 Badura, B. (2008). Sozialkapital: Grundlagen von Gesundheit und Unternehmenserfolg. Berlin: Springer.

8 Matyssek, A.K. (2003): Chefsache: Gesundes Team – gesunde Bilanz. Ein Leitfaden zur gesundheitsgerechten Mitarbeiterführung. Wiesbaden: Universum.

9 Geißler, H., Bökenheide, T. & Geißler-Gruber, B. (2003): Der Anerkennende Erfahrungsaustausch. Das neue Instrument für die Führung. Campus-Verlag.

10 Weber, A. & Hörmann, G. (Hrsg.) (2007): Psychosoziale Gesundheit im Beruf. Stuttgart: Gentner-Verlag.

11 Antonovsky, A. (1987): Unraveling The Mystery of Health - How People Manage Stress and Stay Well, San Francisco: Jossey-Bass Publishers.

12 Matyssek, A.K. (2008): Pilates für die Psyche. Wie Sie trotz Arbeitsbelastungen gesund bleiben. Norderstadt: BoD.

13 BKK-Bundesverband & Familienselbsthilfe Psychiatrie (2006): Psychisch krank im Job – was tun? Kostenlos als Download verfügbar unter: http://www.bkk-nrwwebtv.de/pdf-archiv/psychisch_krank_im_job.pdf

14 Metzger, J. (2009). Kann man sich in seinen Job (neu) verlieben? In Psychologie heute, Juli 2009, Seite 74.

15 Bödeker, W. (2008). Kosten arbeitsbedingter Erkrankungen und Frühberentung in Deutschland. Essen: BKK-Bundesverband.

16 Nachzulesen unter:
http://www.t-online-business.de/c/19/37/72/04/19377204.html

17 Ilmarinen, J. & Tempel, J. (2002). Arbeitsfähigkeit 2010. Was können wir tun, damit Sie gesund bleiben? Hamburg: VSA.

18 Westermayer, G. & Stein, B.A. (2006). Produktivitätsfaktor Betriebliche Gesundheit. Göttingen: Hogrefe. (S. 21)

19 Pfaff, H. et al. (2007): Gesundheitsförderung und Gesundheitsmanagement in Banken und Versicherungen. Abschlussbericht vom 10.09.2007. Hans-Böckler-Stiftung.

20 Tietze, K.-O. (2003). Kollegiale Beratung. Problemlösungen gemeinsam entwickeln. rororo.

21 Boyatzis, R., Goleman, D. & McKee (2003). Emotionale Führung. Ullstein.

22 Ulich, E. & Wülser, M. (2009). Gesundheitsmanagement in Unternehmen. Arbeitspsychologische Perspektiven. Wiesbaden: Gabler

23 Nachzulesen unter: http://www.bertelsmann-stiftung.de/cps/rde/xchg/SID-E975DFF8-D9C72134/bst/hs.xsl/nachrichten_53877.htm

24 Nähere Infos zur Stresskammer finden Sie hier:
www.dguv.de/bgag/de/praxisfelder/stresskammer/index.jsp

25 Giesert, M. (Hrsg.) (2008): Prävention: Pflicht & Kür. Gesundheitsförderung und Prävention in der betrieblichen Praxis. Hamburg: VSA.

26 Nieder, P. (2000). Führung und Gesundheit. Die Rolle des Vorgesetzten im Gesundheitsmanagement. In: U. Brandenburg, P. Nieder & B. Susen (Hrsg.), Gesundheitsmanagement im Unternehmen: Grundlagen, Konzepte und Evaluation (S. 149-161). Juventa, Weinheim.

27 Kleinschmidt, C. & Unger, H.-P. (2006). Bevor der Job krank macht. Wie uns die heutige Arbeitswelt in die seelische Erschöpfung treibt - und was man dagegen tun kann. Kösel-Verlag.

28 Matyssek, A.K. (2007): Führungsfaktor Gesundheit. So bleiben Führungskräfte und Mitarbeiter gesund. Offenbach: Gabal.

29 Techniker-Krankenkasse (verfasst von A.K. Matyssek, 2008): Gesund alt werden im Betrieb – Wie Führungskräfte den demographischen Wandel gestalten. Kostenlos als Download abrufbar unter: http://www.tk-online.de/tk/gesundheitsmanagement/broschueren/broschuere-gesund-alt-werden-im-betrieb/49596

Stichwortverzeichnis

Anerkennung 26, 85, 199, 202
Angst 82, 122
Anwesenheitsfördernde Führung 180
Anwesenheitsprämien 181
Anwesenheitsquote 124, 144, 156
arbeitsbedingte Gesundheitsgefahren 35
Arbeitsbedingungen 34, 147, 168
Arbeitsfähigkeit 181
Arbeitsplatzunsicherheit 30, 82
Arbeitsschutz 109, 204
Arbeitsschutz-Ausschuss-Sitzung 113, 135
Belastungserleben 56, 93, 165, 182
Berufsgenossenschaft (BG) 121, 189
Betriebliche Eingliederungsmanagement (BEM) 107, 135
Betriebliche Gesundheitsförderung 8
Betriebliches Gesundheitsmanagement (BGM) 16, 24, 115, 178
Betriebsarzt 110, 121, 193, 204
Betriebsklima 31, 91, 119
Betriebsrat 47, 61, 121, 134, 193, 203
Blaumacher 23, 25, 26, 27
Blutdruck 34, 169
Burnout 17, 20, 21, 169
CareCard 97, 187
Coaching 189
Depression 13, 21, 61, 64
Diagnose 25
DIN 10075 14
do care! 83, 162
Doping 165
Emotionale Führung 46, 161
Entsolidarisierung 165
Ent-Tabuisierung 12, 16, 17, 61
Erholungsfähigkeit 20, 22, 32, 168f
Erschöpfungsdepression 164
Evaluation 191
Feedback 44, 82, 86, 158
Fehlbelastung 103
Fehlzeitenquote 145, 177, 199
Fluktuation 182
Führungskräfte 83, 84, 137, 148, 159, 211
Fürsorgepflicht 129
Gefährdungsbeurteilung 106, 129, 135
Gesund führen 36, 72, 97, 139, 150, 160
Handlungsspielraum 90, 95
Heilungsanspruch 64
Immunsystem 51, 151
Jahressteuergesetz 116
Kohärenzsinn 51

Körper-Psyche-Zusammenhänge 31, 151
Krankenrückkehrgespräche 23
Krankenstand 82, 94, 144
Krankschreibung 117, 180
Krise 81, 168
Leistungsorientierte Bezahlung (LOB) 19
Leitbild 108, 184
Mediator 43
Mitarbeiterberatung (EAP) 16, 100, 109, 179
Mobbing 42, 92
Muskelverspannungen 30, 31
Organisationsentwicklung 204
Personalabbau 76
Pokerface 27, 158
Präsentismus 178
Prävention 54, 164
Projekte 71, 168
psychische Belastungen 14, 159
psychische Erkrankung 12, 14, 62, 64
psychosoziale Gesundheit 183, 207
Psychotherapie 12, 13, 65
Raucher-Ecke 197
Reaktivitätseffekt 73
Ressourcen 50, 93
Salutogenese 50
Sandwich-Führungskraft 91
Schlafstörungen 30
Selbstbild-Fremdbild-Abgleich 85
Selbstwertgefühl 87, 117, 166, 182, 195
self care 37
Sicherheitsfachkraft 61, 110, 204
Sozialberatung 17, 109
Soziale Unterstützung 53, 168
Sozialgesetzbuch 105
Stress 53, 72, 73, 76, 93, 164, 167, 180
Stressimmunisierungseffekt 52
Stresspuffer 51
Stresssymptome 74
Tal der Tränen 76
Traumatherapeut 66
Überlastungsanzeigen 26, 123
Unfallrisiko 82
verhaltensauffällig 60
Vertrauensarbeitszeit 21
Vertriebsorientierung 99
Vorbildfunktion 45, 112
Wertschätzung 85, 160, 181, 199, 205
Willkommensgespräche 24, 95
Wohlbefinden im Job 32, 114, 126, 193
Zielvereinbarungen 17f, 19, 22, 144f

Kostenfreie Hilfsmittel, die Ihnen die Arbeit erleichtern können

Falls Sie noch nicht genug haben von meinen Gedanken für mehr Wertschätzung in der Arbeitswelt, gibt es noch ein paar Empfehlungen zu kostenfreien vertiefenden Informationen und – ebenfalls kostenlosen – Hilfsmitteln für Ihren Führungsalltag.

Auf der Website **www.gesund-fuehren.de** finden Sie unter anderem:
- einen Selbstcheck zur Frage: Führe ich anwesenheitsfördernd?
- eine Übersicht: Woran erkennt man, ob ein Mensch überlastet ist?
- einen Leitfaden für das Gespräch mit überlasteten Beschäftigten
- vertiefende Texte zu den 6+1 Dimensionen gesunder Führung
- unter der Überschrift „Psyche stärken" Tipps für mehr self care

Außerdem empfehle ich Ihnen meinen **kostenlosen eMail-Infobrief**. Den Link finden Sie ebenfalls unter www.gesund-fuehren.de. Er beinhaltet jeweils 5 bis 8 Beiträge zu einem Thema. Bisherige Inhalte waren z.B.:
- Mentale Stressbewältigung – alles Humbug?
- Gesunde Führung – Umgang mit dem Kränker-Chef
- Wertschätzung fördern – und endlich bekommen
- Fehlzeiten reduzieren – echte Anwesenheit steigern
- Abschalten lernen – das können Sie auch
- Die psychische Gesundheit im Job stärken

Zudem gibt es zwei Podcasts von mir (mp3-Dateien – zum Hören über Lautsprecher, ipod etc.): einen speziell für Aktive im BGM und für Führungskräfte (**www.gesund-führen-podcast.de**), einen für mehr Wertschätzung im Team (**www.podcast-pause.de**). Beide erscheinen abwechselnd wöchentlich (montags, 09.30 Uhr) und dauern jeweils ca. 5'. Bisherige Inhalte waren:
- Das Willkommensgespräch
- Die Blaumacher-Problematik
- Wenn jemand unangenehm riecht
- Wertschätzend bleiben in Konflikten
- Anwesenheitsfördernd führen
- Anerkennung geben ohne Schleimverdacht

Ein besonderes kostenfreies Angebot sind die Filme und Vorträge in der do-care-Videoakademie (**www.do-care-videoakademie.de**). Schauen Sie rein!

Dr. Anne Katrin Matyssek

Jahrgang 1968, Diplom-Psychologin und approbierte Psychotherapeutin

arbeitet seit 1998 als Rednerin, Trainerin und Beraterin zu Betrieblichem Gesundheitsmanagement für Verwaltungen und Firmen der freien Wirtschaft zum Thema:

Gesundheitsgerechte Mitarbeiterführung durch
        Wertschätzung im Betrieb

Autorin mehrerer Bücher

Referenzen finden Sie unter: www.do-care.de

Ich freue mich, wenn Ihnen dieses Buch gefallen und geholfen hat.
Von Herzen alles Gute wünscht Ihnen

Ihre Anne Katrin Matyssek

Meine Bücher empfehle ich Ihnen natürlich auch, allen voran den Trainerleitfaden „Gesund führen – sich und andere!" plus Arbeitsheft. Er macht Sie fit, falls Sie selber ein Seminar zu dem Thema anbieten möchten. Es gibt aber außerdem auch eine Trainerausbildung.

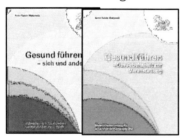

Gesund führen – sich und andere!
Trainingsmanual zur psychosozialen Gesundheitsförderung im Betrieb.
ISBN 978-3-8391-6126-5
2011 – 272 Seiten – € 39,80 (D)

plus Arbeitsheft
ISBN 978-3-8370-7797-7
2011 – 52 Seiten - € 5,00 (D)

Wertschätzung im Betrieb. Impulse für eine gesündere Unternehmenskultur.
ISBN 978-3-8423-4665-9
2011 – 244 Seiten – 22,90 € (D)

plus Arbeitsheft
„Gut, dass Sie da sind!"
ISBN 978-3-8423-5961-1
2011 – 52 Seiten - € 5,00 (D)

Weitere Bücher und Angebote der Autorin (Auswahl)

Meinen Online-Shop finden Sie im Internet unter www.do-care-shop.de.

GESUND FÜHREN.
Das Handbuch für schwierige Situationen.
ISBN 978-3-8391-4849-5
Paperback, 100 Seiten – € 18,80 (D)
do care!, Düsseldorf 2010

Selbständig als Gesundheitspsychologin.
Nischenfindung ▪ Markenbildung ▪ Kundenbindung
ISBN: 978-3-8391-6544-7
Paperback, 100 Seiten – 22,90 (D)
do care!, Düsseldorf 2010

Pilates für die Psyche. Wie Sie
trotz Arbeitsbelastungen gesund bleiben.
ISBN 978-3-8370-6985-3
Paperback, 52 Seiten – € 8,99 (D)
do care!, Düsseldorf 2008

Anmerkung: Es geht nicht um Pilates, sondern um einfache verhaltenstherapeutische Tipps für eine starke Psyche.

Viele weitere Bücher und Geschenkhefte finden Sie im www.do-care-shop.de – schauen Sie einfach einmal rein!

Auch weitere **Materialien zur Fehlzeitenreduzierung** finden Sie dort.

Außerdem gibt es etliche Auftragsarbeiten von mir: Bücher, Trainerleitfäden und Booklets, die ich im Auftrag von Kunden geschrieben habe. Diesen Bereich würde ich gern ausbauen. Wenn Sie gern eine firmenbezogene Publikation zum Themenkomplex „Gesund führen" oder „Wertschätzung" hätten, sprechen Sie mich einfach an! Und natürlich für Vorträge zu diesen Themen.

Vielleicht sind auch folgende Angebote für Sie interessant:

- **Seminare zum Thema „Gesund führen – sich und andere"**

    400fach erprobtes Seminarkonzept über 2 Tage (auf Kundenwunsch auch auf 1 Tag verkürzbar – aber Sie wissen selbst, dass der Effekt dann geringer ist),

    angeboten, organisiert und durchgeführt durch erfahrene Kolleginnen

    Nähere Informationen dazu finden Sie auf der Website

    www.gesund-fuehren.de

- **Die Train-the-Trainer-Ausbildung zu diesem Seminar**

    angeboten, organisiert und durchgeführt durch erfahrene Kolleginnen
    Nähere Informationen dazu finden Sie auf ebenfalls auf der Website!

- **Die Fehlzeitenbox**

    Eine Materialiensammlung zur Durchführung eines Impuls-Workshops zur Anwesenheitsverbesserung – höchst spannend!

    Nähere Informationen dazu finden Sie auf der Website

    www.fehlzeiten-box.de

- **Die „do care!-Videoakademie"**

    kostenlose Filme für mehr Wohlbefinden im Job (durch mehr Wertschätzung, gesunde Führung, Betriebliches Gesundheitsmanagement).

    Nähere Informationen dazu finden Sie auf der Website

    www.do-care-Videoakademie.de